法治视角下的
中国高校人事制度改革研究：

以高校与教师的法律关系为核心

阎 峻 ◎ 著

四川人民出版社

图书在版编目（CIP）数据

法治视角下的中国高校人事制度改革研究：以高校与教师的
法律关系为核心 / 阎峻著. — 成都：四川人民出版社，2024.3
ISBN 978-7-220-13579-8

Ⅰ.①法… Ⅱ.①阎… Ⅲ.①高等学校－教师－人事制度－体
制改革－法律－研究－中国 Ⅳ.①D922.504

中国国家版本馆CIP数据核字（2024）第010430号

FAZHISHIJIAOXIA DE ZHONGGUO GAOXIAO RENSHI ZHIDU GAIGE YANJIU：
YI GAOXIAO YU JIAOSHI DE FALÜ GUANXI WEI HEXIN

法治视角下的中国高校人事制度改革研究：
以高校与教师的法律关系为核心

阎 峻 著

责任编辑	王其进
封面设计	李星瑶
责任印制	祝 健
出版发行	四川人民出版社（成都三色路238号）
网　　址	http://www.scpph.com
E-mail	scrmcbs@sina.com
新浪微博	@四川人民出版社
微信公众号	四川人民出版社
发行部业务电话	（028）86361653 86361656
防盗版举报电话	（028）86361653
照　　排	四川最近文化传播有限公司
印　　刷	成都蜀通印务有限责任公司
成品尺寸	145mm×210mm
印　　张	10
字　　数	250千
版　　次	2024年1月第3版
印　　次	2024年1月第3次印刷
书　　号	ISBN 978-7-220-13579-8
定　　价	58.00元

前　言

　　以法治思维和法治方式推进依法治教和依法治校，实现新常态下教育治理现代化，是依法治国方略在教育领域的体现和运用。以法治推动高校人事制度改革是深化高等教育综合改革的切入点。实现依法治教和依法治校，必须处理好教育改革过程中的各种法律关系。在高校人事制度改革涉及的诸多法律关系中，高校与教师的法律关系是最基本的关系，对建设世界一流大学和一流学科具有重要意义。

　　中国近现代意义上的高校人事制度滥觞于清末新式学堂，奠基于民国时期，新中国成立后对高校人事制度进行一系列改革。清末新式学堂沿袭封建官学传统，其人事制度具有集权性、官僚化、半殖民性特征，教职员为朝廷官员，具有国家公职人员的法律地位，学堂与教师之间的法律关系具有明显的君臣依附关系。民国时期对高校人事制度进行了职责规范化、民主化、去官僚化、学术化改革，教员实行聘任制，其法律地位为雇员，依据合约规定，享有一定的权利和义务，高校与教师的法律关系是平等契约关系。新中国建立后，在计划经济时期，将教师纳入统一的国家干部管理体制，高校作为政府的附属机构，与教师之间构成行政法律关系，教师则居于行政相对人的地位，其权益由政府保障，并接受政府的指导与监督。改革开放以后，在市场经济条件下，高校作为法人实体，开始进行教师聘任制改革，高校与教师之间形成聘用合同关系。

本书研究不同历史时期中国高校人事制度改革中高校与教师法律关系，探讨高校及其教师的法律地位、高校与教师法律关系的本质和特征、聘用合同的法律属性和教师权利救济制度。呼吁从国家立法层面出台《学校法》，设立学校法人，明确学校法人的权利义务，赋予学校法人在民事、行政方面的主体资格。高校作为学校法人，在政府与高校构成的教育行政法律关系中，高校处于行政相对人的地位；在依法进行教育教学活动的过程中，高校作为行政主体是国家教育权的代理人和具体行使者则处于公务法人的地位；在与平等的权利主体发生民事关系时，高校处于民事主体地位，具有民事行为能力和民事权利能力。教师是在学校法人中履行教育教学职责的专业技术人员，享有宪法和法律赋予公民的基本权利和义务，教育法律法规还赋予其教育教学方面的权利和义务。高校教师是在学校法人中享有宪法和法律赋予的基本权利和义务以及高等教育教学方面权利和义务的专业技术人员。在聘任制条件下，高校与教师的法律关系在本质上是聘用合同关系，具有"主体阶段性"特征。聘用合同签订前，高校作为民事主体，与教师在平等协商基础上达成合意，高校与教师之间具有民事法律关系的特征；聘用合同签订后，在高校对教师实施管理的过程中，高校作为行政主体履行公共行政职权，高校与教师之间具有行政法律关系的特征；在特定情况下，高校受教育行政部门委托，作为被委托主体代替教育行政部门履行职权，这时高校与教师之间就具有委托行政法律关系的特征。

聘用合同是特殊的劳动合同，它在立法理念、合同主体、调整内容、合同要素等方面与劳动合同具有"同质性"；同时，它在公共产品服务、公务法人特性、兼具公法与私法属性等方面具有其自身的"特殊性"。

比较分析国外公立高校人事制度中高校与教师的法律关系，借鉴国外在公立高校及其教师法律地位以及双方权利义务关系方面的经验做法并结合中国国情，基于完善高等学校法人制度、厘清高校教师权利义务、规范高校教师合同管理、健全教师权益救济制度四个方面对中国高校人事制度中高校与教师的法律关系进行重构。从国家立法层面出台《学校法》，以之规制政府与高校的权利边界，明晰政校权责关系；以之定位高校与教师的法律地位，明确双方权利义务；以之明晰高校公权力的性质和完善聘用合同立法及权利救济机制；关系清晰、权责明确、救济顺畅等方面对中国高校人事制度改革法治化以及未来发展趋势进行设计和展望。

目　录

第一章　绪　论..001

一、研究背景..001

二、问题提出..003

三、研究意义..005

四、研究现状与述评..007

五、研究思路、方法及创新点..042

第二章　概念界定与理论基础..050

一、基本概念的界定..050

二、主要的理论基础..059

第三章　中国高校人事制度改革中高校与教师法律关系的变迁......078

一、清末时期：君臣依附关系..079

二、民国时期：平等契约关系..086

三、新中国计划经济时期：行政法律关系..096

四、新中国市场经济时期：法律关系转变..099

第四章　中国高校人事制度改革中高校与教师法律关系的解析......106

一、高校与教师法律关系中高校法律地位..106

二、高校与教师法律关系中教师法律地位................120

三、高校与教师法律关系的本质及其特征................141

四、高校与教师法律关系中聘用合同属性................164

五、高校与教师法律关系中教师权利救济................176

第五章 国外公立高校人事制度中高校与教师法律关系的比较......184

一、美国公立高校与教师的法律关系....................184

二、英国公立高校与教师的法律关系....................193

三、德国公立高校与教师的法律关系....................202

四、法国公立高校与教师的法律关系....................212

五、美、英、德、法高校与教师法律关系的比较及启示............218

第六章 中国高校人事制度改革中高校与教师法律关系的重构......231

一、完善高等学校法人制度............................231

二、厘清高校教师权利义务............................237

三、规范高校教师合同管理............................241

四、健全教师权益救济制度............................247

第七章 中国高校人事制度改革的法治化设计与未来发展展望......253

一、中国高校人事制度改革的法治化设计................253

二、中国高校人事制度未来发展趋势展望................257

第八章 结　语....................................260

一、研究结论......................................260

二、研究局限..263

致　谢..265

参考文献..269

一、中文文献..269

二、外文文献..297

附录1 访谈提纲

关于高校与教师人事争议的访谈提纲......................303

一、对高校教师的访谈提纲..............................303

二、对高校人事部门主管的访谈提纲......................304

三、对法院法官的访谈提纲..............................305

附录2 调查问卷

关于聘任制下高校与教师法律关系现状的调查问卷..........306

表目录

表3-1 京师大学堂与国子监人员设置对比 081

表3-2 官员派充京师大学堂各科监督 083

表3-3 京师大学堂校长、教员品级 084

表3-4 校长为各类合议制组织主席/议长的法律条款 088

表3-5 校长聘任教职员的法律条款 089

表3-6 高校教师晋升标准变化 093

表3-7 高校教师职称等级演变 094

表3-8 关于高校职称制度改革的相关政策（2006—2015）..........101

表4-1 关于高校法律地位的相关法律法规规定 107

表4-2 高校法律地位的相关争论观点 110

表4-3 公立高校与学生纠纷的经典案例 116

表4-4 高校教师权利义务的主要法律法规 123

表4-5 访谈对象人员构成、性别、职称及学历结构情况 129

表4-6 关于访谈的主要问题 131

表4-7 访谈资料的记录和归纳 134

表4-8 问卷调查对象所属高校分布 145

表4-9 信度检验Cronbach's Alpha系数 147

表4-10 KMO值与Bartlett检验 149

表4-11 关于聘用合同法律属性的现行法律法规 170

表4-12 聘用合同与劳动合同的对比 173

表4-13 高校教师权利行政法律救济途径 178

表5-1 美国公立高校类型 187

表5-2 美国高校教师招聘、职务、考评制度 190

表5-3 英国公立高校类型 197

表5-4 英国高校教师类型、职务设置、招聘制度 200

表5-5 德国公立高校法人形态改革类型 208

表5-6 德国高校教师类型、资格、招聘制度 211

表5-7 法国高校教师类型、职务设置、招聘制度 216

表5-8 美国和英国公立高校、教师法律地位及其法律关系比较 ...220

表5-9 德国和法国公立高校、教师法律地位及其法律关系比较 ...222

表5-10 美国和德国公立高校、教师法律地位及其法律关系比较 224

表5-11 英国和法国公立高校、教师法律地位及其法律关系比较 ...226

表5-12 美、英、德、法公立高校、教师法律地位及其法律关系比较 ..228

图目录

图1-1 高校人事制度改革文献分布统计 008

图1-2 高校人事制度改革文献分类统计 009

图1-3 国内关于高校与教师法律关系文献统计 021

图1-4 研究技术路线图 045

图3-1 京师大学堂组织管理架构 082

图4-1 高校人事纠纷案例分类 128

图4-2 受访教师年龄结构 150

图4-3 受访教师学历结构 150

图4-4 受访教师职称结构 150

图4-5 受访教师任职时间 151

图4-6 聘用合同条款协商的调查统计 152

图4-7 对合同中权利义务认识的统计 152

图4-8 高校内部民主管理的调查统计 154

图4-9 教师参与民主管理的调查统计 154

图4-10 工会、教代会维权作用的调查统计 155

图4-11 对工会、教代会期望的调查统计 155

图4-12 聘用合同纠纷救济途径的调查统计 156

图4-13 高校与教师之间行政法律关系 161

图4-14 高校与教师之间委托行政法律关系 163

第一章 绪　论

一、研究背景

（一）推进全面依法治国，用法治思维和法治方式引领教育综合改革

法治兴则国家兴，法治衰则国家乱。全面依法治国，走法治化道路，建设法治中国，这是基于国家长治久安的战略高度党中央在党的十八届四中全会做出的重要部署。为推进依法治国，党中央提出，必须坚持国家、政府、社会"三位一体"建设，共同推进依法治国、依法执政、依法行政。党的十九大报告中再次重申，坚持厉行法治，建设法治国家。作为治国理政的一种方略，法治是制度文明的体现，是实现国家治理现代化的最重要手段。法律至上、正当程序、制约权力、权利本位、平等适用是法治所蕴含的基本精神。建设法治中国是中国人民对公平正义、人权法治、自由平等、尊严幸福等法治价值的追求。

教育领域是依法治国重要组成部分。教育是民族振兴、国家进步的基石，在社会主义现代化建设中教育起着基础性、先导性、全

局性的作用。在教育领域，依法治国最根本的要求就是依法治教、依法治校。《依法治教实施纲要（2016—2020）》提出，用法治思维和法治方式推进教育综合改革，要求所有的教育法律关系主体都必须在合法的权限内按照合法的程序做出合法的行为，依法维护教育的公平正义和教师的合法权益，形成依法办学、依法执教的教育治理新格局。这种新的教育治理格局在客观上需要推进依法治教，完善教育法律法规；推进依法行政，维护学校、教师的权益，保障公众对教育的知情权、参与权和监督权；推进依法治校，健全符合法治原则的教育救济制度。

（二）全球人才竞争日趋激烈，世界各国高校人事制度改革风起云涌

21世纪是知识经济时代，人才竞争日趋激烈。人力资本作为一种重要的战略资源成为世界各国竞争的焦点。人才竞争的关键在于人才制度的竞争，为达到吸引杰出人才服务本国经济发展的目的，世界各国纷纷调整人才制度，将人才竞争上升到国家层面并制定相关法律和政策来争夺人才。比如，美国2013年颁布移民改革法案，调整人才移民制度，增加高学历人才签证；加拿大2012年开始增加技术移民签证数量，吸纳高素质人才；英国2011年启动杰出人才签证，吸引人文、工程、艺术等领域的人才到英国发展；德国2012年通过欧盟"蓝卡"法案，放宽技术移民政策的门槛，加大国际专业人员引进力度；韩国2009年实施世界一流研究机构计划，吸引海外精英人才，2012年又启动智力回归计划；以色列2011年实施卓越研究中心项目，吸收顶尖科研精英和引进世界各地的犹太裔知名科学家。中国也出台各种吸引高层次人才项目，比如，"千人计

划""万人计划""长江学者奖励计划""新世纪百千万人才工程"等。

人才对高校至关重要。拥有世界一流的教授队伍和世界一流的软环境是公认的世界一流大学共同的特点。为了吸引人才，让人才引得来、留得住、干得好，实现人尽其才、才尽其用、用有所成，世界各国高校纷纷进行人事制度方面的改革。日本进行国立大学法人化改革，将公立大学教师的身份由公务员转变为非公务员，教师录用采取招聘制和任期制。德国推出"高校公职法改革方案"，改革学术选拔制度，缩短初次任职时间，增强高校教师职业流动性，引入竞争性和业绩定向工资制。英国通过"教育改革法"将高校教师终身聘用制改变为有限任期制。美国进行终身教授制改革，受经济萧条的冲击，高校经费紧张，许多高校开始对教师人事制度改革，减少正式在编教师数量，强化教师流动性。韩国改革大学教师的任免、晋升、评估等环节，用契约制代替终身制。

二、问题提出

（一）高校人事制度改革是中国建设现代大学制度的核心内容

基于上述国内外背景，中国高校必须加快建设现代大学制度，以适应国家战略需要和新时代赋予高校的使命。建设现代大学制度成为当前中国高等教育发展改革的最紧迫任务。高校人事制度改革是建设现代大学制度的核心内容，关系到中国高等教育管理体制改革的成败。高校人事制度改革就是要破除陈旧观念，革除原有体制格局形成的藩篱，重新审视和设计高校人事管理的权责关系，从而形成更加完善的高校治理结构。在聘任制下，对于处于不同层次和不同发展态势的中国高校而言，改革人事管理制度，选拔聘用高水平教师，从而在学科建设、教学质量、管理水平等方面提升学校综合竞争实力是当务之急。研究中国高校人事制度改革，对建设现代大学制度具有基础性作用。当前，中国高等教育正走向大众化、普及化，并统筹推进"双一流"建设。中国高校如何建设一流的教师队伍，培养和引进急需的学科领军人物和创新团队，这是高校人事制度改革必须解决的现实问题。

（二）高校与教师的法律关系是高校人事制度改革中最基本的关系

高校人事制度改革涉及高校与政府、高校与教师、高校与学生、高校与社会等法律关系。要深入推进高校人事制度改革，必须处理好这些法律关系，否则依法治教和依法治校就无法贯彻落实。在这诸多法律关系中，高校与教师的法律关系是最基本的关系。厘清高校与教师之间的法律关系是高校人事制度改革的前提和基础。要厘清高校与教师的法律关系，首先必须界定高校与教师双方的法律地位，明确各自的权利义务，在此基础上，才能够准确把握高校与教师法律关系的本质与特征。同时，高校与教师的法律关系还涉及双方聘用合同的性质及教师权利救济。然而，现行的教育法律对高校与教师双方的法律地位定位不清、权责不明，因此导致高校与教师的法律关系在认识上存在诸多争议。比如，高校与教师的法律关系是行政法律关系、民事法律关系、劳动合同关系还是混合法律关系？高校是民事法人或是公法人，具有什么职权和责任？高校教师是公务员、雇员还是专业人员，享有哪些权利和义务？聘用合同的法律属性何如定位，聘任时若存争议，争议如何解决？教师合法权益受到侵犯如何救济？这些问题迫切需要从理论和制度层面进行解释和澄清，否则就会导致相关法律规制问题凸显，成为困扰高校与教师双方的难题，导致高校与教师之间因聘任、管理而产生矛盾和纠纷。比如，2013年重庆某高校因实施新的绩效考核方案发生数百名教师集体维权事件；2016年广州某高校青年教师因职称晋升原因当众掌掴院长事件。

综上所述，本书所要研究的问题是：中国高校人事制度改革过程中涉及的高校与教师之间的法律关系。具体而言，包括高校的法律地位、教师的法律地位、高校与教师法律关系的本质与特征、聘用合同的法律属性、教师权利救济等问题。

三、研究意义

在法治视角下研究中国高校人事制度改革具有重要的现实意义和理论意义。

（一）现实意义

以法治思维和法治方式推进教育行政执法和依法治校，实现新常态下的依法治教新局面，是依法治国战略的重要组成部分。以法治推动高校人事制度改革是当前高等教育领域关注的热点。高校人事制度改革作为深化高等教育领域综合改革的切入点，特别是教师聘用制改革，势必涉及高校与教师的法律关系，这不仅仅是理论问题，更是现实中必须面对和解决的问题，它关系到高校教师聘任制改革的走向和具体措施，为高校与教师之间的聘用合同提供参考依据。高校与教师的法律关系关涉教师的职业发展和教师队伍的稳定，是高校人事制度改革和教师聘任制都必须首先要解决的问题。

在高等教育国际化浪潮推动下，中国高校面临激烈的国际市场竞争，在人事方面，高校人才流动的全球化趋势加剧。中国高校必须采取更加灵活的人事管理制度，才能获得国际优秀的人才资源以提高高校的教学质量和科研水平，提升高校的声誉和国际竞争力。而现有的高校人事制度仍带有浓厚的计划经济时代的痕迹，在教师流动、职务聘任、权益维护等方面问题突出，虽经不断改革，但还不能够很好地适应世界一流大学和一流学科建设的需要。因此，从法治的角度研究高校人事制度改革可为中国高校人事制度改革提供决策建议，这也是本书的现实意义所在。

（二）理论意义

在高校人事制度改革过程中，高校与教师之间法律关系不明确引发实施教师聘任制诸多理论问题至今还没有定论。比如，高校在改革教师聘任和职务晋升制度过程中，所制定的诸如对聘期、续聘、解聘等限制性规则，是依据什么政策法规提出，这些规则应该符合什么法律法规要求、遵循怎样的程序原则？高校人事制度改革的目的是建立教师"能进能出"合理流动的人事管理体制，以怎样的法律身份进入高校成为教师或研究者，又以什么身份从高校出来？教师在这"进"与"出"的过程中，其权利和义务发生了怎样的变化？这些既是当前高校人事制度改革必须解决的现实问题，也是教育法学研究的理论问题，它关系到高校教师聘任制能否顺利实施。

一方面，本书对中国高校人事制度改革的历史脉络、改革实践中出现的问题进行梳理分析，从法治的视角完善了中国高校人事制度改革的相关理论；本书在界定高校与教师双方法律地位的基础上，从法理层面厘清高校与教师之间的法律关系，进而明确高校与教师双方的权利、义务和责任，使高校的教师聘任、教师管理规范化，为高校人事制度改革提供法理支撑和营造良好的制度环境，推动高校人事制度改革顺利进行。另一方面，本书试图为解决当前高校与教师之间因为权利义务和职责不明引起的矛盾纠纷提供理论依据，减少双方之间的争议，从而推动高校人事管理在规范与秩序方面法治化建设进程。另外，本书还探讨与分析了高校教师聘任合同的法律属性，并提出自己的一些思考及其相关立法建议。

四、研究现状与述评

借助中国学术期刊全文数据库（CNKI）、万方数据知识服务平台、维普中文科技期刊数据库、超星数字图书馆、西文期刊目次数据库（CALIS）、综合学科检索平台（EBSCO）、社会科学引文索引（SSCI）等数据库，通过主题检索收集与本研究相关的文献资料，并进行梳理分析。

（一）关于高校人事制度改革的研究

检索高校人事制度改革方面的文献共计297篇（部），其中专著3部（占1%）、博（硕）士学位论文117篇（占39%）、SCI/EI/CSSCI等来源期刊论文154篇（占53%）、学术会议论文7篇（占2%）、主流报纸文章16篇（占5%）（见图1-1）。

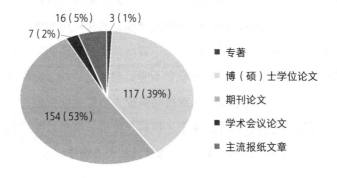

图1-1 高校人事制度改革文献分布统计

按照文献研究的内容，将其梳理分类：关于高校人事制度改革总体研究97篇/部（占33%）；关于高校人事制度改革单项制度研究36篇/部（占12%）；关于高校人事制度改革个案研究43篇/部（占14%）；关于高校教师聘任制的研究91篇/部（占31%）；关于高校人事制度改革其他方面的研究30篇/部（占10%）（见图1-2）。

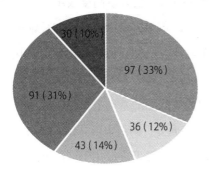

图1-2 高校人事制度改革文献分类统计

（1）关于高校人事制度改革的总体研究

高校人事制度改革总体研究，即对全国（省）高校人事制度改革进行整体研究。有的是从高校内部管理体制改革的角度研究高校人事制度改革问题，比如管培俊（2015）研究了中国高校人事分配制度和教师队伍建设的相关问题[①]；韩克敬、苏美（1997）研究了高校人事制度改革同教学改革、科研改革相结合的相关问题[②]。有的是对高校人事制度的变迁进行研究，比如段旭龙、李娟（2014）对中国高校人事制度变迁的历史脉络进行梳理，并探讨了高校人事制度改革的思路与措施[③]；肖兴安（2012）从历史制度主义的视角研究了

---

① 管培俊. 高校人事制度改革与教师队伍建设［M］. 北京：北京师范大学出版社，2015：217.
② 韩克敬，苏美. 高校人事制度改革研究［M］. 长沙：湖南大学出版社，1997：329.
③ 段旭龙，李娟. 高校人事制度改革新视野［M］. 北京：人民日报出版社，2014：246.

中国高校人事制度变迁[①]。有的是对中国高校人事制度改革存在的问题进行分析的基础上，提出了相关改革与完善措施，比如杜钢清（2003）对建立高校人事制度改革的相关机制提出合理化建议及其措施[②]；黄慧利（2006）在分析人事制度改革给高校教师带来的心理压力和高校教师在契约管理中的权益等问题的基础上提出相应的改革措施[③]。有的是从内部和外部两个方面分析制约中国高校人事制度改革的影响因素及其存在的问题，并各自提出了深化中国高校人事制度改革的基本思路和具体措施，比如崔自勤（2002）分析了政治体制、经济体制、文化传统及高教体制等方面对高校人事制度改革的影响，并提出相关应对措施及激励机制[④]；董凤良（2004）从外部环境和内部管理两个方面剖析高校现行人事制度弊端，并设计了高校人事激励制度新模式[⑤]。

（2）关于高校人事制度改革的单项制度研究

高校人事制度改革的单项制度研究，即对高校人事制度各个组成部分，诸如教师评价制度、分配制度、申诉制度、绩效考核等单个制度的研究。比如，李金春（2008）研究了高校教师评价制度对大学组织发展和教师发展的促进作用[⑥]；李碧红（2006）从比较的视

① 肖兴安. 中国高校人事制度变迁研究：历史制度主义的视角［D］. 华中科技大学，2012.
② 杜钢清. 当前我国高校人事制度改革研究［D］. 武汉大学，2003.
③ 黄慧利. 论高校人事制度改革改革［D］. 湖南师范大学，2006.
④ 崔自勤. 高校人事制度改革研究［D］. 华中师范大学，2002.
⑤ 董凤良. 论高校人事制度改革中的激励机制［D］. 吉林大学，2004.
⑥ 李金春. 我国大学教师评价制度：理念行动［D］. 华东师范大学，2008.

角提出了高校教师薪酬分配的理想化模型[①];王慧英(2012)基于制度分析视角研究了我国高校教师流动制度并提出相应对策[②];黄正杰(2007)对比英、美、法、德、中国香港等地高校用人模式,提出我国高校人事制度改革的政策措施[③];刘薇(2010)以经济学理论和管理学视角,提出高校人事代理制度的相关改革措施和保障机制[④];刘蕾(2009)实证研究了高校人事代理制度,并提出相关改革措施[⑤];顾敏(2010)研究了高校劳务派遣用工的现状和问题,从政府宏观管理、高校、劳务派遣公司和劳动者的角度提出改革措施[⑥];郭丽君(2006)从学术职业视角研究大学教师聘任制,提出聘任制改革要处理好流动与稳定、公平与效率、激励与约束、规范与变通的关系[⑦];由胜利(2006)从社会学视角分析高校人事制度改革,提出不仅要注重目标管理,还要注重激励机制,提高教师对学校的忠诚度[⑧];黄琴(2009)基于中美两国比较视角,研究了教师申诉制度,从立法、机构、程序、监督等层面提出完善中国高校教师申诉制度的若干建议[⑨];胡华锋(2011)实证研究了高校教师绩效考核现状,

① 李碧红. 大学教师收入分配研究:基于人力资本的分析 [D]. 华中科技大学, 2006.
② 王慧英. 我国高校教师流动政策研究:基于制度分析的视角 [D]. 东北师范大学, 2012.
③ 黄正杰. 高校人事代理制度问题研究 [D]. 安徽大学, 2007.
④ 刘薇. 高校教师人事代理研究 [D]. 南京理工大学, 2010.
⑤ 刘蕾. 高校人事代理制度的实践与思考:以上海市为例 [D]. 复旦大学, 2009.
⑥ 顾敏. 上海高校劳务派遣员工管理研究 [D]. 华东师范大学, 2010.
⑦ 郭丽君. 学术职业视野中大学教师聘任制研究 [D]. 华中科技大学, 2006.
⑧ 由胜利. 高校人事制度改革的社会学分析 [D]. 吉林大学, 2006.
⑨ 黄琴. 高校教师申诉制度研究 [D]. 华中农业大学, 2009.

提出完善进行考核体系、优化制度环境、实行动态管理等建议①；张静（2012）结合研究教学型高校及其教师的特点，探索并构建了该类高校教师绩效考核指标体系②；达航行（2009）研究高等职业技术学院的教师绩效考核问题，并设计相关改革配套措施③。

（3）关于高校人事制度的个案研究

高校人事制度的个案研究，即对某个具体高校的人事制度进行研究。比如，刘宇空等（2004）研究了高校岗位津贴制度，提出完善校内岗位津贴制度的措施建议④；孙杰（2006）通过对校院两级人事分权现状、存在的问题及其原因分析，从宏观和微观两个方面提出相应对策⑤；赵英男（2010）通过对某高校教师人力资源结构现状与存在的问题，提出优化外部环境的政策建议和内部管理的具体对策⑥；赵志鲲（2004）在梳理中国高校教师职称评聘历史沿革的基础上，从教师评聘制度化建设、评聘机制、岗位管理等方面提出相应变革策略⑦；杨海英（2008）通过对高校后勤人事制度改革现状、成效及存在的问题分析，提出深化高校后勤人事制度改革的策略建

① 胡华锋. 高校教师绩效考核现状实证调查［D］. 西南大学，2011.

② 张静. 研究教学型大学教师绩效考核研究［D］. 西安电子科技大学，2012.

③ 达航行. 高等职业技术学院教师绩效考核研究［D］. 西北大学，2009.

④ 刘宇空，付瑶瑶，颜淑霞. 深化以岗位津贴制度为主的高校人事分配制度改革［J］. 中国高教研究，2004（3）:55.

⑤ 孙杰. 校、院两级人事分权研究：以华中科技大学教师聘任制的实施为例［D］. 华中科技大学，2006.

⑥ 赵英男. 我国大学教师人力资源管理若干问题研究：以中央民族大学为例［D］. 中央民族大学，2010.

⑦ 赵志鲲. 高校教师职称评聘工作的管理特点与变革策略［D］. 南京师范大学，2004.

议[1]；胡旭亮（2012）从转变政府职能、绩效考评、内部利益协调、自我角色调整等方面提出高校人事制度改革的对策建议[2]。

（4）关于高校教师聘任制的研究

高校教师聘任制的研究，即从不同的研究视角研究国内外高校教师聘任制。一方面，从国别比较的角度，陈伟（2008）对英、德、美等国高校教师的专业化进行了比较研究[3]；陈永明（1999）考察比较了美、英、法、德、日等国高校教师任期制，为中国高校教师聘任制提供借鉴[4]；顾建民（2007）对美、英、德等国大学终身教职制度的历史传统、思想渊源、运行状况、改革动向等进行了比较研究[5]。另一方面，从历史及问题的角度，邓小林（2004）对高校教师聘任制度的历史沿革及其近代化与正规化进行了分析[6]；赵庆典（2000）对新中国高校教师职务制度进行梳理，并根据不同历史时期将其分为不同的阶段[7]；刘献君（2003）对中国高校教师聘任制存在的问题及如何实施聘任制进行了探讨[8]。另外，从跨学科的角度，周光礼（2003）研究了高校教师聘任制度与教师权益保护问题，并对教师聘

① 杨海英. 高校后勤人事制度改革研究：以大连理工大学为例［D］. 大连理工大学，2008.
② 胡旭亮. 高校岗位设置与分级聘任问题研究：以H省A大学为例［D］. 湖南师范大学，2012.
③ 陈伟. 西方大学专业化［M］. 北京：北京大学出版社，2008.
④ 陈永明. 大学教师任期制的国际比较［J］. 比较基于研究，1999（1）:48.
⑤ 顾建民. 西方大学终身教职制度研究［M］. 杭州：浙江教育出版社，2007:308.
⑥ 邓小林. 论大学教师聘任问题［J］. 清华大学教育研究，2004（3）:10.
⑦ 赵庆典. 我国高校教师职务制度50年回顾与展望［J］. 江苏高教，2000（2）:20.
⑧ 刘献君. 我国高校教师聘任制的特点及实施策略选择［J］. 高等教育研究，2003（9）:26.

任合同的性质进行了探讨①；陈鹏（2005）通过实证案例对高校教师职务评聘中的法律问题进行探析②；赵恒平（2005）探讨了高校与教师之间法律关系的变化，聘任制之前，二者之间是行政法律关系，聘任制之后，二者之间兼具行政、民事双重法律关系③。

　　另外，马林（2007）从规范聘任合同与程序、聘任者的适格性等方面提出高校教师聘任制改革的措施建议④；朱庆海（2007）通过分析中国高校教师聘任制的演进过程，从规范运作、定编设岗、聘任考核等方面提出解决措施⑤；张怡真（2007）从岗位设置、聘用政策及程序、考核评价、激励保障等方面提出研究型大学教师聘任制改革的措施⑥；梁莹（2009）借鉴美、英、德、法等国高校教师聘任制的经验，从岗位、聘任、考核、保障等方面提出中国公立高校教师聘任制的改革措施⑦；周婷婷（2004）基于法学的角度，从选拔程序、公开招聘、考核激励等方面提出完善高校教师聘任制的策略建议⑧；王慧（2007）从胜任力素质、绩效考核、薪酬体系、综合激励等方面提出改革高校教师职务聘任制的相关措施⑨；蒋蕾（2008）运用新制度主义制度逻辑和路径依赖理论，从评聘制度化建设、聘

① 周光礼. 高校教师聘任制度与教师权益法律保护［J］. 高等教育研究，2003（9）:10.

② 陈鹏. 高校教师聘任制的法律透视［J］. 中国高教研究，2005（1）:61.

③ 赵恒平. 聘任制下高校教师的权益保障［J］. 武汉理工大学学报（社科版），2005（2）:101.

④ 马琳. 论当前我国的高校教师聘任制［D］. 华中科技大学，2007.

⑤ 朱庆海. 我国高校教师聘任制实施中的问题与对策［D］. 华中师范大学，2007.

⑥ 张怡真. 我国研究型大学教师聘任制改革问题［D］. 西南大学，2007.

⑦ 梁莹. 我国公立高等学校教师聘任制问题研究［D］. 陕西师范大学，2009.

⑧ 周婷婷. 我国公办高等学校教师聘任制度改革探析［D］. 武汉大学，2004.

⑨ 王慧. 高校教师职务聘任制改革研究［D］. 河海大学，2007.

后评价体系、岗位管理制度等方面提出改进措施[①];赵琳（2006）提出了高校人事制度改革在教师职务聘任方面的相关建议[②];杜海琳（2007）针对当前中国高校职称评聘存在的突出问题从评价激励机制、教师培养方式、聘后管理等方面提出中国高校职称评聘制度改革对策[③];田播（2012）探究了当前高校教师职称评审和聘任制度改革，从评聘分开、以聘代评、聘后管理等方面提出高校人事制度改革的建议[④];刘香菊（2005）考察了中国公立高校与教师法律关系的历史与现状，从法律地位角度提出重构高校与教师法律关系的建议[⑤];李青（2010）从奖惩机制、劳动用工关系、合同履行争议等方面提出高校人力资源管理的改革措施[⑥];廖红梅（2006）从教师、高校、政府的角度提出提高自我保障能力、完善高校内部管理机制、健全教育法规及社会保障体系等教授权益保障方面的改革措施[⑦]。

（5）关于高校人事制度改革其他方面的研究

高校人事制度改革其他方面的研究，即除上述几类文献之外涉及高校人事制度改革的研究，主要体现在以下四个方面：

一是对新时期高校人事制度改革的深度思考。熊丙奇（2006）从改革的重点、思路、操作及环境方面论述了困扰中国高校人事制

---

① 蒋蕾. 高等学校教师职务评聘制度若干问题研究［D］. 复旦大学，2008.

② 赵琳. 我国高校教师职务聘任制实施研究［D］. 东北大学，2006.

③ 杜海林. 我国高校教师职称评聘制度的历史沿革与对策研究［D］. 厦门大学，2007.

④ 田播. 高等学校教师职称改革研究［D］. 华中师范大学，2012.

⑤ 刘香菊. 聘任制度下公立高校与教师的法律关系［D］. 华中科技大学，2005.

⑥ 李青. 论《劳动合同法》在我国高校人事制度改革中的运用［D］. 湖南师范大学，2010.

⑦ 廖红梅. 聘用制下高校教师权益保障研究［D］. 武汉理工大学，2006.

度改革的四大问题[①]；戚业国（1997）从建立学衔制度和校内争议仲裁制度及实行人员职级定编与浮动工资制度等方面阐述了高校人事制度改革的问题[②]；赵曙明、龚放等（2005）从建立现代大学制度的角度提出了深化中国高校人事制度的政策建议[③]；李岱峰（2009）分析了当前高校人事制度改革中存在的问题，从人本管理、全局意识、机制创新等方面提出改革对策[④]；费伟（2005）提出了改革高校编制管理、深化用人制度改革、分配制度改革等措施[⑤]；吕玉刚（2005）从用人机制、分类管理、职员制改革、编制标准、薪酬制度等方面剖析了高校人事制度改革[⑥]；管培俊（2014）从内部治理结构、教学科研组织方式、机构编制管理和人力资源配置、教师分类管理和教职员工岗位聘用制及考核评价与激励机制等方面论述了新一轮高校人事制度改革[⑦]；李萍（2005）从哲学的角度，反思高校人事制度改革的目的与手段、规范与人性、限度与张力等重要理论问题[⑧]；张灵、禹奇才（2006）对高校人事制度改革的教育性、学术型、社会性、人文性四种价值取向进行分析[⑨]；吴浩（2000）从内部

---

① 熊丙奇. 四大问题困扰我国高校人事制度改革［J］. 中国改革，2006（11）:30.
② 戚业国，兰澄世. 高校人事制度改革必须解决几个问题［J］. 上海高教研究，1997（4）:44.
③ 赵曙明，龚放. 建立现代大学制度的重要之举：深化高校人事制度改革的政策建议［J］. 高等教育究，2005（4）:18
④ 李岱峰. 深化高校人事制度改革：问题与对策［J］. 湖南师范大学教育科学学报，2009（3）:40.
⑤ 费伟. 谈高校人事制度改革存在的问题与对策［J］. 教育与职业，2005（18）:21.
⑥ 吕玉刚. 深化高校人事制度改革的几点思考［J］. 中国高等教育，2005（7）:21.
⑦ 管培俊. 关于新时期高校人事制度改革的思考［J］. 教育研究，2014（12）:72.
⑧ 李萍. 高校人事制度改革的哲学思考［J］. 中国高等教育，2005（9）:19.
⑨ 张灵，禹奇才. 关于高校人事制度改革价值取向的理性思考［J］. 高教探索，2006（6）:32.

管理体制、定编定岗、按需设岗、更新观念、社会保障等方面探讨了高校人事制度改革①；吴务南、朱俊兰（2004）基于全员聘任制、整合人才资源、职员制改革、分配制度、后勤社会化等方面方面提出高校人事制度改革措施②。

二是对高校人事制度改革方向与思路的考量。邴浩（2014）从政策工具运用与创新的视角对高校人事制度改革相关政策文本进行梳理分析③；孙杰中（2005）运用科学发展观对调整现行师资管理模式、教师评价方式、学术梯队建设、教师人力资源开发等方面论述高校人事制度改革④；陈钰萍（2005）运用人力资本理论从理论与现实两方面剖析高校人事制度从传统向现代转变的必要性并提出具体改革措施⑤；管培俊（2014）研究了高校人事制度改革新阶段的特点，从统筹协调、制度创新、以人为本、方法论与推进策略、社会环境与制度供给等方面指出推进高校人事制度改革的新思路⑥；阎峻、许晓东（2015）从第三部门组织理论的视角探讨了高等教育治理中涉及的高校"管办评"分离方面人事制度改革⑦；李卫

---

① 吴浩. 高校人事制度改革的思考［J］. 江苏高教，2000（5）:125.
② 吴务南，朱俊兰. 深化高校人事制度改革的思考［J］. 教育与职业，2004（27）:4.
③ 邴浩. 政策工具视角下的高校人事制度改革［J］. 复旦教育论坛，2014（6）:63.
④ 孙杰中. 运用科学发展观指导我国高校人事制度改革［J］. 中国特色社会主义研究，2005（2）:73.
⑤ 陈钰萍. 人力资本理论与高校人事制度的改革创新［J］. 四川师范大学学报（社科版），2005（5）:71.
⑥ 管培俊. 新一轮高校人事制度改革的走向与推进策略［J］. 中国高等教育，2014（10）:18.
⑦ 阎峻，许晓东. 高等教育治理与第三部门组织［J］. 高教探索，2015（12）:12.

红（2000）结合当前形势从推行聘任制和聘用制、引入竞争激励机制、改革分配制度、形成人才合理流动机制等方面论述了推进高校人事制度改革的问题①；邓国胜（2009）分析了事业单位改革趋势和高校人事制度面临的变化，并指出高校人事制度改革路径要不断提升自主性和公益性②；邹松涛（2007）基于正式规则层面、非正式规则层面、实施机制等方面分析了契约式管理在中国高校人事管理中的实现路径③；李忠云（2010）从用人制度和分配制度改革的角度对中国新一轮高校人事制度改革目标倾向、理念与人才团队建设进行了探讨④；祁占勇、陈鹏（2009）分析了中国高校教师聘任制的法律难题、现实困惑，并指出高校人事制度改革的理性选择⑤；王胜今（2005）探讨了教师聘任制的激励、流动、考评机制创新，并对教师聘任制中激励与约束、集权与分权、改革发展与稳定、现实需要与长远发展的辩证关系进行了剖析⑥；李子江（2010）探讨了多元化的高校教师岗位聘任制和考核评价体系及相配套的社会保障体系⑦；

① 李卫红. 抓住当前有利时机将高校人事制度改革向纵深推进［J］. 中国高等教育，2000（18）:9.
② 邓胜国. 高校人事制度改革的方向与路径［J］. 清华大学教育研究，2009（5）:71.
③ 邹松涛. 契约式管理：我国高校人事制度改革的新趋势［J］. 郑州大学学报（哲社版），2007（1）:174.
④ 李忠云. 新一轮高校人事制度改革的目标倾向、理念与人才团队建设［J］. 中国高校科技，2010（6）:5.
⑤ 祁占勇，陈鹏. 我国高校教师聘任制的困境及理性选择［J］. 陕西师范大学学报（哲社版），2009（4）:119.
⑥ 王胜今. 教师聘任制的机制创新及其辩证关系［J］. 中国高等教育，2005（17）:24.
⑦ 李子江. 我国高校教师职务管理制度的历史沿革与展望［J］. 大学教育科学，2010（4）:85.

潘云（2004）从培训目标、内容、机制、组织管理等方面对教育职员培训制度进行了设计[①]；李骏（2011）从制度建设、去行政化、人事工作外包等方面探索了高校人事行政公开制度[②]。

三是高校领导、专家、学者对高校人事制度改革发表的言论。丁烈云（2011）强调高校人事制度改革须建立"能上能下、能进能出、优胜劣汰"的竞争机制[③]；曹国永（2014）指出，高校人事制度改革要正确处理引进和培养、引进和使用、引进数量和质量、引进人才政策和校内人员待遇、全职引进和智力引进等方面的关系[④]；李国立（2014）从建立分类管理与分类评价、完善教师聘任制度、健全教师薪酬制度、形成教师声誉制度等几个方面分析了新一轮高校人事制度改革的走向[⑤]。有些是对专家、学者或组织人事部门领导的访谈。比如，唐景莉（2014）对国家教育部人事司司长的采访，详细报道了新一轮高校人事制度改革的新特点、新思路及改革方向[⑥]；吴春燕、刘继红（2004）对华南理工大学校长的访谈，介绍了"组建团队"促进高校人事制度改革的新模式[⑦]。还有一些是对高校人事

---

① 潘云，刘婉华等. 高校教育职员制度的设计探讨［J］. 中国高教研究，2004（7）:58.
② 李骏. 关于高校人事行政公开制度的探索［J］. 江苏高教，2011（6）：68.
③ 丁烈云. 高校人事制度改革须建立竞争机制［N］. 中国教育报，2011-12-12.（005）.
④ 曹国永. 高校人事制度改革要处理好六个关系［N］. 光明日报，2014-04-01.（013）.
⑤ 李国立. 高校人事制度改革的走向［N］. 光明日报，2014-06-03.（013）.
⑥ 唐景莉. 新一轮高校人事制度改革迫在眉睫［N］. 中国教育报，2014-05-12.（009）.
⑦ 吴春燕，刘继红. "组建团队"促高校人事制度改革［N］. 光明日报，2004-01-04.（002）.

制度改革建言献策。比如，刘久成（2000）主张法治应贯穿高校人事制度改革①；李世光（2003）主张人事代理破解高校人事改革难题，将人员"所有权"和"使用权"分离。②

四是国外学者对高校人事制度改革的研究。国外学者的研究主要涉及终身教授制度、高校教师任用中的平等问题及教师工作绩效与工资模式等。比如，菲利普·G. 阿特巴赫（2001）从比较的视角研究了终身教授制度，并对终身教授制度的发展总趋势及呈现出的新的任用与晋升制度进行了分析；③菲利普·G. 阿特巴赫（2006）研究了发展中与中等收入国家大学教授职业面临的困境和危机，剖析了其未来发展趋势及其相关应对策略；④菲利普·G. 阿特巴赫（2006）还从国别比较的角度分析了美、英、法、德等国家学术职业在工作条件、聘任要求、薪酬等方面发生的重大变化。⑤哈尔塞和马丁·特罗（2000）在社会学视野下对英国大学教师职业的发展与变革进行了综合性分析。⑥迈克尔·夏托克（2006）对英国大学教师管理制度，特别是岗位设置的改革进行了综合论述。⑦

————————

① 刘久成. 法治应贯穿高校人事制度改革［N］. 法制日报，2000-09-28.（007）.

② 李世光. 人事代理破解高校人事改革难题［N］. 中国人事报，2003-08-06:（003）.

③ ［美］菲利普·G. 阿特巴赫. 比较高等教育：知识、大学与发展［M］. 人民教育出版社教育室译. 北京：人民教育出版社，2001：135.

④ ［美］菲利普·G. 阿特巴赫. 失落的精神家园：发展中与中等收入国家大学教授职业透视［M］. 施晓光译. 青岛：中国海洋大学出版社，2006：236.

⑤ ［美］菲利普·G. 阿特巴赫. 变革中的学术职业：比较的视角［M］. 别敦荣译. 青岛：中国海洋大学出版社，2006：263.

⑥ A.H. Halsey & Martin Trow. The British Academic Profession in the 20th Century［M］. Oxford: Clarendon Press,2000：138.

⑦ ［英］迈克尔·夏托克. 成功大学的管理之道［M］. 范怡红译. 北京：北京大学出版社，2006：1-2.

（二）国内关于高校与教师法律关系的研究

关于高校与教师法律关系的相关文献共检索到93篇。这些文献主要围绕高校与教师法律关系探讨、高校及其教师的法律地位及聘任制下与二者相关的法律问题展开，还有一些涉及高校与教师法律关系的专著。关于高校与教师法律关系探讨的文献有4篇硕博论文和8篇期刊论文（占13%）；高校教师法律地位的文献有9篇硕博论文和12篇期刊论文（占23%）；高校法律地位的文献有11篇硕博论文和20篇期刊论文（占32%）；聘任制下高校与教师相关法律问题的文献有9篇硕博论文和13篇期刊论文（占24%），高校与教师法律关系相关专著7部（占8%）（见图1-3）。

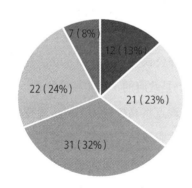

- ■ 高校与教师法律关系探讨
- 高校教师法律地位
- 高等学校法律地位
- 聘任制下高校与教师相关法律问题
- ■ 国内关于高校与教师法律关系相关专著

图1-3 国内关于高校与教师法律关系文献统计

（1）高校与教师法律关系探讨

关于高校与教师法律关系的探讨，在20世纪80年代以前，高校作为政府的延伸机构，附属于教育行政机关，在政府的管控下运作，没有独立的法人资格，高校的教师是国家干部，高校与教师之间双方形成行政隶属关系。[①]20世纪80年代以后，特别是《高等教育法》的颁布，确立了高校的法人地位，并实行高校教师聘任制，这使得原有的行政隶属关系被打破，人们对高校与教师的法律关系产生了不同看法，主要有以下四种观点：

一是"双主体"观点。该观点认为，高校既是民事主体，又是行政主体，在双主体资格条件下，高校与教师之间形成不同性质的法律关系。比如，陈鹏（2004）认为，在教师职务评审中，高校与教师之间构成行政法律关系；在教师聘任中，高校与教师双方守平等原则签订聘用合同，二者之间形成劳动雇佣关系。[②]

二是"特别权力关系"观点。该观点将高校作为特别法人，高校与教师构成特别权力关系，高校具有广泛的自由裁量权，可以依据自己权利发布调整特别权力关系的规则。该观点使司法审查受限，教师权益受损得不到应有的司法救济。比如，周卫勇（1997）认为，高校作为特别法人行使的是一种公权力，是经国家立法并由政府授予高校的，这些权力在本质上仍是政府的，而非高校的。[③]

三是"行政法律关系"观点。该观点将高校视为法律法规授权组织，法律法规赋予其一定的公共行政职权，高校在行使这些公权力时，可将其视为行政主体，高校与教师双方之间构成行政法律关系。比如，秦惠民（2001）认为，在法律授权下，高校具备一定的行政主体资格，享有招聘教职工、职称评聘、招收学生，并对其行

---

① 申素平. 论我国公立高等学校与教师的法律关系 [J]. 高等教育研究，2003（1）:67.

② 陈鹏. 我国公立高等学校与教师、学生法律关系之研究 [D]. 华中科技大学，2004.

③ 周卫勇. 也谈教育法的地位 [J]. 教育研究，1997（7）:27.

管理和处分等权力。^①

四是"民事法律关系"观点。该观点认为，高校与教师遵循双方平等自愿原则签订的聘任合同属于民事合同的范畴，双方的权利和义务对等，从而构成私法上民事契约关系并受契约条款的限制。比如，褚宏启（2000）认为，高校内部行政管理与行政机关的行政管理性质不同，前者是管理高校内部事务的私人行政，后者是管理社会公共事务的公共行政，高校与教师之间构成民事法律关系，而不是行政法律关系。^②

还有一些学者从各自不同的视角对高校与教师法律关系进行了探讨。比如，屈满学（2005）认为，高校与教师是基于平等自愿基础上签订劳动合同，双方之间构成特殊的劳动聘用关系，但有别于劳动法和公务员法。^③韦保宁（2009）基于法律关系的复合性等原则从教师聘任与流动、终身教职、权益救济等方面重构高校与教师之间的法律关系。^④陈梦迁（2010）基于人事制度分类管理的背景，从发生学的角度，分析了高校与教师法律关系的转变。^⑤

上述观点都具有一定的合理性，都是从某一个视角反映了高校与教师之间法律关系的某些特征，但是这些观点还都具有一定的局

---

① 秦惠民. 当前我国法治进程中高校管理面临的挑战 [J]. 清华大学教育研究，2001（2）:49.
② 褚宏启. 论学校在行政法律关系中的地位 [J]. 教育理论与实践，2000（3）:29.
③ 屈满学. 高等学校与教师间的法律关系 [J]. 国际商务：对外经济贸易大学学报，2005（6）:91.
④ 韦保宁. 公立高等学校和教师法律关系的重构 [J]. 中国教育法制评论（第7辑），2009：180.
⑤ 陈梦迁. 人事制度分类管理背景下公立高校和教师的法律关系转变 [J]. 中国高教研究，2010（1）:47.

限性，比如"双主体"观点在司法实践中很难操作，当高校与教师双方发生人事纠纷时，难以选择适用民事法律关系或是行政法律关系，不同的法律关系权利救济的途径不同；"特别权力关系"观点强调高校行使的公权力，但是它忽视了高校不同于国家行政机关和高校还具有民事行为能力的一面；"行政法律关系"和"民事法律关系"这两种观点都各自强调了高校与教师法律关系的一方面，而忽视了高校与教师法律关系的另外一方面。

（2）高校教师法律地位研究

关于高校教师法律地位的研究，主要集中在以下三个方面：

一是对教师法律地位内涵的研究。不同学者从不同学科或视角对教师法律地位进行表述，得出的结论各异，但其共同点均认为，教师法律地位是教师在社会关系中的位置，其核心是教师的权利和义务，它涉及教师与国家、学校、学生之间各种法律关系。比如，黄崴（2002）认为，教师法律地位是通过立法确立的教师职业地位，包括教师的政治地位、经济地位及职业声望等内容。[①]劳凯声（2002）认为，教师法律地位的实质是教师享有哪些权利、负有哪些义务，它涉及教师与政府、高校、学生之间的关系和教师资格任用、工资待遇等方面。[②]程雁雷（2006）认为，教师法律地位是指在特定法律关系中教师属于某类及属于该类的权责、能力、非能力等构成的权利义务体系。[③]包秀荣（1998）认为，教师法律地位是以法

---

① 黄崴. 教育法学［M］. 广州：广东高等教育出版社，2002：15.

② 劳凯声. 中国教育法制评论［M］. 北京：教育科学出版社，2002：57.

③ 程雁雷. 教师权利义务体系的重构：以教师法律地位为视角［J］. 国家教育行政学院学报，2006（6）:18.

律形式确立的教师在社会关系中的位置及教师的权利和义务。^①上述学者对教师法律地位内涵的界定，是将"教师"作为一个职业群体进行研究，当然也涵盖高校教师。

二是从法律身份角度探讨高校教师的法律地位。关于教师法律身份的主流学说主要有：公务员说、雇员说、公务雇员说、教育公务员说等。比如，申素平（2008）主张在维持现有法律制度框架下，将公办学校教师纳入公务员队伍，增设教育公务员职位类别，将公办学校教师纳入此概念和制度架构。^②龚钰淋（2011）主张将高校教师视为公务雇员，高校公益性组织特征决定了教师身份的公务性，高校教师较强的专业性和自主性有别于中小学教师，也不同于科层官僚制的公务员。^③毕雁英（2005）认为，高校教师身份带有雇员和公务人员的双重色彩，同时，教师不是公务员，也不是学校的附属物。^④

三是从聘任制的角度研究高校教师的法律地位。黄明东（2011）基于教师的资格、职务、考核奖惩、法律救济等方面的制度对中、美、法三国高校教师法律地位进行比较研究；^⑤杨建顺（2002）从教师的素质、教学科研中的作用及教师的使命和教师职

---

① 包秀荣. 试论教师的法律地位［J］. 内蒙古民族师院学报，1998（1）:49.
② 申素平. 对我国公立学校教师法律地位的思考［J］. 2008（9）:54.
③ 龚钰淋. 行政法视野下的公立高校教师法律地位研究［D］. 中国政法大学，2011.
④ 毕雁英. 教师法律身份及其与学校纠纷的解决［J］. 中国高等教育，2005（19）:23.
⑤ 黄明东. 中、美、法高校教师法律地位比较研究［M］. 武汉：武汉大学出版社，2011.

务的特殊性、聘任合同性质等方面分析了高校教师的法律地位；[①]刘香菊（2005）通过历史考察和国际比较，对聘任制下公立高校与教师之间的法律关系进行了探讨；[②]季洪涛（2004）以权利义务为切入点，探讨了高校教师权利的法律保障问题，并从申诉机制、正当程序、行政仲裁和行政复议等方面提出完善高校教师权利申诉救济制度的立法建议。[③]

（3）高等学校法律地位研究

关于高校法律地位的研究，主要集中在以下四个方面：

一是对学校法律地位内涵的界定。有的学者参照《布莱克法律辞典》中"地位"的释义来界定学校法律地位，比如劳凯声（2003）认为，学校的法律地位指学校属于某类及其此类的权利、责任、能力与无能力；[④]有的学者借鉴《牛津法律大辞典》中"法律地位"的解释进行定义，比如学者黄崴（2002）认为，学校的法律地位指学校作为法律主体的地位，是其权利义务的统一体；[⑤]有的学者从学校构成法律关系主体资格的角度来界说，比如褚宏启（2003）认为，学校的法律地位指学校在法律上享有的权利、行为、责任等方面的能力。[⑥]

二是对高校主体资格的探讨。关于高校主体资格，众说纷纭，

① 杨建顺. 教师聘任制与教师地位［J］. 中国教育法制评论（第1辑），2002：240.
② 刘香菊. 聘任制下公立高校与教师法律关系研究［D］. 华中科技大学，2005.
③ 季洪涛. 论高校教师的法律地位及其权利保障［D］. 吉林大学，2004.
④ 劳凯声. 变革社会中的教育权与受教育权［M］. 北京：教育科学出版社，2003：241.
⑤ 黄崴. 教育法学［M］. 广州：广东高等教育出版社，2002：149.
⑥ 褚宏启. 中小学法律问题分析［M］. 北京：红旗出版社，2003：37.

各执一词,具有代表性的观点主要有行政主体说、民事主体说、公务法人说等。比如,湛中乐(2003)认为,高校具备行政主体资格,它行使的某些职权符合行政权力特征,具有明显的强制性和单方意志性;[①]褚宏启(2000)认为,高校不是行政机关,高校与教师之间不是行政法律关系,而是民事契约关系;[②]日本学者兼子仁(1978)认为,学校教育运行中,学校与教师之间是一种教育契约关系;[③]马怀德(2002)认为,高校在性质上属于公务法人,可成为行政诉讼的主体。[④]

三是关于高校权利义务的研究。高校的权利义务主要包括三个方面:以民事法人资格参与民事活动;以行政相对人资格参与行政管理活动;以公务法人资格享有的教育教学管理方面的办学自主权及其履行的义务。[⑤]高校办学自主权是由国家授予的,源于国家公共教育权,是高校权利义务的核心内容,从其性质上讲是一种公共权力。[⑥]

四是关于高校与政府、教师和学生关系的研究。高校与教师的法律关系,前面已表述,这里仅综述高校与政府、学生之间的法律关系。高校与政府之间既存在教育行政关系,又存在教育民事关

---

① 湛中乐. 高等教育与行政诉讼[M]. 北京:北京大学出版社,2003:5.
② 褚宏启. 论学校在行政法律关系中的地位关系[J]. 教育理论与实践,2000(3):29.
③ [日]兼子仁. 教育法[M]. 东京:有斐阁,1978:402.
④ 马怀德. 学校、公务法人与行政诉讼[J]. 罗豪才编《行政法论丛》,北京:法律出版社,2002:342.
⑤ 劳凯声. 变革社会中的教育权与受教育权[M]. 北京:教育科学出版社,2003:295.
⑥ 申素平. 重新审视高等学校自主权[N]. 中国教育报,2003-1-14.(004).

系。在教育行政关系中，政府与高校双方的地位不对等，两者之间是管理与被管理、领导与被领导的关系。比如，有学者认为，高校与政府相对时，它作为行政法上的特别法人，此时双方的关系是两个独立公法人之间的关系。[①]在教育民事关系中，高校与政府双方是基于平等地位的法人之间在诸如财产、土地、知识产权等领域发生的民事所有和流转上的关系。高校与学生之间主要存在民事、行政方面的法律关系。比如，有学者认为，高校不具备行政主体资格，高校与学生之间是民事法律关系；[②]有学者认为，学籍管理具有行政管理性质，高校与学生之间依据学籍的存在而构成行政法律关系。[③]

还有一些学者对英、美、德、日等国的高校法律地位进行了研究，也有的学者从大学与政府关系的视角分析大学的法律地位。比如，申素平（2002）结合英美两国的法制背景，从比较法的角度探讨了英美高校的法律地位；[④]姚荣（2015）借鉴公、私法二元区分与融合及法权中心主义的分析视角，研究了德国高校的法律地位；[⑤]胡建华（2002）在比较若干发达国家高校的法律地位基础上，基于政府与高校关系的角度，深度剖析了中国高校法律地位的历史变化。[⑥]

---

① 劳凯声. 变革社会中的教育权与受教育权［M］. 北京：教育科学出版社，2003：242.

② 褚宏启. 论学校在行政法律关系中的地位［J］. 教育理论与实践，2000（3）：29.

③ 尹力. 试论学校与学生的法律关系［J］. 北京师范大学学报（人文社科版），2002（2）:126.

④ 申素平. 试析英美高等学校的法律地位［J］. 比较教育研究，2002（5）:1.

⑤ 姚荣. 德国公立高等学校法律地位演进的机制、风险与启示［J］. 国家教育行政学院学报，2015（12）:88.

⑥ 胡建华. 大学的法律地位分析［J］. 南京师大学报（社会科学版），2002（5）：61.

（4）聘任制下高校与教师相关法律问题研究

关于聘任制下高校与教师相关法律问题研究，主要集中在以下四个方面：

一是关于高校教师聘用合同法律属性的探讨。学界对高校教师聘用合同的性质争议较大，目前尚无定论，主要有"劳动合同"观点、"行政合同"观点、"雇佣合同"观点、"混合合同"观点。"劳动合同"观点认为，高校与教师双方签订的聘用合同在法律属性上具备劳动关系的性质。比如，刁慧娜（2011）主张高校与教师的聘用合同是劳动合同，适用《劳动法》调整。[①]"行政合同"观点认为，聘用合同是高校依据法律法规授权行使教师聘任权的结果，高校与教师之间构成管理与被管理的行政法律关系，双方签订的聘用合同属于行政合同。比如，杨建顺（2002）认为，高校教师聘用合同涉及公共利益，在性质上属于行政合同。[②]"雇佣合同"观点将高校与教师的聘用合同视为特殊的雇佣合同。比如，王利明等学者（2005）认为，高校与教师之间的法律关系本质上是雇佣关系，双方签订的聘用合同是雇佣合同。[③]"混合合同"观点认为，聘用合同是具备民事和行政特征的特殊合同，而不一定是单纯的民事或行政合同。比如，赵恒平、廖红梅（2005）认为，高校与教师之间的聘用关系，不仅是行政隶属关系，在某些方面也具备平等民

---

① 刁慧娜. 高校教师劳动合同法律适用问题研究［D］. 吉林大学，2011.

② 杨建顺. 教师聘任制与教师地位：以高等学校教师为中心［J］. 中国教育法制评论（第1辑），2002：240.

③ 王利明等. 中国民法典学者建议稿及立法理由（债法总则编）［M］. 北京：法律出版社，2005：466.

事法律关系的性质。[①]

二是关于高校教师权益保护与司法救济的研究。学者们从不同角度或视角对高校教师权益保护及救济进行了探讨。比如，彭语良、李思雨（2013）从程序正义的视角研究了高校教师权益保护问题；[②]孙丽珍（2010）从监督制约、绩效考核、岗位激励、权益救济等方面探讨了岗位设置管理制度下的高校教师权益保护；[③]陈金玲等（2010）研究了高校教师权益司法救济制度，提出高校教师权益救济的政策措施；[④]程刚、俞建伟（2009）基于实体内容和程序构建，探讨高校教师申诉制度问题，并提出在教师申诉过程中的一些制度规范；[⑤]湛中乐（2009）探讨和分析了教师申诉的当事人范围、受理机关、申诉的管辖、申诉范围、申诉决定形式和效力，以及教师申诉的若干程序问题等。[⑥]

三是关于高校教师职务评聘、职称评定及教师流动相关法律问题的研究。有的是以案例分析的角度对高校教师职务评聘中的法律问题进行研究；有的是从比较的视角探讨了高校教师职称评定中

---

① 赵恒平，廖红梅. 论聘用制下高校教师的权益保障［J］. 武汉理工大学学报（社科版），2005（2）:100.

② 彭语良，李思雨. 程序正义视角下高校教师权益保护的法律思考［J］. 中国劳动关系学院学报，2013（4）:86.

③ 孙丽珍. 岗位设置管理制度下的高校教师权益保护［J］. 高等工程教育研究，2010（6）:154.

④ 陈金玲，王吉林，张春荣. 完善高校教师权益司法救济制度研究［J］. 国家教育行政学院学报，2010（5）:14.

⑤ 程刚，俞建伟. 高校内部教师申诉制度的研究与设计［J］. 教育研究，2009（5）:80.

⑥ 湛中乐. 论我国高等学校教师申诉制度的完善［J］. 中国教育法制评论（第6辑），2009：105.

的法律问题；还有的基于制度分析的视角研究了高校教师流动过程中涉及的法律问题及政策。比如，陈鹏、祁占勇（2004）认为，高校具有行政主体资格，主张司法审查的有限介入是必要的；[①]张欣（2015）探究了高校教师职称评定行为的法律性质，并对职称评定程序及其救济途径进行了比较分析；[②]王慧英（2012）基于制度分析的视角，对高校教师流动政策及其涉及的相关法律问题进行了探讨；[③]黑建敏（2010）探讨了教师和教师流动过程中涉及的法律问题及其解决措施。[④]

四是关于聘任制下高校与教师的相关法制问题的研究。陈大兴（2014）基于法理的视角，研究了高等教育中责任与问责的问题；[⑤]郭为禄（2008）研究了新时期高等教育法制建设进程，并探讨了高校与教师法律关系的重构与协调问题；[⑥]田联进（2011）基于权力关系的视角，探讨了中国现代大学与教师的法律关系，并分析了以行政为主体的大学自治权对教师权利的侵害及其对教师民主管理权、职称晋升权的威胁；[⑦]李仁燕（2007）研究了高校内部行政法律关系

---

① 陈鹏，祁占勇. 高校教师职务评聘中的法律问题探析［J］. 高等教育研究，2004（3）:46.

② 张欣. 公立高校教师职称评定中的法律问题研究：以两岸比较为视角［D］. 华东师范大学，2015.

③ 王慧英. 我国高校教师流动政策研究：基于制度分析的视角［D］. 东北师范大学，2012.

④ 黑建敏. 高校教师流动过程及法律问题的思考［J］. 河南师范大学学报（哲社版），2010（2）:261.

⑤ 陈大兴. 高等教育中的责任与问责的界定：基于学理与法理的研究［D］. 华东师范大学，2014.

⑥ 郭为禄. 新时期高等教育法制建设进程研究［D］. 华东政法大学，2008.

⑦ 田联进. 中国现代高等教育制度反思与重构：基于权力关系的视角［D］. 南京大学，2011.

的实质和程序，着重分析了高校与教师、学生的权利义务内容及程序保障等问题。①

（5）国内关于高校与教师法律关系相关专著

国内关于高校与教师法律关系相关方面的著作颇丰。劳凯声（1993）著《教育法论》，该书阐述了教育法及教育法学产生的条件与过程、教育立法的历史与比较、教育法与受教育权利的保障、教育法与教育行政、学校的法律地位及我国教育法体系建设；②劳凯声（2003）著《变革社会中的教育权与受教育权》一书从理论和制度两个方面探讨了我国教育法制建设中的基本问题，着重分析了学校的举办者、办学者和管理者之间的关系；③黄薇、胡劲松（1999）著《教育法学概论》，该书论述了教育法的概念、教育法律规范、教育法律关系中的学校、教育立法、教育法的价值及实施、教育法律监督和法律救济等问题；④湛中乐（2003）著《高等教育与行政诉讼》一书，分析了高校的管理行为与行政诉讼的关系，从保护受教育者合法权益的角度，对高校中的学位评定、毕业证颁发、开除或退学处分等教育争议予以司法适度介入和法律救济进行了阐述；⑤杨成铭（2004）著《受教育权的促进与保护》一书，从国际人权法的视角探讨了受教育权的内涵、性质、本质，分析了受教育权的国际法渊源及其分类和国

---

① 李仁燕. 高校内部行政法律关系论［D］. 中国政法大学，2007.

② 劳凯声. 教育法论［M］. 江苏教育出版社，1993：2.

③ 劳凯声. 变革社会中的教育权与受教育权［M］. 北京：教育科学出版社，2003：3.

④ 黄薇，胡劲松. 教育法学概论［M］. 广州：广东教育出版社，1999：4.

⑤ 湛中乐. 高等教育与行政诉讼［M］. 北京：北京大学出版社，2003：2.

际标准，并提出中国在受教育权保护方面的对策；①郭为禄（2008）著《高等教育法制的结构与变迁》，该书探讨了中国高等教育法制建设的历程，对高等教育法制体系及其结构性进行审视，研究了高校法人地位等相关内容；②吴殿朝、崔英楠、王子幕（2005）编《国外高等教育法制》一书，介绍了一些国家的教育立法、管理体制、高校法律地位、教育仲裁及教育财政等法律制度。③

（三）国外关于高校与教师法律关系的研究

在国外，关于高校与教师法律关系的研究主要集中于高校与教师双方的法律地位及其权利义务等方面。由于在历史文化传统、国家体制、法律制度等方面存在差异，各国在高校与教师的法律关系上规定不尽相同，相关研究文献也不易收集，本论文仅就美国、英国、德国、法国等国高校与教师法律关系的相关文献进行梳理。

（1）美国公立高校与教师法律关系研究

一是关于美国公立高校法律地位的研究。美国公立高校具有不同类型。Willam A.Kaplin & Barbara A.Lee（1983）将美国公立高校分为政府机构类、公共信托类、宪法自治类三种类型④。不同类型的公立高校其法律地位不同。Richard T.Ingram（1993）认为，政府机构类高校适用于宪法诉讼，在联邦宪法第11修正案下或州法下享有一

① 杨成铭. 受教育权的促进与保护［M］. 北京：中国法制出版社，2004.
② 郭为禄. 高等教育法制的结构与变迁［M］. 南京：南京大学出版社，2008：456.
③ 吴殿朝，崔英楠，王子幕. 国外高等教育法制［M］. 北京：中国人民公安大学出版社，2005：411.
④ Willam A. Kaplin & Barbara A. Lee: The Law of Higher Education, San Francisco, Jossey-Bass, 1983：368.

定的豁免权，在联邦宪法第14修正案下保护公民权利。①有案例研究显示（1998），政府机构类高校还享有土地及财产的征用权、主张"主权豁免"等权利；在招聘教师、处分教师时，政府机构类高校必须遵守"平等对待""正当程序"等原则，以保护教师依法享有的权利。Baker and Langan（1991）认为，公共信托类高校是基于公共利益、公益目的，具有目的排他性。因此，公共信托类高校不是政府机构，不受行政法调整，不能主张"主权豁免"。还有观点认为（1996），公共信托类高校具有独立的人格，作为公共信托的受托人，它必须依据法律规定和信托契约完成受信托的义务或责任。据案例研究显示（1989），宪法自治类高校享有较高程度的宪法自治，比如加利福尼亚、内华达、爱达荷等州的宪法自治类高校则独立于州政府和州立法机关。②美国公立高校虽具不同类型，但在法律性质上有其共性，即公共机构。从高校的法律地位角度来看，主要分为有法人地位和无法人地位两类。无论高校是否具有法人地位，美国宪法关于学术自由的规定赋予高校自治的权利，使得高校法人有别于其他公法人。

二是关于美国公立高校教师法律地位的研究。从案例研究来看，大多数观点将公立高校教师视为基于雇佣合同下的雇员而非政府官员。比如，Lyon（1873）认为，州立大学的教授不是政府官员，与雇用其的大学董事会之间是雇佣合同关系；Brannon（1901）也认为，从法律意义上讲，大学教授不是政府官员，而是学校董事

---

① Richard T. Ingram: Governing Public Colleges and Universities. Jossey-Bass Publishers, San Francisco, 1993：68-69.

② 周志宏. 学术自由与大学法［M］. 台北：蔚理法律出版社，1989：108-109.

会的雇员；在个别案例判决中，也有将教授视为公务员的。比如，在Head v. Curators of University of Missouri （1871）案例中就是将教授视为公务员身份判决的。Bunn对Vincenheller v. Reagan （1901）案例中将专家、教授的身份视为官员持有异议，他认为这样有悖于理性和权威。学者Chambers（1931）认为，将教授法律地位界定为公务员，这与美国当前实际因素和现实状况不符，主要体现在：一方面，教授服务于社会的业绩和他作为大学成员的品质决定了他的社会地位，而不是对其法律地位界定本身；另一方面，法律赋予教授公务员地位，其聘期会因立法废除导致职位被终止；另外，将教授定位为雇员，若在聘期内被任意解雇，可依据雇佣合同获得相应法律救济。[①] 伯顿·R. 克拉克（1994）指出，在"政府、高校、市场"这个高等教育"协调三角形"中，美国特别注重契约精神，最趋于市场一极，在公立高校与教师的法律关系上也是以契约为基础。[②]《学术自由和终身教职的原则声明》中也表明，"高校教师是知识职业的成员，同时还是教育机构的官员……"。这种定位将学术职业与其他职业相区别，使美国公立高校教师具有公务雇员的法律身份，不同于一般自由职业者。因此，美国公立高校与教师之间构成宪法关系，行政法律关系和契约合同关系。

（2）英国公立高校与教师法律关系研究

一是关于英国公立高校法律地位的研究。英国公立高校的法

---

① M. M. Chambers, The Legal Status of Professors,The Journal of Higher Education, Vol. 2, No. 9,1931：481-486.

② ［美］伯顿·R. 克拉克. 高等教育系统［M］. 王承绪，徐辉等译. 杭州：杭州大学出版社，1994：159.

律地位差别取决于其设立方式的不同。有研究表明，根据设立方式，英国公立高校的法人类型主要可分为：特许状高校、根据议会法案设立的高校、根据公司法注册成立的高校。特许状高校是依据皇家特许状设立，其法律地位为特许法人。比如，都柏林三一学院特许状是由英国女王伊丽莎白一世授予。①特许状决定了高校有无成员及其教师与学生的法律地位。特许状高校有视察员，其职责是负责校内立法、校内纠纷由视察员裁决而不受司法审查。无特许状高校不存在视察员，校内纠纷须接受外部审查。根据议会法案设立的高校，无皇家特许状。该类高校是否有成员及成员资格由议会法案规定。根据公司法注册成立的高校，其是否有成员及成员资格依照公司法的规定确定。比如，伦敦政治经济学院拥有担保有限公司和豁免慈善团体"二元化"的法律地位，作为担保有限公司，该校没有股东，实行会员制，受《1985年公司法》的规制；作为豁免慈善团体，该校不受慈善委员会的直接指导，受《1993年慈善法》的规制，出于慈善目的，该校自2010年开始接受高教拨款委员会的规则，但必须服务于慈善的宗旨，并促进公共的福利。

二是关于英国公立高校教师法律地位的研究。在英国，不同的公立高校，其教师的法律地位不同，教师享有的权利和法律救济途径也不同。威廉·韦德（1997）认为，特许状高校是英国行政法中的公法人，可以将其视为公共机构，须遵循行政法的基本原则，其教师则作为行政相对人可得到行政法和普通法的双重救济；根据议会法案设立的高校或公司法注册成立的高校，其权利取决于法律

---

① Hermans J Nelissen M. Charters of foundation and early documents of the universities of the Coimbra Group M . Leuven University Press, 2005.

规定或契约，可以使用禁制令、宣告令或损害赔偿等普通救济。[①] Chancellor（1994）认为，高校是一个独立于国王的公共组织法人，其财产属于学校的学术委员会，而不是国王的财产。Farrington（1997）认为，高校公法人地位是特别的，不同于行政机关，公立高校只有在它以法定公共机构的身份行为时，才具有法定权力，若高校根据一般服务合同招聘其雇员时，则无来源于此法定权力，而当开除法定职位教师时，高校则具有此法定权力，教师如果认为学校该行为不当，可申请强制令以恢复其法定职位。

（3）德国公立高校与教师法律关系研究

一是关于德国公立高校法律地位的研究。早期在各邦及普鲁士，有学者认为高校是"学者社团"，还有学者认为高校是公营造物，并将其视为国家机构，教师是国家公务员，教师的资格须得到国家认可。比如，奥托·迈耶认为，高校是为达成公共行政目的、为社会提供高等教育服务而设立的公营造物。作为公营造物的高校可以具有法人资格，也可不具有法人资格。在魏玛共和国时期，多数学者认为，高校是一个会员性的并拥有行政法律能力的公法团体。将高校作为公法团体，确立了高校中教授的成员地位，为教授治校、参与学校管理提供了法律依据，并使高校具有法人地位。1976年德国《高等教育总纲法》对公立高校的法律地位做了明确规定，即具有"公法社团"和"国家机构"双重法律身份。该法1998年修订案还规定，亦可采用其他法律形式建立高校。这意味着，德国公立高校法律地位逐渐从双重法律身份向多类型法律身份的转

---

① [英]威廉·韦德. 行政法 [M]. 徐炳，等译. 北京：中国大百科全书出版社，1997：220.

变，各州可以灵活选择本州公立高校的法律身份。有学者对当前德国公立高校法律身份类型进行归纳，即以柏林—不来梅州为代表的"双重身份"、以萨克森州—萨克森州为代表的"社团法人"、以巴伐利亚—萨尔州为代表的"双重身份+新法律形式"、以北莱茵—威斯特法伦州为代表的"财团身份"等四种类型。①

二是关于德国公立高校教师法律地位的研究。Frans Van Vught（2001）认为，德国高等教育以威廉·冯·洪堡（Wilhelm von Humboldt）改革为转折点，与此相联系，教师的法律地位也以此为转折点。改革之前，德国高校由地方政府创建，服务国家需要，为国家培养统治和宗教接班人，教师的个人自由受政府严格干预，并较强依附于政府。改革之后，实行教授治校，奠定了教授在高校中的权威地位，从此高校以教学和科研为首要职能。② Christoph Fuhr（2002）指出，不同类别的教师其身份与管理方式不同，德国高校实行教授讲座制，教授享有较高的学术与行政管理权，作为学科或专业的负责人，决定讲座内的人、财、物的使用。③ 有学者指出，据德国法律规定，教授可以委任为事务类公务员，有别于政府部门的政务类公务员，教授由高校提出建议，州政府主管部门颁发聘书进行聘任，享有终身教职，不得随意解聘，高校与教授之间形成行

---

① 胡劲松. 德国公立高校法律身份变化与公法财团法人改革［J］. 比较教育研究，2013（5）:1-8.
② ［荷］弗兰斯·F·范富格特. 国际高等教育政策比较研究［M］. 王承绪，等译. 杭州：浙江教育出版社，2001：203.
③ ［德］克里斯托弗·福尔. 德国教育概览与问题［M］. 肖辉英，等译. 北京：人民教育出版社，2002：83.

政法律关系。[①] 上述教授是指正式教授，只有正式教授才是公务员，而科学顾问教授、编外教授、兼职教授则不是公务员。教授以下的其他教师，比如学术雇员/助手、讲师等作为雇员与高校签订雇佣合同。教授以下的教师与高校之间则构成合同契约关系。据《联邦雇员劳资合同法》规定，作为雇员的教师，在学校工作满15年，原则上不得解雇，直至退休。作为雇员的教师因此规定获得类似终身教职保障。

（4）法国公立高校与教师法律关系研究

一是关于法国公立高校法律地位的研究。Georges Duby（2010）指出，法国是中央集权的国家，其高校除少数是私立的，大多数属于公立性质，公立高校有学位授予权，而私立高校则没有。[②] Philip G.Altbach（2009）指出，法国公立高校最初属于行政公务法人，高校教师是公务员。[③]为适应高等教育发展需要，法国制定《高等教育法》，从国家立法层面，创设了科学文化和职业公务法人，将公立高校划归为此类公务法人。据此，有学者认为，法国公立高校是具有法人资格和财产自主权的科学文化性机构，承担大学、学院及法令规定的附属学院的全部活动；[④]还有学者认为，公立高校作为法定的公务法人是国立高等教育机构和科研机构，在教学、科研、行政

---

① 胡劲松. 德国联邦政府高等学校人事和工资改革政策评述［J］. 比较教育研究，2001（2）:12-17.

② ［法］乔治·杜比. 法国史：从起源到当代［M］. 吕一民，等译. 北京：商务印书馆，2010：1686.

③ ［美］菲利普·G. 阿特巴赫. 高等教育变革的国际趋势［M］. 蒋凯，等译. 北京：北京大学出版社，2009：89-91.

④ 夏之莲. 外国教育发展史资料选萃（下）［M］. 北京：北京师范大学出版社，1999：102.

及财务方面享有较强的自主权。①

　　二是关于法国公立高校教师法律地位的研究。有学者认为，从职务上划分，法国公立高校教师主要包括教授、副教授、讲师/助教。法国公立高校的正式教师属于正规公务员系列，必须遵守公务员规则和有关教师的规定；非正式教师是临时或兼职性质的，则归于非正规公务员系列。法国公立高校的教授、副教授作为公职人员享有终身教职，不能随意解聘，若不称职，则对其不予升职。②有学者研究指出，法国公立高校教师因职务不同，其产生和任命方式不同。教授先由学校确定候选人，经过学校和国家两轮评估程序，拟聘用的候选人由总统任命；副教授由教育部长任命；讲师/助教则由高校自行聘用。教授、副教授一般被终身雇用至退休。非正式教师由高校通过行政合同方式聘用。正式教师与高校之间构成行政法律关系，出现纠纷通过行政法院解决。非正式教师与高校签订行政合同，双方之间的关系受行政合同约束和公职人员相关法律支配，若双方发生纠纷也由行政法院受理。③

（四）研究文献述评

　　上述文献为本书的研究提供了极大的参考价值，汲取前人研究的思想精华，借鉴其研究的宝贵经验，为本书研究所用。

---

① 郝维谦，李连宁. 各国教育制度比较研究［M］. 北京：人民教育出版社，1999：83.
② 尹毓婷. 博洛尼亚进程中的法国高等教育改革研究［J］. 复旦教育论坛，2009（7）:68-73.
③ 陈永明. 法国大学教师聘任制的现状与特征［J］. 集美大学学报，2007（2）:38.

从现有的关于高校人事制度改革的研究文献来看，国内这方面的研究成果颇丰，既有涉及高校人事制度改革宏观方面的研究，也有从微观方面进行探讨，其中有一些专门针对高校教师聘任制的研究。但鲜有关于从法治的视角研究高校人事制度改革方面的文献。鉴于国家体制和历史文化传统的不同，国外关于高校人事制度改革方面的研究多集中在教授终身制的实施及其改革、教师招聘和聘任过程中如何体现公平公正问题及教师薪酬改革和学术职业等方面，国外这方面的研究没有国内的研究全面和系统。

从国内外关于高校与教师法律关系的研究文献来看，国外如美、英、德、法等发达国家教育方面的法律法规对不同类型的高校及其教师的法律地位定位比较清晰，高校与教师之间的法律关系也比较明确，不同类型的高校及其教师享有的权利和履行的义务有明确的法律条文规定，这方面的研究争议比较少。与国外的有关研究相比，国内由于《教师法》《教育法》《高等教育法》等法律对高校、教师的法律地位定位比较模糊，造成高校与教师法律关系的相关研究争议较大，众说纷纭，莫衷一是。比如，关于高校与教师之间的法律关系就有"双主体"观点、"特别权力关系"观点、"行政法律关系"观点和"民事法律关系"等；高校教师的法律地位也有"公务员""雇员""公务雇员""教育公务员"等观点之争；高校与教师的聘用合同的法律性质也有"劳动合同"观点、"行政合同"观点、"雇佣合同"观点、"混合合同"观点等主张。这些争论也为本书提供了新的研究视角和切入点。

五、研究思路、方法及创新点

（一）研究思路与内容

本书是从法治视角研究中国高校人事制度改革，特别是其中涉及高校与教师的法律关系。研究视角的确定依赖于研究对象的性质。就本论文而言，主要是从制度层面、法律层面进行研究，以解决高校人事制度改革中涉及高校与教师权利义务方面的实际问题。为此，本书选择了法治视角，主要基于以下几个方面的考虑：

一是法治视角强调"法律至上、权自法出、职权法定"；坚持"法律面前人人平等、尊重和敬畏规则"；注重"程序优先、程序公正"。法治视角主要包含四个方面内容：即合法性、权利义务、公平公正、责任后果。合法性是指教育改革的一切行为必须合法是底线，高校人事制度改革必须依法、依规进行，法不授权不可为；权利义务是指依法治教、依法治校过程中，要尊重、保护高校及其教师的合法权利，并使其履行相应义务，承担法定职责。公平公正是指在教育管理和决策过程中不能忽视教师的利益和公众意见，不袒护个别利益群体，在教育行政执法时不能选择性执法或随意执法。责任后果是指要对行为后果承担相应法律责任。从法治视角研究中国高校人事制度改革，就是要厘清改革过程中高校、教师的法律地位及二者的法律关系，明确各自的权利和义务，有效解决改革过程中发生的人事纠纷，从而维护和保障教师的合法权益。

二是坚持依法治国和全面深化改革是当今中国的时代最强音，

法治作为一种治国原则与方法，是建立现代民主政治的基础。从法治视角研究中国高校人事制度改革，能够在高校人事制度改革与依法治校的竞合中实现精准发力和平衡，通过法治有效规制改革，使高校人事制度改革遵循法治底线，并推进教育法治建设。高校人事制度改革必须追寻法治的方向，在法治的轨道上运行，在法治的框架下完成，以法治引领高校人事制度改革，以法治服务高校人事制度改革，以法治保障高校人事制度改革。

三是法治视角建立在法学、教育学、管理学、社会学等多学科理论基础上对高校人事制度改革问题的阐释能够契合本书研究的需要。这种跨学科的研究往往会带来创新。在当今学科高度分化和融合的背景下，要阐明和解决中国高校人事制度改革中遇到的诸多问题，需要从不止一个学科中选取素材、概念和方法。

本书通过梳理国内外相关研究文献，对核心概念和理论基础进行了界定和分析，从中国高校人事制度改革中高校与教师法律关系的变迁入手，对中国高校人事制度改革中高校与教师法律关系的现状与存在的问题进行解析，在比较借鉴国外公立高校人事制度中高校与教师法律关系的基础上，对中国高校人事制度改革中高校与教师的法律关系进行重构，并进一步对中国高校人事制度改革法治化及未来发展趋势进行设计和展望。

本书共计八章内容。第一章是绪论，介绍本书的研究背景、问题提出、研究意义、研究综述与述评、研究思路、方法和创新点。第二章是概念界定与理论基础，这部分内容主要是对本书所研究的核心概念和相关理论基础进行界定和阐述。第三章是中国高校人事制度改革中高校与教师法律关系的变迁，对清末时期、民国时

期、新中国计划经济和市场经济时期的高校及其教师的法律地位及
双方的法律关系进行梳理，从历史的变迁中镜鉴当前的高校人事制
度改革。第四章是中国高校人事制度改革中高校与教师法律关系的
解析，主要是对当前高校及其教师法律地位的现状与问题、高校与
教师法律关系的本质与特征、聘用合同法律属性及教师权利救济的
现状与问题进行分析。第五章是国外公立高校人事制度中高校与教
师法律关系的比较，主要对美国、英国、德国、法国公立高及其教
师法律地位及双方法律关系进行考察和比较分析，为中国高校人事
制度改革提供借鉴。第六章是中国高校人事制度改革中高校与教师
法律关系的重构，主要从完善高等学校法人制度、厘清高校教师权
利义务、规范高校教师合同管理、健全教师权益救济制度四个方面
提出在中国高校人事制度改革中重构高校与教师法律关系的路径选
择。第七章是中国高校人事制度改革的法治化设计与未来发展展
望，主要从国家立法层面出台《学校法》，以之规制政府与高校的
权利边界，明晰政校权责关系；以之定位高校与教师的法律地位，
明确双方权利义务；以之明晰高校公权力的性质和完善培养合同立
法及权利救济机制；并从关系清晰、权责明确、救济顺畅等方面对
中国高校人事制度改革法治化及未来发展趋势进行设计和展望。第
八章是结语，总结本书研究结论和研究的局限性（见图1-4）。

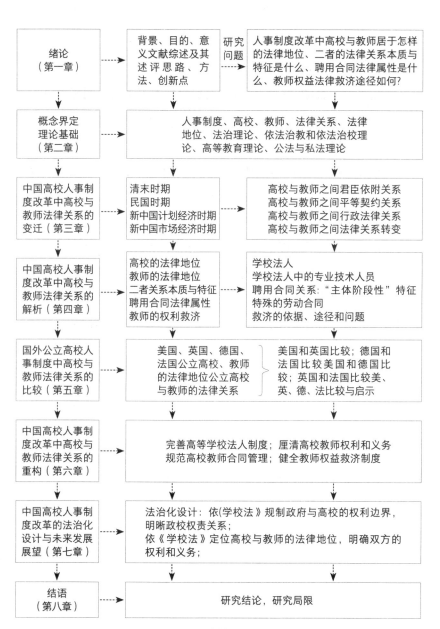

图1-4 研究技术路线图

（二）研究方法

根据研究目的与研究内容的适切性，本书主要运用历史分析法、比较研究法、案例分析法、调查访谈法等研究方法。

（1）历史分析法

历史分析法，即历史分析研究法，是运用发展变化的观点，分析研究对象历史演进过程的一种研究方法。在分析不断发展变化的客观事物时，要将其发展的不同历史阶段加以联系和比较，弄清楚事物在发生和发展过程中的"来龙去脉"，才能揭示其实质。正如列宁所言，考察每个问题，都要看其在历史上是怎样产生，在发展中经历了哪些阶段，并根据其发展去考察它现在是怎样的。本书运用历史分析法对清末时期、民国时期、新中国计划经济时期和市场经济时期不同历史阶段高校人事制度改革中高校与教师法律关系的变迁进行深度剖析，从而把握中国高校人事制度改革中高校与教师法律关系的"前世今生"，为本书研究相关内容和观点提供了必要的历史证据支持。

（2）比较研究法

比较研究法，即类比分析法，是指依据一定的标准，对两个或两个以上有联系的事物之间相似性或相异程度进行研究和判断的一种分析方法。类比分析是人类认识事物、区别和确定事物异同的常用思维方法。本书运用比较研究法，一方面，结合相关文献资料比较分析中国高校与教师双方的法律地位、高校与教师的法律关系、聘用合同属性的不同观点，从中归纳提炼出本论文对这些问题的观点和认识；另一方面，对美国、英国、德国、法国等不同法系国家公立高校及其教师的法律地位及双方法律关系进行比较研究，分析其异同，汲取其精华，通过比较分析，借他山之石，为中国高校人事制度改革提供可资借鉴的参考依据。

（3）案例分析法

案例分析法，即案例研究法，是指将实际工作中出现的问题作为案例或者对某一案件的判例作为个案进行深刻剖析的一种研究方法。罗伯特 K. 殷（Robert K.Yin）从方法论的角度将案例分析法定义为：研究者通过运用历史数据、档案材料、访谈、观察等多种资料来源，对现实生活中的各种现象、行为和事件所做的一种探究式的研究。根据研究的目的，罗伯特 K. 殷（Robert K.Yin）将其划分为描述性案例研究、解释性案例研究、探索性案例研究。[①]本书主要采用描述性和解释性案例分析法选择高校与教师、高校与学生之间由于职务职称评聘、招生、学位授予等原因发生的真实案例，对高校的法律地位进行深入分析，从而合理界定高校的法律地位，厘清高校与教师双方的权利和义务。本书所选案例来源于公开报道的典型案例或典型材料及调查访谈中获得的有关情况。

（4）调查访谈法

调查访谈法，即研究性交谈，是研究人员通过有目的地按照预订的访谈计划和主题并使用一定的工具或辅助手段与调查对象直接交谈来获取信息材料的方法。本书采取非结构性访谈的方式选择一些具有代表性的公立高校人事部门的工作人员、不同类别与层次的高校教师、有审理高校人事纠纷案件经验的法官等作为访谈对象，

---

① ［美］罗伯特·K. 殷. 案例研究：设计与方法［M］. 周海涛，等译. 重庆：重庆大学出版社，2004：14-86.

通过交谈了解他们对高校人事制度改革的看法与感受，征询他们在教师聘任过程中的困惑和意见，从中归纳整理出高校教师法律地位方面存在的现实问题。同时，本书还围绕现阶段聘任制下高校与教师法律关系中涉及双方权利义务方面的聘用合同、内部管理制度、权益救济等问题进行了问卷调查。

（三）创新点

本书可能的创新点主要体现在以下三个方面：

（1）研究视角创新

现有文献资料显示，很多学者多从历史制度主义、个案研究、事业单位改革等角度来研究中国高校人事制度改革，鲜有从法治的视角研究。本论文是从法治视角研究中国高校人事制度改革，特别是以高校与教师法律关系为核心，通过对中国高校人事制度改革历史脉络的分析，探究改革过程中高校与教师法律关系的演变及其本质和特征，以及聘用合同的法律属性和教师权益法律救济途径，从而丰富了高校与教师法律关系的研究内容，为教育经济与管理学科建设提供有益的知识素材，并为在人事制度改革中高校对教师的管理方面引起的人事纠纷提供可行性的策略建议。这在选题上具有一定的创新性，研究内容具有创新价值。

（2）提出高校与教师法律关系的"主体阶段性"特征

在聘任制条件下，高校与教师的法律关系在本质上属于聘用合同关系。由于高校的组织特性和教师的学术职业特点，使得高校与教师的法律关系不同于一般组织与其成员的法律关系。在法律关系上，高校与教师的关系，既不同于企业与其员工之间的关系，也不同于政府与其公务员之间的关系，而是呈现出"主体阶段性"的特征，即以聘用合同的签订为时间节点，聘用合同签订之前，高校作为民事主体，与教师在平等协商基础上达成合意，高校与教师之间具有民事法律关系的特征；聘用合同签订之后，在高校对教师实施管理的过程中，高校作为行政主体履行公共行政职权，高校与教师之间具有行政法律关系的特征；在特定情况下，高校受教育行政部门委托，作为被委托主体代替教育行政部门履行职权，这时高校与教师之间具有委托行政法律关系的特征。这些特征在具体的教师聘任制度、教师职务制度、教师资格制度中表现得尤为明显，在实施依法治校特别是分析和解决高校与教师之间的法律纠纷问题上具有指导意义。

（3）高校及其教师法律地位的创新性研究结论

本书关于高校及其教师法律地位的研究结论，对从国家层面出台《学校法》，设立学校法人，明确学校法人的权利义务，赋予学校法人在民事、行政方面的主体地位，从而为准确定位高校及教师的法律地位提供法理上的参考依据。作为学校法人，在政府与高校构成的教育行政法律关系中，高校处于行政相对人的地位；在依法进行教育教学活动的过程中，高校作为行政主体是国家教育权的代理人和具体行使者则处于公务法人的地位；在与平等权利主体发生民事关系时，高校处于民事主体地位，具有民事行为能力和民事权利能力。教师是在学校法人中履行教育教学职责的专业技术人员，享有宪法和法律赋予公民的基本权利和义务，教育法律法规还赋予其教育教学方面的权利和义务。高校教师是在学校法人中享有宪法和法律赋予的基本权利和义务及高等教育教学方面权利和义务的专业技术人员。

第二章 概念界定与理论基础

　　一个研究的问题总是包含能反映和概括该研究问题的一个或几个核心概念，而核心概念既基于一定的理论基础，又是某一新理论的概括和凝练，这便是库恩所言"范式"的形成过程。对核心概念进行必要的界定和寻求一定的理论支撑是任何一项研究的基础和必经环节。在研究伊始，为了避免理解歧义，需要对概念范畴进行一致的界定和理论依据的认同。

一、基本概念的界定

　　进行学术研究，厘清概念至关重要，既要搞清楚研究对象的内涵，又要弄明白研究对象的外延。本书主要涉及人事制度、高校、教师、法律关系、法律地位等核心概念。

（一）人事制度

　　从语义学角度看，人事制度是由"人事"和"制度"两个词复合构成的。《现代汉语词典》对"人事"的解释是：指人间的事；关于工作人员的录用、培养、调配、奖惩等工作；人情事理；人的意识的对象；人力能做到的事；馈赠的礼物。《辞海》对其的释义是：人为之事；文物史籍；人之身份能力等事务；馈赠之物。[①]在管理学中，人事，即用人以治事，指人及与人有关的事。在现代人事管理中的"人事"，是指人事关系。[②]人事管理中的"人"是在社会劳动过程中确立管理关系的人；"事"是指职位、职务、职责的统称，通常人们称之为工作。《现代汉语词典》对"制度"的解释有狭义和广义两种：狭义上，是指组织制定的要求其成员共同遵守的规程或准则；广义上，制度又称体制，是政治、经济、文化等方面的体系。《辞海》对其的解释是：制定之礼法；立法度；式样、规格。

基于不同的学科或不同学派，学者们对"制度"的认识不同。诺斯（Douglass C.North）认为，制度是人们制定的行为规范、规则、程序。[③]凡勃伦（Thorstein B Veblen）认为，制度是个人或社会对有关的某些关系或某些作用的一般思维习惯，它不是纯粹外在的社会规范或规则，而是由社会内化为行动者社会角色的人格、气质等个性心理特征。[④]汤因比（Arnold Joseph Toynbee）认为，制度是人和人之间的表示非个人关系的一种手段，它存在于所有社会。[⑤]韦伯（Max Weber）认为，制度是任何一定圈子里的行为准则，其包括

[①] 夏征农. 辞海（第6版缩印本）［Z］. 上海：上海辞书出版社，2010.
[②] 吴博，赵昆生. 人事管理理论与实务［M］. 重庆：重庆大学出版社，2002：2.
[③] ［美］道格拉斯·C. 诺思. 制度、制度变迁与经济绩效［M］. 杭行译. 上海：格致出版社，2008：3.
[④] ［美］托斯丹·邦德·凡勃伦. 有闲阶级论：关于制度的经济研究［M］. 蔡受百译. 北京：商务印书馆，2007：149.
[⑤] ［英］阿诺德·约瑟夫·汤因比. 历史研究［M］. 郭小凌，王皖强译. 上海：上海人民出版社，2010：59.

惯例和法律两部分。①罗尔斯（John Bordley Rawls）认为，制度是规范人们行为的体系，该体系规制人们在社会中的地位、职权及权利和义务等。②青木昌彦（Aoki Masahiko）认为，制度是关于博弈重复进行的自我维系系统，其本质是对均衡博弈路径的扼要表征。③由此可见，制度是人们在交往和经济交易过程中形成的约定俗成的思维习惯和行为准则，包括法律法规、习俗、惯例与道德规范，它具有价值性和技术性双重特性：价值性是指制度作为一种社会成员权利义务关系的安排，是一种价值关系，表达特定的价值理念，具有伦理性；技术性是指制度有其内在的自洽性、自生性及社会治理的工具性。

综上所述，人事制度是用人以治事的行为准则、办事规程和管理体制的总和。本论文所论述的人事制度是指高校人事制度，包括宏观层面国家对高校人事方面的管理制度和微观层面高校内部人事管理制度，即涉及高校人事管理中人员的任职资格、选拔录用、培训、分配、晋升等制度。

（二）高校

高校是高等学校的简称。"高等学校"这一概念早在民国时期就已使用，但非现今意义上的高校，当时是指实施预科教育的机

---

① ［德］马克斯·韦伯. 经济与社会（上卷）［M］. 林荣远译. 北京：商务印书馆，1997：345.

② ［美］约翰·罗尔斯. 正义论［M］. 何怀宏，等译. 北京：中国社会科学出版社，2001：50.

③ ［日］青木昌彦. 比较制度分析［M］. 周黎安译. 上海：上海远东出版社，2001：11.

构。现今意义上的高校，在清末和民国时期，一般"高等教育阶段""高等教育机关"。新中国成立后，国家教育部颁布的《高等学校暂行规程》规定：高校包括大学及专门学院；1951年政务院颁布《关于改革学制的决定》中所指的高校，即大学、专门学院和专科学校。1998年颁布，并于2015年修正的《高等教育法》第18条规定，高校包括大学、独立设置的学院、高等专科学校；第25条还规定了设立高校应当具备教育法规定的基本条件。

本书结合《高等教育法》的规定，将所研究的高校范围界定为公办普通高等学校，即现代意义上以教育教学、科学研究和服务社会为职能的、由政府举办并维持，为《高等教育法》所调整的高等院校，包括大学、专门学院、高等专科学校、高等职业技术学院。

（三）教师

"教师"一词初见于《礼记·学记》："教师者，所以学为君也。""教"古代是指长辈对晚辈的训育、督责。比如，《说文解字》中有"教，上所施，下所效也"。这里的"教"是对传道、授业、解惑的尊称。"师"在古代是指军队编制，引申为统领众人、为人表率的师长，后来泛指德高望重和具有专门知识者。比如，《礼记·文王世子》中有"师也者，教之以事而谕诸德者也"。虽然"教"与"师"古已有之，但是将两者合成为一个特定概念的专门称谓——"教师"，即专指向学生传授科学文化知识和进行思想品德教育的人，则是在近代。

在不同的历史阶段、不同的时代，教师称谓各有不同。梳理古代教师的称谓主要有：（1）"师傅"是古代教师的统称。《谷梁传·昭王十九年》："羁贯成童，事就师傅。"（2）"先生"原意是先出生的人，引申指有学问、有德行的长辈，又被引申为对年纪已老、德高望重教师的尊称。《孟子·告天下》："先生将何之"（赵岐注："学士年长者，故谓之先生。"）。（3）"老师"最初指年老资深的学者，后来用于尊称教授生徒者，宋元时期特指小学教师。《史记·孟子荀卿列传》："齐襄王时而荀卿最为老师。"（4）"师长"是古代对教师的尊称，有视教师为尊长之义，将其视为学识渊博、品德高尚，值得尊敬和崇拜的长辈。《周礼·地官》："三日顺行，以事师长。"古代还有将教师称为"师父"，取视之如父之义。古代书院中将授徒讲学的首席教师，尊称为"山长"。汉代儒学教师称为"经师"。宋、元、明、清时代的县学将教师称为"教谕"。

近代以来，教师称谓随时代变革发生巨大变化，洋务运动兴办新式学堂，使"教习"作为教师的称谓被广泛运用并赋予新的意义，包括讲授汉学的教师、传授西学西艺的教师，随后在普通学堂中也普遍采用。1904年《奏定学堂章程》颁布后，"教员"开始作为普通学堂中的教师称谓。辛亥革命后，学堂逐渐改为学校，中小学教师仍沿用教员称谓。1949年新中国成立后，"老师"取代"教员"，成为教师最常用的称谓。1994年颁布的《教师法》第3条对"教师"做了规定。

因此，本论文所研究的"教师"是指在中国公办高校中有正式核定的编制，并承担教学、科研、行政管理的工作人员。

（四）法律关系

要界定法律关系，首先要厘清什么是"法律"这个前置性问题。关于法律的概念因法理学说的不同而相异。西塞罗（Marcus Tullius Cicero）认为，法律根植于自然，调整应然行为，并规制相反行为的最高理性。[①]阿奎那（Thomas Aquinas）认为，法律是一种理性命令，是由共同体的管理者基于共同目标而制定、颁布的具有约束力的行为规则。[②]布莱克斯通（William Blackstone）认为，法律表示自然界和人类社会的运动规律，有广义和狭义之分，广义的法律是由某种地位较高者设定、适用于万事万物、具有普遍性的规律，狭义的法律是指人类活动或行为的规则。[③]边沁（Jeremy Bentham）认为，法律是由国家内的主权者创制并体现其意志的符号集合，该符号集合是关于某特定的人在特定的情形中必须遵守的行为规则。[④]奥斯丁（John Austin）认为，法律是一种要求个体或群体必须这样或那样的命令……法律和其他命令被认为是优势者宣布的，而且约束或责成劣势者。[⑤]哈特（H.L.A. Hart）认为，法律是第一性规则和第二性规则的结合，第一性规则是设定义务的工作，要求或禁止人

---

① ［古罗马］西塞罗. 论国家 论法律［M］. 沈叔平，苏力译. 北京：商务印书馆，1999：158.

② Thomas Aquinas. Treatise on Law, translated by Richard .J. Regan , Indinapolis, 2000：6.

③ ［英］布莱克斯通. 英国法释义（第一卷）［M］. 游云庭，缪苗译. 上海：上海人民出版社，2006：51.

④ ［英］边沁. 论一般法律［M］. 毛国权译. 上海：上海三联书店，2008：1.

⑤ Austin. The Province of Jurisprudence Determined, ed. Wilfirid Rumble, New York: Cambridge University Press,1995：18.

们做出某种行为而不论人们希望如何；第二性规则是关于第一性规则本身的规则，具体规定第一性规则得以决定性地确定、引入、取消、改变的方式。①

"关系"在《现代汉语词典》中的释义是：事物间相互影响和作用的状态；人与人或物之间的联系；泛指原因、条件等；关联、牵涉。②从社会学的视角，将"关系"视为"人际关系"，其本质是社会关系的产物。比如，陈午晴认为，关系是个体或若干个体或群体之间由于某种性质所构成，或由于相互影响、相互作用所形成，或二者兼之的状态。③从管理学的视角，将"关系"视为一种社会资源。比如，有学者认为，关系是促进资源交换的一种工具，它可以基于感情但不必须基于感情。④从经济学视角，将"关系"视为一种非正式的制度。比如，董志强认为，给定人类行为互动情况下，关系是一套非正式的被人们默认的行为规则或契约，该规则对违规人员的惩罚是通过社会压力，而不是通过法律机构来实施。⑤

"法律关系"渊源于罗马私法中"债"的概念，债具有双重意义，即债权人和债务人之间产生的，并得到国家法律保护成为约束双方当事人的"法锁"。⑥19世纪初，在德国和法国的民法学著作

---

① ［英］哈特. 法律的概念［M］. 张文显，等译. 北京：中国大百科全书出版社，1996：95.

② 中国社会科学院语言研究所词典编辑室. 现代汉语词典（第七版）［M］. 北京：商务印书馆，2016：407.

③ 陈午晴. 中国人关系的游戏意涵［J］. 社会学研究，1997（2）:103.

④ Shouguo Zhang. The Many Faces of Trust and Guanxi Behavior: Evidence from Marketing Channels in China［J］. Industrial Marketing Management, 2011（4）:503–509.

⑤ 董志强. 关系、法律与经济效率［J］. 经济评论，2001（5）:25.

⑥ 江平，米健. 罗马法基础［M］. 北京：中国政法大学出版社，1991：206.

中开始出现"法律关系"的概念。比如，萨维尼（Friedrich Carl von Savigny）认为，法律关系是由法律规定的人们之间的关系，从本质上看，它体现个人意志独立支配的范围。19世纪中叶，法律实证主义兴起，奥斯丁（John Austin）等学者从权利义务角度将"法律关系"引入法理学领域。比如，霍菲尔德（Wesley Newcomb Hohfeld）基于权利、义务、特权、无权利、权力、责任、豁免、无权力八个基本法律概念剖析了法律关系的内涵，他强调，法律关系是一种抽象的、看不见的人与人之间的关系，而非物质关系，一切对物权皆系对人，法律关系不存在于人与物、物与物之间。①阿列克谢耶夫（Aleksyev,Vasiliy Mihaylovich）认为，法律关系是依据法律规范产生，并由国家强制力保证，具有主体权利义务的个体化的社会关系。②

"法律关系"在《中国大百科全书·法学》中的释义为：是指人们之间的权利义务关系，这种关系是法律规范在调整社会关系、指引社会行为的过程中形成的。在中国法学界，多数学者认为，法律关系是法律在调整人们的行为过程中形成的社会关系，这种社会关系以权利义务为表现形式。比如，张文显认为，法律关系是人们之间的权利义务关系，该权利义务关系是在法律调整社会关系的过程中形成的。③沈宗灵认为，法律关系是由法律规范产生的以权利义务为内容的特殊的社会关系。④

---

① ［美］霍菲尔德. 基本法律概念［M］. 张书友译. 北京：中国法制出版社，2009：121.
② ［苏］阿列克谢耶夫. 法的一般理论［M］. 黄良平，等译. 北京：法律出版社，1991：216.
③ 张文显. 法理学.［M］. 北京：北京大学出版社，1999：110.
④ 沈宗灵. 法理学［M］. 北京：高等教育出版社，1994：463.

综合上述观点，本书所研究的"法律关系"，是指法律在规范和调整社会关系过程中形成的人们之间的权利义务关系，包括三个方面的含义：首先，它是依法形成的社会关系；其次，它是社会内容和法的形式的统一，具有思想意志关系的属性；最后，它是人们之间的权利和义务关系，是由国家强制力保障的社会秩序。

（五）法律地位

"地位"一词，在不同的语境中，其语义不同。《现代汉语词典》对"地位"的释义是：（1）人或团体在社会关系中所处的位置；（2）人或物所占的地方；（3）程度、地步。从社会学或人类学视角看，地位是基于社会属性的差异，社会成员在社会关系中的相对位置，以及由此形成的权利义务关系。地位通常体现社会成员的威望和荣誉，及其所拥有的财产、权力和权威情况。地位有先赋性和自致性之别，先赋性地位取决于家庭关系、年龄、性别等因素；自致性地位与教育、职业、婚姻状况等因素有关。

在英语中，"法律地位"对应"status"一词，它在《布莱克法律辞典》中的释义是：（1）地位、状态或条件；（2）个体间的权利义务关系；（3）将个体归属于某类的权责及其能力和无能力。① 它在《牛津法律大辞典》中的解释是：法律人格属性之一，特指个人在法律上所拥有的体现其权利义务的地位②。《法学大辞典》对它

---

① Bryan A. Garner. Black's Law Dictionary（Standard Edition）.Thomson West; Aspatore Books; 10th Revised edition.
② ［英］戴维・M. 沃克. 牛津法律大辞典［M］. 李双元，等译. 北京：法律出版社，2003：1016.

的释义是：法律关系主体权利义务的实际状态。①它在《元照英美法辞典》中的释义是：法律人格属性之一，尤指自然人的人格，是其在法律上所处的地位，并体现其权利义务关系。②

综合上述观点，本书所研究的"法律地位"，指主体在不同的法律关系中所拥有的权利义务总和，主要包含以下几方面含义：主体在法律上位置；决定主体之间法律关系的性质和内容；由其决定的主体之间的法律关系不因个人意志而改变。

二、主要的理论基础

理论是规范和引导人们的思想和行为的各种概念系统，是人们对客观事物及其规律的正确反映。理论能够规范人们对世界的理解和改造；提供科学的思维方式；塑造和引导人们的价值观念和价值追求。因此，学术研究必须基于一定的理论基础之上，只有这样，才能运用正确的思维逻辑和思维方法把握和揭示研究对象的本质及其规律。本书主要基于法治、依法治教和依法治校、高等教育、公法与私法等方面的理论。

① 邹瑜，顾明. 法学大辞典［M］. 北京：中国政法大学出版社，1991：1040.
② 薛波. 元照英美法辞典［M］. 北京：法律出版社，2003：1288.

（一）法治理论

从法治视角研究中国高校人事制度改革必然离不开对法治理论的探讨。习近平总书记指出，正确的法治实践离不开正确的法治理论的引领。法治作为一种法律理论和治国方略，是经历漫长的历史积累而逐渐形成的，它来自世界各民族，尤其是西方各民族在其生存的过程中权利与权力的广泛持久的张力及特定的法律思想与社会实践的互助共生。

（1）西方法治理论

法治是一个古老的概念，源于古希腊，是人类的一种政治理想和追求，作为传统的政治范畴载入人类文明的史册。同时，它又是一个内涵丰富、外延宽泛，不断发展变化的极具张力的概念。因此，是"一个无比重要的、但未被定义的、也不是随便就能够定义的概念"；[1]《布莱克法律辞典》将其解释为：由最高权威认可颁布的、以准则或逻辑命题形式出现的、具有普适性的法律原则。[2]

"法治"一词最早由古希腊"七贤"之一的毕达库斯提出，亚里士多德（Aristotle）对其做出的经典释义奠定了西方绵延不绝的法治传统，即把"法律获得普遍服从"和"良法"作为其应有之义。英国学者戴雪（Albert. V. Dicey）认为，法治包含三个层面的含义：法律至上，法无禁止皆可为；个人的权利义务必须服从普通法，并

---

① ［英］戴维·M. 沃克. 牛津法律大辞典［M］. 李双元，等译. 北京：法律出版社，2003：790.

② Bryan A. Garner. Black's Law Dictionary ［M］. Thomson West; Aspatore Books; 10th Revised edition.1359.

接受普通法院管辖；个人权利产生宪法，而不是宪法赋予个人权利与自由。[①]约瑟夫·拉兹（Joseph Raz）认为，广义的法治，指人人皆服从法律，并受法律统治；狭义的法治，是指政府服从法律，并依法统治。[②]

现代意义上的法治思想源于西方，西方法治理论诞生于古希腊，发展于启蒙运动时期，19世纪中后期取得突破性进展，经历了"良法之治""形式法治""实质法治"三个阶段。

"良法之治"强调法治优于人治；主张法律是最优良的统治者。古希腊的亚里士多德（Aristotle）对法治做出经典释义：已成立的法律获得普遍服从，被普遍服从的法律又是制定良好的法律。他认为，法律是理性的、无感情的，因而法治可以秉公，而人治则易偏私。[③]西塞罗（Marcus Tullius Cicero）认为，国家的行为要像人的行为一样要受到法律制约，依法治国，不允许任何人享有法律之外的特权。[④]

"形式法治"于17、18世纪在启蒙思想家的努力下获得发展。"形式法治"强调法治必须符合一定的形式要件，而不论其是否真正实现平等正义，旨在实施法律形成严整的社会秩序，促进民主、保障人们的自由；主张树立法律权威，法律与政治、道德和宗教分离；强调法律面前人人平等。洛克（John Locke）指出，法律必须公

---

① ［英］戴雪. 英宪精义［M］. 雷宾南译. 北京：中国法制出版社，2001：67.

② Joseph Raz. the Authority of Law, Oxford Universit y Press, 1983：211.

③ ［古希腊］亚里士多德. 政治学［M］. 吴寿彭译. 北京：商务印书馆，1981：163-199.

④ ［古罗马］西塞罗. 论国家 论法律［M］. 沈叔平，苏力译. 北京：商务印书馆，1999：182.

正和普遍，国家应该具备形式完善的法律，并加以执行和统治。[①]孟德斯鸠（Baron de Montesquieu）主张三权分立，以权力制约权力，实现权力的制约与平衡，从而防止权力滥用。[②]卢梭（Jean-Jacques Rousseau）强调法律的权威性，认为任何权力必须受到约束，只有实行法治才能保障人的自由和价值。[③]

19世纪中后期，在新自然法学派和新自由主义法学家推动下，西方法治理论由"形式法治"向"实质法治"转变。"实质法治"主张追求实质正义，结果公正，缩小实际的不平等；关注法律的实质内容，寻求法律的实质合理性，而不仅限于依法治国的程序和运行机制本身；强调依法治理国家，主张以实在法之外的标准衡量和检测法律。罗尔斯（John Bordley Rawls）认为，如果没有受到法治的保护，公民的平等和自由就无从谈起，法律是为调整个人行为和社会运行而提出的，法治就是使法律得到公正和普遍的执行。[④]哈耶克（F. A. Hayek）认为，法治不是硬性的规定一条规则或一个命令，而应是自由的"法律"，一种"自由的状态"，是对国家的一切强制权力的有效制约；并主张"法治之下的自由"、法律面前人人平等、合法规制政府权力。[⑤]

① ［英］洛克. 政府论［M］. 杨思派译. 北京：中国社会科学出版社，2009：92.
② ［法］孟德斯鸠. 论法的精神［M］. 许明龙译. 北京：商务印书馆，2012.
③ ［法］卢梭. 社会契约论［M］. 何兆武译. 北京：商务印书馆，2003：72.
④ ［美］约翰·罗尔斯. 正义论［M］. 何怀宏，等译. 北京：中国社会科学出版社，2001：187.
⑤ ［英］哈耶克. 法律、立法与自由［M］. 邓正来译. 北京：中国大百科全书出版社，2000：56.

（2）中国法治理论

中国的"法治"理论源于先秦法家，"法家不别亲疏，不殊贵贱，一断于法"。"建法立治，强国富人""以法治国""垂法而治"是法家最具代表性的政治主张。《商君书·赏刑》："法者，国之权衡也。"《韩非子·有度》："法不阿贵，绳不挠曲。法之所加，智者弗能辞，勇者弗敢争。刑过不避大臣，赏善不遗匹夫。"法家以好利恶害的人性论、废私立公的公法论、不法古不循今的进化观、强国富民的功利主义作为其理论基础，形成了其独特的法治理论。法家倡导以严明的法度和峻厉的刑罚治理国家，认为法以赏罚为二柄，具有权威性，以之作为规范社会的统一标准。汉初，统治者奉行"与民休息"，提出"罢黜百家，独尊儒术"，主张"重视教化，礼法结合，德主刑辅"。唐代太宗时期，将德礼寓于法律之中，形成"礼法合一，依礼制法"的法治思想，主张"宽平""简约""恤刑慎杀"。《贞观政要·公平》："法者，非朕一人之法，乃天下之法""用法务在宽简"。宋、元、明、清时封建君主专制达到顶峰，其法治也走向尽头。

近代，梁启超融合先秦法家君主"法治"思想和西方资产阶级法治理论，创造出中国近代意义上的法治学说。梁启超认为，"欲法治主义言之成理，须有立宪政体者盾其后。""君主立宪者，政体之最良者也"。[①]孙中山"内审中国之情势，外察世界之潮流"提出了其法治思想：坚持人民主权，倡导法律至上、宪法至尊，注重人权、推崇平等，重视立法，主张依法行政。孙中山指出，"国家

---

① 梁启超. 先秦政治思想史［M］. 北京：东方出版社，1996：190.

为人民之公产，凡人民之事，人民公理之""宪法者，国家之构成法，人民权利之保障书也"。①

1949年新中国成立后，以毛泽东同志为核心的党的第一代中央领导集体提出了一系列重要的社会主义法律思想和原则，构建了社会主义法律体系基本框架。毛泽东指出，社会主义的法律是劳动人民自己制定的，用以保护广大劳动人民利益和社会主义经济基础。②以邓小平同志为核心的党的第二代中央领导集体高度重视社会主义法治建设，确立法律的地位和权威。邓小平指出，加强法制建设，使人民民主制度化、法律化。③以江泽民同志为核心的党的第三代中央领导集体提出并坚持依法治国的基本方略。江泽民指出，依法治国是国家长治久安的重要保障，党领导人民治理国家必须依照宪法和法律的规定，使国家在政治、经济、社会等各项事务的治理上逐步法制化、规范化。以胡锦涛同志为总书记的党中央确立了依法执政的基本方式，坚持依法执政、依法行政，建设法治政府。胡锦涛指出，依法执政，就是坚持依法治国，以法治的理念、体制、程序保证党领导人民有效治理国家。党的十八大以来，以习近平总书记为核心的党中央全面推进依法治国，建设法治中国。习近平指出，建设法治中国，必须依法共同推进治国、执政、行政"三位一体"，坚持国家、政府、社会一体的法治建设。

上述中西方法治理论在思想根源、经济基础、政治制度、文

① 孙中山. 孙中山全集（第五卷）［M］. 北京：中华书局，1985：319.
② 毛泽东. 毛泽东选集（第五卷）［M］. 北京：人民出版社，1978.358.
③ 邓小平. 解放思想，实事求是，团结一致向前看. 载邓小平文选（第二卷）［M］. 北京：人民出版社，1994：256.

化传统等方面存在较大差异。但法治作为一种统治方法，在世界各国的治国方略中占据重要位置。中西方法律理论中所体现的法律至上、法律面前人人平等、程序公正、依法统治等思想精髓在各国的法治实践中均得到高度重视。中国高校人事制度改革必须更加注重法治，改革的各项措施要于法有据，改革必须充分尊重和保障教师的权益。中国高校人事制度只有在法治的框架下进行改革，才能够实现高校人力资源的精细管理和内涵发展。

（二）依法治教和依法治校理论

依法治教和依法治校是中国法治实践的结晶，作为依法治国重要组成部分，是加强教育法治建设，使教育走上法制化、规范化道路和解决教育纠纷的有效途径和手段。高校人事制度改革是依法治教和依法治校的重要内容，其中涉及高校与教师、高校与政府之间的法律关系，厘清这些法律关系，明确各自的权利义务，是高校人事制度改革的前提和基础。

（1）依法治教理论

1）依法治教的内涵与主体

依法治教是依法治国方略在教育领域的具体体现，是基于社会主义现代化建设全局，通过教育法治建设，保证教育工作全面依法进行，推动教育改革与发展健康有序，保障国家教育优先发展战略和教育方针的贯彻落实。具体而言，依法治教是依法规范教育管理，把法作为规范教育管理的唯一标准。依法治教的关键在于教育行政部门依法行政和学校依法治校。教育行政部门代表国家管理教育事业，其行政行为体现国家教育法治意志。各级各类学校根据国家授权管理学校建设发展事务，是国家教育方针的贯彻执行者，肩负培养中国特色社会主义人才的重任。依法行政和依法治校构成了依法治教不可分割的两个方面，是推进依法治教的关键环节。这两个关键环节要求教育行政部门和各级各类学校都必须在合法的权限内按照合法的程序作出合法的行为。

依法治教是动态的运行过程，涉及教育立法、教育行政执法、教育司法和教育法律监督等。因此，依法治教的主体具有多元性，主要包括：权力机关、行政机关、审判机关、检察机关以及各级各类学校等。各级人大及其常委会制定教育法律法规，监督检查教育法律实施；政府及教育行政部门在各自职权范围内履行教育管理职责；各级各类学校依法进行学校管理；法院审理有关教育的案件，检察院依法进行检查监督。

2）依法治教的范围与内容

依法治教的范围广泛，不仅规范教育教学行为，还规范与其有关的行为，主要包括国家机关管理教育的行为、学校的办学行为、教师实施教育教学行为、受教育者接受和参与教育教学的行为等。依法治教范围的广泛性使得教育法律关系呈现复杂、多样化特点。在这些教育法律关系中，学校与教师、学校与政府之间的关系是最基本的关系。

依法治教的内容包括：教育立法、教育执法、教育司法、教育法律监督和教育法律救济等方面。其中，依法行政和依法治校是依法治教的核心内容。依法行政要求教育行政部门适用教育法律规范，按照法定职权和程序规定，依法行使其行政权力，并对其行政行为后果承担相应法律责任。依法治校要求学校通过完善内部治理制度，将教育法律、法规、条例等固化到教育教学实践中，使学校、教师、学生等主体权责清晰明确。

3）依法治教的目标与任务

依法治教的目标主要体现在：一方面，加强教育法治，强化教育法律。教育法治作为现代教育的主要特征，是建设现代学校制度的重要内容，这在客观上要求教育发展必须摆脱传统的教育管理模式，实行法治治理模式，强化教育法律规范，依法行政，依法办学。另一方面，完善教育法制，形成法律体系。深化教育改革要求理顺政校关系，完善学校内部治理结构，这就需要建立健全教育法律制度，形成较为完备的教育法律体系。

依法治教的主要任务：一是推进教育综合改革，以法治思维和方式推进教育改革、促进教育发展，以改革推进教育法治，以法治保障教育改革；二是完善教育法律法规体系，推进教育法律法规及规范性文件的"立、改、废、释"，使之能够适应教育改革发展的需要，起到引领和推动教育改革的作用；三是推进依法行政和依法治校，政府及教育行政部门按照法治政府建设的要求，形成教育行政权力清单，依法履行教育职责，学校健全规章制度，依法办学，从严治校，依法履行教育教学和管理职责。

（2）依法治校理论

1）依法治校的内涵和目标

《关于加强依法治校工作的若干意见》指出，依法治校是指学校的教育教学活动严格按照教育法律的规定和原则，营造法治化的育人环境，在理顺政府与学校关系、落实学校办学自主权的基础上，完善学校规章制度，实现学校管理与运行的规范化、制度化、程序化，保障学校、教师、学生等教育主体的合法权益，形成依法行政和依法办学的治理格局。

依法治校的核心目标是：一是教育行政部门依法行政，通过完善科学民主决策机制、推进教育立法、加强教育行政执法与行政监督，从而提高依法行政能力。二是学校建立依法自主办学、自我管理的工作机制，通过推进政校分开，管办分离，构建政府、学校、社会之间新型关系，厘清政府管理的职责与权限，明确学校办学的权利和责任，落实学校办学自主权。三是建立完善的权益救济渠道，保障教师、学生的合法权益，形成良好的学校育人环境。

2）依法治校的主体和内容

从广义上讲，凡教育活动涉及的主体均可视为依法治校的主体，诸如人大及其常委会、政府及教育行政部门、各级各类学校等，在这一点上，与依法治教的主体基本类同。但是，从狭义上讲，依法治校的主体是学校内部工作涉及的主体，简而言之，即学校、学校校长及其领导的管理团队、教师、学生等均在其列。

从学校管理角度看，凡涉及学校管理的范畴均是依法治校的内容，比如，学校行政管理、党务管理、教学管理、科研管理、学术事务管理等；从法律角度看，凡学校管理主体依法拥有的权利义务均可作为依法治校的内容，比如学校的权利义务、教师的权利义务、学生的权利义务等。

3）依法治校的指导思想和要求

依法治校以中国特色社会主义理论为指导，弘扬和践行社会主义核心价值观；坚持立德树人，全面贯彻国家教育方针，坚持社会主义办学方向；坚持以人为本，落实师生主体地位，依法保障师生合法权益；坚持转变管理理念和方式，提高学校管理效率和效益。

依法治校的总体要求：一是转变学校治理模式，改革学校管理"行政化"倾向，使学校治理符合社会主义法治理念要求；二是转变学校治理目标，建设现代学校制度，规范学校办学自主权，形成政府、学校、教师依法管理、办学、执教的新格局；三是突出依法治校的着力点，提高学校规章制度建设质量，规范管理权力运行，健全权利保障与救济机制，提升学校依法管理的能力和水平；四是抓住依法治校的关键环节，落实师生主体地位，提高自律和服务意识，保障师生的知情权、表达权、参与权和监督权。

上述依法治教和依法治校理论是现代大学治理的时代要求和建立现代大学制度的基本保证。依法治教着重调整政府与高校的关系，强调的是教育依法行政，而依法治校是实施依法治教的切入点和突破口，更多的是调整高校内部的关系，注重的是高校依法治校。高校人事制度改革要处理好高校与政府、教师的法律关系，必须遵循依法治教和依法治校的原则和要求。

（三）高等教育理论

高等教育是一种定向的有目的培养人的社会实践活动，在一定社会形态中受一定政治经济制度、意识形态和反映时代标志的生产力水平的制约，并为之服务。高等教育有着自身发展的基本规律和特定教育形式下的特殊规律，具有人才培养、科学研究、社会服务等基本职能，以及对发展社会生产力的促进作用、对政治经济制度的能动作用等多样性功能。无论是进行教育改革或是学术研究，都离不开理论来指导实践。研究中国高校人事制度改革也需要高等教育理论来指导。在这些高等教育理论中，既有党和国家领导人关于高等教育的相关论述，也有中外著名教育家的思想观点。

（1）党和国家领导人关于高等教育的理论观点

自新中国建立以来，党和国家领导人对高等教育发表了大量的讲话，做了一系列指示和深刻论述。在他们的讲话、指示、论述中蕴含着丰富的教育理论、教育思想，具有鲜明的现实性、时代性，对中国高等教育事业的发展和改革产生了巨大影响和推动作用。

毛泽东的教育思想是毛泽东思想体系的重要组成部分，其中在教师队伍建设方面有许多重要的观点。关于教师的地位和作用，他指出，建立新民主主义国家需要大批的人民教育家和教师，无产阶级必须有自己的教师，担负教育人民、学生的责任。[1]他特别重视高校教师和科研机构的专家在科教文卫事业中的重要作用，强调教师和科研人员为科教文卫事业服务。关于教师的教育和培养，他提出了教师职业发展的思想，鼓励教师成长为教育专家。他指出，教师要向工人、农民和教育对象学习，从社会实践中学习。[2]同时，他特别强调，教师除学习教育理论和方法外，还要学习政治、马列主义，要求教师忠诚党的教育事业。[3]习近平基于时代精神、家国情怀、文化积淀，对教师队伍建设发表了一系列的重要讲话。在教师本质上，他强调，教师是"立教之本，兴教之源"；在教师地位上，他提出，教师是"最受尊重的职业"；在教师素质上，他提出"四有"好老师标准；在教师发展上，他强调"三个牢固树立"和

---

① 毛泽东. 毛泽东选集（第三卷）[M]. 北京：人民出版社，1991：1082.

② 毛泽东. 毛泽东选集（第五卷）[M]. 北京：人民出版社，1997：412-415.

③ 毛泽东. 毛泽东同志论教育工作 [M]. 北京：人民教育出版社，1992：12.

"四个服务"。①

（2）中外著名教育家的高等教育理论观点

蔡元培作为一名饮誉遐迩的卓越教育家，以其独特的高等教育管理思想著称于世。他指出，"欲求宗旨之正大，先知大学之性质""大学者，研究高深学问者也"；②秉持"思想自由、兼容并包"的办学方针，认为"大学者，囊括大典，网罗众家之学府也"；③推行"教授治校"，建立大学评议会，开创中国高校民主管理的先河；注重教师队伍建设，深化教育教学改革，倡导教学与科研并举。

梅贻琦以其"大师论"享誉中外。他特别重视教师在提高大学办学水平中的作用，提出了"所谓大学者，非谓有大楼之谓也，有大师之谓也"的著名论断。他认为，"大楼"和"大师"是办学的两大必备条件，"大师"对于大学的重要性远远超过"大楼"，一所大学之所以为大学，全在于有没有好教授。将教授治校与校长治校合二为一，一方面力主并完善教授治校制度，另一方面全面履行并严格执行教授治校规程。同时，将民主管理思想贯穿于管理的脉络中。

潘懋元提出了高等教育的内外部关系规律。外部关系规律，是指高等教育必须与社会发展相适应，一方面，高等教育为一定社会的政治、经济和文化服务；另一方面，政治、经济和文化又反作用

---

① 习近平. 在十二届全国人大一次会议闭幕会上的讲话［N］. 人民日报，2013-03-17（01）.
② 蔡元培. 就任北京大学校长之演说.［J］. 东方杂志（第14卷）1917（4）.
③ 蔡元培北京大学月刊发刊词［A］. 蔡孑民先生言行录［C］. 桂林：广西师范大学出版社，2005：116.

于高等教育发展。内部关系规律，是指高等教育必须通过德、智、体、美、劳"五育"并举，培养知识、能力、素质结构优化，具有创新精神和创新能力的全面发展的高级专门人才。他进一步指出，外部关系规律制约内部关系规律的运行，并通过内部关系规律起作用。[①]

伯顿·克拉克（Burton R. Clark）基于工作、信念、权力、整合、变革等五个要素建立高等教育系统模型，分析高等教育系统运行。他借助国家体制、市场体制、专业体制建立三维分析模型，分析高等教育与政府、市场之间的联系，在依赖国家和市场交换的程度上，高等教育系统结构越松散对交换的依赖就越大，以此依赖程度，高等教育系统就形成一个从紧密到松散的连续的统一体。随着学术权威权力的增长和潜在活动的增加，他又进一步将高等教育系统连续体调整为国家、市场和学术权威呈三角形的协调模式。[②]

克拉克·科尔（Clark Kerr）的多元巨型大学观、目的功能观、大学与外界的关系、高等教育国际化等蕴含着丰富、深邃的高等教育思想。他认为，现代大学是一种多元的机构，它有若干个目标、权力中心、顾客服务；不是单一统一的社群，没有明显固定的顾客；标志着权力冲突、为多种市场服务和关心大众。[③]他强调，高等教育的目的不是一元的，而是多元的、发展的，体现在促进个人发

---

① 潘懋元. 教育的基本规律及其相互关系［J］. 高等教育研究，1988（3）:6.
② ［美］伯顿·克拉克. 高等教育系统：学术组织的跨国研究［M］. 王承绪，等译. 杭州：杭州大学出版社，1994.
③ ［美］克拉克·科尔. 大学的功用［M］. 陈学飞，等译. 南昌：江西教育出版社，1993：96.

展、学术繁荣和推动社会更新。^①他指出，随着高等教育社会轴心地位的确立，其功能越来越具有多元化趋势，主要包括高等教育生产功能、消费功能、公民功能，各类功能是动态的和发展的，功能之间适度融合，有效均衡，并且各功能服务于相应的高等教育目的。^②他认为，大学与政府之间是伙伴关系；大学与社会和工业界是相互吸引、日趋融合关系；大学与大学是集中、互惠、共荣的关系。^③他指出，国际化是高等教育不可逆转的趋势，高等教育的民族化与国际化之间的冲突与对抗不容回避，二者相生相容、辩证统一。^④

上述党和国家领导人关于高等教育的理论观点作为各个不同时期高等教育改革的指导思想，也是高校人事制度改革具体的指导方针，高校人事制度改革必须贯彻这些思想和方针，将其落实到人事制度改革各个方面和环节。中外著名教育家关于高等教育的理论观点是对高等教育发展规律的认识，是被实践证明和公认的经验总结，对高等教育改革具有重要的指导意义。高校人事制度改革必须贯彻或遵循上述理论观点，一方面，在改革过程中要遵照国家教育方针、政策，依法依规进行，使改革具有合法性与合理性；另一方面，要处理好高校与教师之间法律关系，明确其权利义务，规范聘

---

① The Carnegie Commission on Higher Education.The Purposes and the Performance of Higher Education in the United States: Approaching the Year 2000［R］. Ma Graw-Hill Book Company, 1973: 9–10.

② Clark kerr. The Great Transformation in Higher Education［M］. State University of New York Press, 1991: 58.

③ Clark kerr. The Great Transformation in Higher Education, 1960–1980［M］. State University of New York Press, 1991: 272.

④ Clark kerr, Marian L. Gade & Maureen Kawaoka: Higher Education Cannot Escape History Issues for the Twenty-Century, State University of New York Press, 1994: 26.

用合同内容，切实保障高校与教师的合法权益。

（四）公法与私法理论

源于古罗马法时期的公法与私法理论，作为西方法律文化的重要成果，成为大陆法系国家法律制度基本的、首要的分类，影响了人类从古至今的法制历史，也是大陆法系区别于英美法系的一个重要特征。

（1）公法与私法的提出

追根溯源，公法与私法起源于古罗马。在古罗马，公民的公共生活和私人生活被严格区分，公私相分、区别对待，公民在其中扮演的身份角色不同，享有的权能也不一样。罗马人将"公私相分"的观念渗透于罗马法中，使之成为较为稳定的规制体系。公法与私法因此得以形成和确立。公法调整国家政治生活的公共领域，私法规制家庭生活的私人领域，两者依据各自的原则施行，并行不悖。

乌尔比安（Domitius Ulpianus）是最早提出公法与私法的法学家，并按照法律调整对象不同，作为"公私相分"的圭臬。他指出，公法是规定罗马帝国的法律，不因当事人协议而变更；私法是规定个人利益的法律，可据当事人意志而更改。[①]这一观点被查士丁尼《法学总论》所采纳：公法涉及罗马帝国政体，极具强制性，当事人须无条件遵从；私法涉及公民个人利益，具有任意性，可依当事人协议而变改变。[②]

---

① 江平，米健. 罗马法基础［M］. 北京：中国政法大学出版社，1991.
② ［美］艾伦·沃森. 民法法系的演变及形成［M］. 李静冰，等译. 北京：中国政法大学出版社，1997：206.

（2）公法与私法的衰延

日耳曼人于公元476年征服西罗马帝国，日耳曼法随之取代罗马法。公法与私法因此失去存在的价值和基础，趋于销声匿迹。罗马法自11世纪开始在欧洲大陆复兴，公法与私法理论因而得以延续，又重新受到法学家的支持和肯定。但这种支持和肯定只是在学理上的认可，受当时社会的政治、经济发展水平制约，公法与私法理论未能够在西欧各国的法律实践中实施。

中世纪日耳曼人建立的国家体制，不同于罗马帝国时代的体制。日耳曼人的国家体制使欧洲各国因封疆、封臣而长期处于分裂割据状态。封建领主在各自受封领地内拥有立法、司法、行政、军事、经济等自治权，逐渐摆脱王权控制，成为"独立王国"。封建领主的权力是中央王权之下的公权力，同时又是领主拥有的私权力。在司法实践上，法律不再区分公法与私法，而是以管辖机关为标准分类，比如法律被分为领主法、庄园法、城市法等，私人领域的法律问题被置于公权力控制之下。因此，公法与私法理论在欧洲中世纪领主制的封建法律关系中难以应用，仅作为一种学理上的分类在中世纪法学家那里得以延续。

（3）公法与私法的发展

17—18世纪，资产阶级革命使欧美国家建立了以罗马法为基础的近代资本主义法律体系。公法与私法理论因民主政治和商品经济的建立获得发展的黄金时期，成为欧美国家法律和法学划分的基础，在司法实践中也得到充分适用。

资产阶级启蒙思想家关于国家主权及其宪政理念为公法的崛起营造了社会环境，奠定了政治基础。取得政权的资产阶级需要通过法律手段巩固取得政权成果，各类国家机构迫切需要依据公法确立职权范围，在立法上为公法崛起提供了良机，这是近代公法得以兴盛发展的重要原因。资产阶级取得政权后，在主张政治权利的同时，在经济生活领域的私法权利也需要通过法律手段予以确认，这为私法获得迅速发展提供了巨大的推动力。①

（4）公法与私法的交融

在资本主义进入垄断阶段后，公法与私法理论面临新的挑战，出现新的发展趋势。随着垄断的发生和发展，出现了国家权力与个人资本的结合，使得社会生活中原有的"国家"和"个人"这两个基本主体的明确界限被打破。在国家利益和个人利益的归属上，很难将国家垄断企业集团的利益归为其中之一，从而出现新的主体。新主体的出现超越了公法与私法理论的辖制范围，公法与私法开始相互交融渗透。

一方面，私法公法化。国家宏观调控能力不断加强，公法开始干预原本属于私法调整的社会关系，使之在一定程度上成为公法关系，使私人权利受到公法上的限制。国家通过立法手段介入私法领域，干预社会经济生活，从而形成私法的公法化。另一方面，公法私法化。国家干预社会经济生活除公法手段外，还采取私法手段，使某些传统的公法关系向私法关系发展。

上述公法与私法理论，从法律调整的对象来看，公法是调整不平等主体之间的法律，即国家与公民之间、政府与社会之间的关系，具体包括宪法、刑法、行政法、国际法、反垄断法、反不正当

---

① 叶秋华，洪荞. 论公法与私法划分理论的历史发展［J］. 辽宁大学学报（哲社版），2008（1）:141.

竞争法等；私法是调整平等主体之间的法律，即财产关系和人身关系，具体包括民商法、劳动法和其他民事特别法等。从利益保护的重心来看，公法以"公益"为目的，维护公共利益；私法以"私益"为归依，保护私人利益。从遵循的理念、原则来看，公法奉行国家干预理念，严守权力法定原则；私法适用权利推定的逻辑，遵循意思自治的原则。从法律适用的范围来看，公法以政治国家为作用空间，私法以市民社会为功能范域。

高校人事制度改革既涉及高校的公权力又涉及教师的私权利。公法与私法理论能够确立以权利为本位的法律观，提高人们对个人权利的认识，更好地保护和行使自己的权利。同时，还有利于对公权力的有效控制，使公权力严格遵循权力法定原则，形成权力制约权力的约束机制。将公法与私法理论运用到高校人事制度改革当中，有助于对高校法律地位的定位，明确其职责，依法治校，防止其运用公权力侵害教师的合法权益，也有助于教师合法权益的维护及其法律救济。

第三章 中国高校人事制度改革中高校与教师法律关系的变迁

    弗格森（Niall Ferguson）、休谟（David Hume）、门格尔（Carl Menger）、哈耶克（Friedrich August von Hayek）等人称制度是演化的产物，人类行动的产物。[①]梳理中国高校人事制度改革的历史脉络，分析在改革过程中高校与教师之间法律关系的演变，对把握和遵循高校依法治教、依法治校，构建符合中国高校特点的人事管理制度具有重要的意义。要研究中国高校人事制度改革中高校与教师法律关系的变迁，必须找出中国高校人事制度发展的关键节点。基于不同时期政府颁布的高校法规、政策及章程、条例等将中国高校人事制度发展改革划分为清末时期（1898-1912）、民国时期（1912-1949）、新中国计划经济时期（1949-1992）、新中国市场经济时期（1993-今）四个历史阶段。

---

① 苏力. 制度是如何形成的［M］. 北京：北京大学出版社，2007：55.

一、清末时期：君臣依附关系

近现代意义上的中国高校滥觞于清末创办的新式学堂，高校人事制度由此发端。自清政府1898年颁布《奏拟京师大学堂章程》，到1912年清朝灭亡、民国政府颁布《大学令》，这一历史时期中国高校基本上是国家官僚机构的养成所，高校的人事制度处于初创阶段。清末时期高校与教师之间的法律关系是封建的君臣依附关系。

（一）清末时期高校人事制度的特征

清末时期的中国高校仅有京师大学堂、北洋大学堂、山西大学堂等，其中京师大学堂作为全国的表率，其章程通行全国，它的人事制度是当时中国高校人事制度的一个缩影，从中可以略窥初创阶段中国高校人事制度的概况。清末时期的高校人事制度继承清朝官学遗风，体现出浓厚的集权性、官僚化、半殖民性和"崇洋"与"重中"等特征。

（1）集权性

在国家层面，清末实行封建专制统治，皇权至高无上，所有与高校有关的各项人事权都集中在皇帝手中。从高校的废立、法令的颁布、长官的任命、经费的拨付、场地的提供，到高校内部机构负责人及教职员的聘用、晋升、奖励等都必须奏请皇帝批准。一方面，皇帝任命并授权管学大臣，令其管理京师大学堂事务，兼管全国教育行政。《奏拟京师大学堂章程》将京师大学堂定位为国家最高学府和全国最高教育行政机关，"为各省之表率，万国所瞻仰；

各省所设学堂，章程功课皆未尽善，且体例不能划一，皆当归大学堂统辖"。①《钦定京师大学堂章程》规定，京师大学堂统筹全国教育。同时还规定，于每岁散学后，由京师大学堂统计各省学堂情况，并汇报皇帝。京师大学堂将统计事宜拟定格式薄，颁发各省学堂，照格式填注，汇齐编订成书，上呈御览。②这些奏拟、钦定的京师大学堂章程表明，清末时期，各省学堂因无定制，规章不一，需要比照京师大学堂章程规范各省学堂。另一方面，皇帝批准颁布《大学堂章程》，规范全国高校人事发展。清政府通过颁布钦点或奏定的大学章程等法律法规管控高校发展。章程详细规定了高校做什么及怎么做，使各大学堂办学有章可循，统一发展，具体包括：办学宗旨、学科设置、课程门类；组织架构及教职员的奖励、晋升、薪酬；学生的各类事情如请假、生活待遇、毕业考试及奖励、留学等。

在学校层面，清末时期的中国高校基本上沿袭封建官学模式，是一个高度集权的组织，内部决策权集中于组织顶部。一方面，大学堂内部权力集中于管学大臣或总监督、总办。管学大臣和大学堂总监督，统属各员，主持全学。大学堂的总监督、总办拥有总教习和教职员的任用权，总教习在教职员聘任中仅有建议权。《北洋学堂新定各规则》规定，总办聘请、察核堂中办事各员，有不慎者，易置之，即总办拥有学堂人员的聘任和解聘权。另一方面，大学堂

① 北京大学校史研究室编. 北京大学史料（第1卷）［M］. 北京：北京大学出版社，1993：81.

② 北京大学校史研究室编. 北京大学史料（第1卷）［M］. 北京：北京大学出版社，1993：88.

是等级森严的科层化组织，人事方面实行垂直管理，人员之间等级分明。据《京师大学堂章程》规定，总监督直接管理各分科监督和图书馆经理及诸如天文台、演习林、医院等学生实习场所的经理官；各分科监督垂直管理其下的教务、庶务、斋务提调、教员进行垂直管理。这种突显现代大学和传统官学相结合的人事制度具有鲜明的中国特色。

（2）官僚化

清末时期的高校实行官僚化的人事管理制度，将教职员定位为学官，教职员的设置、名称、选聘、任用、评价、晋升、奖励等都是参照官员的办法管理。

人员职务设置参照清末官学，教职员名称官僚化。高校的人员职务设置参照清末官学，人事管理具有浓厚的官僚性和封建性。比如，据《奏拟京师大学堂章程》设官吏内容，京师大学堂在创建之初的定位其实就是经过改良的新版国子监，其管理人员（管学大臣、总办等）和教师（总教习、教习）的职务比照清末国子监设置确定（见表3-1）。

表3-1 京师大学堂与国子监人员设置对比

京师大学堂	国子监
管学大臣	管国子监事务大臣
总教习	国子监祭酒、司业
分教习	翰林院五经博士、国子监助教
总办	以小九卿及各部院司员充

各级教职员名称参照国家职官制度命名，比如，管学大臣、总办、襄办、提调等均与清末官吏名称一致。《钦定京师大学堂章程》规定的组织管理架构就是明显的例证（见图3-1）。

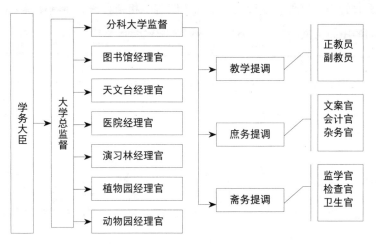

图3-1 京师大学堂组织管理架构

教职员设为职官，任期、品级、晋升和奖励与官员类似。清末时期的高校继承官学传统，将教职员设为职官，实行教职员职官制度。据蔡元培回忆，京师大学堂初创时期，其监督及教职员都被称为中堂或大人。①《奏定学堂章程·学务纲要》（以下简称《学务纲要》）强调，外国学堂教习皆系职官，比如日本称教习为教官。同时，《学务纲要》还强调，京外各学堂教习，受京师大学堂监督、堂长统辖，名为教员，列为职官。

①　蔡元培. 我在北京大学的经历［A］. 钟叔河，朱纯. 过去的大学［M］. 武汉：长江文艺出版社，2005：9.

教师来源主要是通过访求、访求加考选、调任、从留学生和进士中补充、官员举荐五种渠道。据京师大学堂《教习执事题名录》记载，当时共有中国教习37人，其中有官职的官员21人（占56.8%），准官员12人（占32.4%），无科名、无官职的4人（占10.8%）；在准官员中，有科名无官职的2人。[①]职员大多是直接从官员中派充。比如，宣统元年，吏部将部内官吏派到大学堂充各科监督（见表3-2）[②]。

表3-2 官员派充京师大学堂各科监督

吏部参事官	法政科大学监督
吏部主事	文科大学监督
花铃二品衔直隶补用道	医科大学监督
二品顶戴翰林院侍读	格致科大学监督
内阁中书	格致科大学监督

教职员都有任期和品级。《学务纲要》规定，学堂教习列作职官，三年或二年为一个任期。期满优者留任，中平者更换，不得力者辞退。学堂办事人员亦同。教职员的品级参照国子监拟定相应品级。比如，据史料记载的京师大学堂校长、教员相对应的品级（见

---

① 北京大学校史研究室编. 北京大学史料（第1卷）［M］. 北京：北京大学出版社，1993：330.
② 北京大学校史研究室编. 北京大学史料（第1卷）［M］. 北京：北京大学出版社，1993：66.

表3-3）。[1]

表3-3 京师大学堂校长、教员品级

类别 内容	校长			教员		
名称	大学堂 校长	高等学 堂校长	中学堂 校长	大学堂 教员	高等学 堂教员	中学堂 教员
品级	拟定为 三品	拟定为 四品	拟定为 五品	拟定为 六品	拟定为 七品	拟定为 八品

教职员晋升与官员一样，升阶升衔，赏科名。中国教员和外国教员晋升标准同样，均是按照工作年限和工作业绩决定晋升，有区别的是外国教员赏虚衔、赏洋科名。比如，《奏拟京师大学堂章程·教习亦宜奖励》规定，京师大学堂分教习及各省学堂总教习、分教习，每3年一保举，工作年满3年才能请奖。[2]

（3）半殖民性和"崇洋重中"

半殖民性主要体现在国家教育主权不能完全独立和高校的教师任用权受外国列强干涉。清末国势衰败，列强入侵。外国传教士在中国设立教会大学，不向中国政府备案，办学宗旨和专业课程设置与中国高校不同，并且中国政府也无权过问。同时，高校教师聘任自主权也受到列强干涉，特别是对大学堂外籍教员的遴选聘用上列

---

① 翰林院代奏编修许邓起枢条陈定学务折 [A]. 萧超然，沙健孙，周承恩，梁柱. 北京大学校史（1889—1949）[M]. 上海：上海教育出版社，1981：138.

② 北京大学校史研究室编. 北京大学史料（第1卷）[M]. 北京：北京大学出版社，1993：84.

强横加干涉。比如，在聘任丁韪良为京师大学堂西学总教习时，受到意大利、德国等驻华使节的质疑和干涉，并发来《照会》质问。[①]

高校人事制度的"崇洋"与"重中"表现在：一是在教学安排上重"洋"轻"中"，即大学堂重要的专门学的教学以洋教习为主、中国教师为辅，并且洋教习工资待遇高于中国教师。工资标准以讲授的科目和国籍确定，新科目、洋教习工资高；传统科目、中国教师工资低。二是大学堂管理人员重"中"轻"洋"，即对洋人的一种提防心理，"既为我所用，又为我所制"。比如，对外国教员规定限制性条款，不讲宗教、订明权限等。

（二）清末时期高校与教师法律关系的性质

清末时期的中国高校人事制度显示出封建官学向现代大学变革的特征。这一时期的高校处于过渡阶段，是从封建太学、国子监向近代大学的过渡。教职员名称逐渐从封建官学的教习向现代的教员转变，职员的名称也逐步具备现代气息；教员参与大学堂民主管理的思想开始萌芽；教员聘用标准从虚到实、从标准模糊到逐渐讲究学历；对洋教习的合同管理，开创了高校教师聘任的先河，从此，高校教师聘任制度开始萌芽。

清末时期的中国高校完全由政府出资、兴办，高校对政府具有很强的依附性。政府对高校严格控制，包揽高校内外部一切事务，比如经费提供、办学方向、教学内容、课程设置、考试安排，以及学生的入学名额、资格、待遇等都有政府确定。在这种情形下，高

[①] 萧超然，沙健孙，周承恩，梁柱. 北京大学校史（1889—1949）［M］. 上海：上海教育出版社，1981：48.

校没有独立地位，完全是作为政府的附庸机构。政府掌握高校人员的任用权，可以直接解除管学大臣和教习的职务或者官职。高校校长是国家官员，通过吏部考核任用，高校教师也具有官员身份，校长和教师的法律地位类同于国家公职人员。因此，在清末时期，高校与教师之间的法律关系，从本质上来看，仍然属于封建君臣关系的范畴，是封建朝廷与官吏之间关系的演化。

二、民国时期：平等契约关系

民国时期，政治体制发生根本转变，国家管理制度产生质的改变。高校人事制度伴随着社会转型、政局变换、经济动荡、文化冲突，不断在传统与借鉴、变革与稳定、理想与现实之间反复选择与调适。在这一时期，确立了中国高校教师聘任制度，高校的自主聘任教师权力增强，从此，高校与教师之间的法律关系由清末的君臣依附关系演变为平等契约关系。

（一）民国时期高校人事制度的改革

民国时期的高校人事制度改革是随时代变迁而不断发展的历史进程，奠定了中国高校人事制度的基础，改革主要体现在以下几个方面：

（1）职责规范化与民主化改革

民国时期，对高校人事制度进行职责规范化和民主化改革。民国教育部是全国最高教育行政机关，履行管理全国高校的职能。高校内部事务由校长负责。高校实行民主治校，其组织形式和具体的事务推行民主化的管理方式。

职责规范化改革主要体现在国家和学校两个层面上。从国家层面来看，中央设置教育部作为管理全国教育的机构，除隶属于外务部的俄文、政法等少数高校外，其他高校一般都隶属教育部。1927年，蔡元培主持下以大学院代替教育部进行大学院制度改革，但改革未获成功。1928年，民国政府颁布《教育部组织法》，再次确定教育部为管理全国学术、文化、教育行政事务的最高机关。与清末时期不同，教育部长不兼任国家最高学府的校长。同时，民国时期比较重视教育立法，政府颁布大量的教育法律法规规范高校行为。比如，1930—1945年，颁布高等教育法规335项。但是，鉴于内忧外患，民国政府无暇顾及教育，各高校在执行政府颁布的教育法规和规定时都比较灵活，中央在教育管理方面只是形式上的，实质上对教育控制不是很严格，因此，各高校在人事制度方面各具特色。比如，民国政府于1927年颁布的《国立京师大学校职员薪俸规程》，这一关于高校薪酬制度的规程，仅在南京中央大学等直属大学区施行，北京大学、清华大学等高校则自行制定各自的薪俸标准。从学校层面来看，民国政府颁布的法律法规规定，校长担任高校各项权力机构的主席或议长，比如校务会议、行政会议、教务会议、教授会、评议会等机构（见表3-4）。

表3-4 校长为各类合议制组织主席/议长的法律条款

会议名称	法规名称	条款内容
评议会	1912年《大学令》第16条；1917年《修正大学令》	大学校长可随时齐集评议会，自为议长。
	1923年《国立自治学院章程》第10条	评议会以院长为主席，院长缺席由代理人为主席。
校务会议	1927年《国立京师大学校组织总纲》第10条；《大学组织法》第15条	校务会议开会时以校长为主席。
教授会	1922年《国立东南大学与南高师教授会章程》第2条	教授会会议，以校长或其代表人为主席。
	1926年《国立东南大学组织大纲修正稿》第28条	教授会开会时，以校长为主席，校长因故缺席，由总务处主任代理。
行政会议	1926年《国立东南大学组织大纲修正稿》第44条	行政会会议以校长为主席，校长缺席则以总务处主任代理。
	1948年《大学法》第21条	大学设行政会议，以校长为主席。
教务会议	1927年《国立京师大学校组织总纲》第11条	国立京师大学校设教务会议，会议时以校长为主席

校长还掌握高校的人事权。相关法律法规或大学章程规定校长在教职员聘任中的绝对权力，教职员聘任权基本上集中于校长手

中。也有高校或有关法规规定人员聘任须征得评议会同意或由院长商请校长聘任（见表3-5）。[①]

表3-5 校长聘任教职员的法律条款

法规名称	条款内容
1917年《国立大学职员任用及薪俸规程》第4、第5条	正教授、教授、讲师、外国教员"均由校长聘任"，助教"均由校长延用之"。图书馆主任、庶务主任、校医"均由校长聘任"，事务员"均由校长延用之"。
1924年《国立大学校条例》第12条	国立大学校正教授、教授"由校长延聘之"。
1927年《国立京师大学校组织总纲》第9、第7、第14条	教授"由本科部学长商请校长聘任之""各科部遇必要时得商承校长延请讲师及助教"。"设注册、文书、会计、庶务、图书、仪器及其他各科，置主任及事务员若干，由校长延用之"。
1926年《国立东南大学组织大纲修正稿》第16、第11、第13、第14、第15条	正教授、教授、讲师、教员、助理，"由校长聘任之"。大学总务处主任、各科主任、各系主任"由校长于教授中聘任之"。总务处所辖各部主任、职员若干，由校长延聘。
1934年《大学组织法》修正稿第13条	大学各学院教授、副教授、讲师、助教，由院长商请校长聘任之。

---

① 宋恩荣，章威. 中华民国教育法规选编（1912—1949）［M］. 南京：江苏教育出版社，2010.

法规名称	条款内容
1948年《大学法》第13、第14、第15、第16、第18条及《专科学校法》第8、第9、第10、第11条	大学、专科学校的教务长、训导长、总务长、图书馆馆长、校长室秘书"均由校长聘任之";总务各处下设各组馆主任,由各处主管人商请校长任用之;各组馆及附设各机构职员若干,"由校长任用之"。

民国时期,在人事管理方面,高校实行的民主化改革主要体现在:高校"去等级化"和组织机构设置、组织议事规则、人员构成等方面进行的改革。

"去等级化"是强调高校各类人员之间的地位平等,而不是指高校无等级之分。民国时期,高校适应民主共和的大环境,开始革除旧学府等级森严的官学风气。一方面,是教职员之间的平等。比如,蔡元培身体力行改变旧北大沿袭京师大学堂的衙门作风,当校警向其行礼时,他以平等的态度对待校吏,亦脱帽鞠躬还礼。[1]另一方面,是师生之间的平等,营造学校师生员工平等的氛围。比如,蒋梦麟也以身作则平等对待学生,他在给学生的书面答复函中尊称学生为先生。[2]

教育行政机构设置改革,各级教育行政机构采用合议制的委员会组织形式,在其下设置各类委员会处理教育行政事务。比如,以

---

① 顾颉刚. 悼蔡元培先生 [N]. 责善半月刊,1940-03-16.

② 梁漱溟. 我到北大任教的经过 [A]. 钟叔河,朱纯. 过去的大学 [M]. 武汉:长江文艺出版社,2005:45.

教育部教育研究委员会为例，为保证教育行政民主、科学决策，该委员会组成人员大多数是中外教育研究领域的知名专家，其中国内学者20—30人、外国学者5—8人。同时，为监督、规范教育行政行为，提高教育行政管理效率，各级教育行政机构还设置独立行使督察职权的视学，并培育各种教育学会等社团组织为政府提供咨询。高校内部设置议事机构，比如评议会、校务会、教授会、院务/系务会议等，推行民主决策、民主治校，提倡教授参与学校管理。高校内部治理实行立法与执法分开，分权制衡，学校评议会制定规则，行政会议与教授会执行规则。

民国时期关于高校的一些的法令、章程等都对高校的评议会、校务会、教授会、行政会议、院务/系务会议的议事程序有明确规定。这些机构人员产生办法，比如评议会的评议员、教授会代表、院长、系主任等人选都由民主选举产生。

（2）去官僚化与学术化改革

在学校层面，"去官僚化"主要是高校教职员工包括校长在内的去官僚化；"学术化"是强调高校教师在选聘、晋升、评价等方面的学术评价标准。

教职员的"去官僚化"要求校长、教职员不能定位为官员，并且不由官员兼任。在当时的高校校长中只有公立大学校长有官员品级，但有别于行政官僚，不是纯粹意义上的政府官僚。蔡元培在推行北大改革时，就认为大学校长不是官员。为推行高校校长去官僚化，民国政府明令规定，公、私立高校校长都不能有官吏兼充。比如，民国教育部规定，国立、公立高校的校长、教员，若有行政、司法各官兼充者，查明更换，切勿迁就。①1920年第六次全国教育会联合会大会呈文，要求教育部通令各省区，此后任用校长，不得以官吏兼充，应注重相当资格。民国时期，高校实行聘任制，教师不是政府官员，高校职员大多数由教授兼任，也不是官员。为改革当时高校衙门气盛，政府也明令禁止官员兼任高校教师，以免败坏学风。

蔡元培改革北京大学时，强调教师选聘以"学诣"为主，不论教师学历与资历，唯真才实学即可，能够广延积学、热心教育，提起学生研究学问之兴趣。② 1927年颁布的《大学教员资格条例》和1940年颁布的《大学及独立学院教员资格审查暂行规程》均明确规定了教师资格标准，尤其重视教师的学术水平。改革教师晋升标准，强调有专门著作是教师晋升必备的硬件，并且随时间推移，教师晋升越来越重视学术研究。在1917年、1927年、1940年颁布相关法规中均对高校教师的晋升标准有所体现和改革（见表3-6）。同时，强调教师晋升时，若有学术研究经历，对学历的限制可放宽，比如一般规定助教是大学毕业，但若专科或同等学力，在学术机构研究或服务两年以上亦可做助教。

---

① 大总统关于官吏不得兼充学校校长及限制兼任教员办法批令（1915-12）委字一二十五号. 北洋政府财政部档案. 中国第二历史档案馆编. 中华民国史档案资料汇编（第三辑教育）. 南京：江苏古籍出版社，1991：73.

② 蔡元培. 我在教育界的经验［A］. 蔡元培自述［M］. 北京：人民日报出版社2011：423.

表3-6 高校教师晋升标准变化

法规名称	晋升标准
1917年《国立大学职员任用及薪俸规程令》	正教授、教授、助教晋级考查标准之一"著述及发明"。
1927年《大学教员资格条例》	教师晋升要求具备前一等次资格,并且满1年以上教务方可晋升。
1940年《大学及独立学院教员资格审查暂行规程》	要求"有价值之著作"或继续研究的经历。助教晋升讲师要任助教4年以上,或任高级中学或同等学校教员5年以上;讲师晋升副教授、副教授晋升教授要求任讲师、任副教授3年以上,且均要求"有专门著作""有价值之著作"。
以副教授为例,1927年的规定,有博士学位或任讲师1年即可参评副教授;1940年的规定,有博士学位的人要"有价值之著作"或"继续研究或执行专门职业4年以上,对所习学科有特殊成绩,在学术上有相当贡献者方可参评副教授。	

对教师评价和薪酬方面的改革,也主要是根据学术水平来确定教师相应的职衔,并对其进行分级分档。民国时期,中华教育文化基金会认定的"研究教授"、教育部认定的"部聘教授"及选举产生的中央研究院院士,这三类人员比高校一般教授等次更高、学术水准更强、威望更大。对国立专科以上学校各级别专任教师另拨专款单列发放学术研究补助,专款专用,用于"购置图书仪器文具"。

（3）教师职称制度改革

民国初期，高校教师学术等级各不相同，教师职称也不统一。比如，在1912年讲师特指高校里的兼职教师，而不是一个学术职级，主要是强调教师的非专职身份，直到1927年以后，讲师才作为正式的学术职级，排在教授、副教授之后的学术等级。民国政府通过颁布各项法令不断调整和改革高校教师职称制度，直到《大学教员资格条例》颁布，才使高校教师学术职称的名称与等级基本走向规范和统一（见表3-7）。

表3-7 高校教师职称等级演变

法规名称	职称等级
1912年《大学令》	教授、助教授、讲师
1917年《修正大学令》	正教授、教授、助教授、讲师
1923年《国立自治学院章程》	教授、特别讲师、讲师、助教
1924年《国立大学校条例令》	正教授、教授、讲师
1926年《国立东南大学组织大纲修正稿》	正教授、教授、讲师、教员、助理
1927年《国立京师大学校组织总纲》	教授、讲师、助教
1927年《大学教员资格条例》	教授、副教授、讲师、助教
1934年修正《大学组织法》	教授、副教授、讲师、助教
1940年《大学及独立学院教员资格审查暂行规程》	教授、副教授、讲师、助教
1948年《大学法》	教授、副教授、讲师、助教

（二）民国时期高校与教师法律关系的性质

民国时期的高等教育改革奠定了中国高校人事制度的基础。特别是关于高校教师管理制度的一系列改革，比如教师任用、晋升、评价、职称、薪酬等方面的改革，在借鉴学习国外经验基础上，使中国高校逐步与世界大学接轨。高校人事制度的基本框架在民国时期已经建立，新中国成立后的高校人事制度及其改革，大多都能够在民国时期找到起点。在高校进行"去官僚化"和"学术化"改革后，高校教职员包括校长在内不再是政府官员，也不能由官员兼任，教员实行聘任制。民国教育部颁布的《大学令》《学校管理规程》《大学规程》等法规赋予校长管理学校事务和聘任教师的合法权利，从而使校长开始脱离封建制度下的君臣依附关系，成为学校真正的管理者。《大学组织法》以立法的形式确立了高校教师职务制度，《大学法》将教师聘任办法进一步规范化，这些法律法规为高校获得聘任教师的法定权力提供了法律基础，高校教师聘任制度得以正式确立。高校具有聘任教师的自主权利，而且高校教师是自由职业者，可以在不同高校之间相互流动。高校与教师之间的聘任合同基本上是建立在平等基础上的，是一种平等的契约关系。

从1912年到1949年，中国高校教师聘任制得以发展并进一步制度化。民国时期的高校人事制度改革，打破了清末封建王朝统治下的"官师合一"的状况，从此，高校教师逐渐演变为自由职业者，成为一个专门的行业。高校与教师之间的法律关系也由清末的君臣依附关系，演变为平等契约关系。历史证明，高校依附于政府，没有独立的法律地位，很难真正获得教师的聘任权，教师也不可能享有学术的自由与权利；同时，教师的身份自由和择业自由是其获得与高校平等地位的必要条件，在"官师合一"的封建社会，教师作为官吏，其特殊的身份使其必须听命于封建政府。

三、新中国计划经济时期：行政法律关系

新中国成立后，意识形态和政治体制发生巨大变化，新中国将高校人事纳入事业单位人事管理系统，与民国时期相比，新中国高校人事制度呈现出完全不同的特点。在计划经济时期，高校进行了接管改造与恢复重建、改革探索。这一时期的高校人事制度"行政化"倾向明显，高校与教师之间形成行政法律关系。

（一）新中国计划经济时期高校人事制度的改革

自1949年至1985年是接管改造与恢复重建阶段。新中国成立后，开始接管国民党政府遗留下来的高校、受外国津贴的教会大学及一些私立高校，并对其进行公立化改造，将其全部改造为公立高校，成为新中国的事业单位。1952年政府提出"以俄为师"，对全国高校进行院系调整和教育教学改革。"文化大革命"对高校人事制度造成严重破坏。1977年恢复高考，恢复重建受创的教师队伍成为高校人事工作的重心。在计划经济时期，高校按照事业单位人事进行管理。高校人事管理的人权、财权、编制权等都基本集中于中央，实行"统一领导，分级管理"，呈现"条块分割"的格局。高校教职工编制名额、职称比例、工资调整等均由上级部门按计划调

配。高校教职工按照干部、工人两种身份类别实行固定化管理，教职工调动或流动很少。高校人事制度"行政化"倾向明显，作为学术组织的高校被赋予一定行政级别，相应的管理人员均对应一定级别。这种情况下的高校人事制度安排，在教育行政部门与高校之间、高校与教职工之间构成了行政隶属关系。高校教师的任命、晋升及薪酬等也都体现了这种行政隶属关系。此间也有高校领导高瞻远瞩，不等不靠，引入大量师资，教师队伍建设独树一帜，比如朱九思领导下的华中工学院。

自1985年至1992年是高校人事制度改革探索阶段。《关于教育体制改革的决定》强调，全球范围兴起的新技术革命和产业变革，对高等教育的发展提出更高要求，在这种趋势下，中国高等教育体制的弊端日益突显，比如政府对高校统得过死，高校缺乏用人自主权等。要改变高等教育的这种状况，必须从高等教育管理体制入手，特别是进行高校人事制度改革，实行简政放权，扩大高校用人自主权。1986年，全国职称改革工作会议决定，改革职称评定制度，实行专业技术职务聘任制度。《高等教育管理职责暂行规定》强调，扩大高校管理权限，该规定还进一步明确了原国家教委、国务院有关部委、省级政府管理高等教育的职责和权限及扩大高校管理权限的职权范围。

计划经济时期，职称制度和工资分配制度是高校人事制度改革的重点。在高校职称制度改革方面：1977年召开的全国科学大会提出，恢复技术职称，实行技术岗位责任制；1986年国务院发布《关于实行专业技术职务聘任制度的规定》，对专业技术职务设置、任职条件、任期等做了明确规定；同年，《高等学校教师职务试行条例》颁布并施行。在高校工资分配制度改革方面：1956年取消工资分和物价津贴制度，建立职务等级工资制度，明确高校的工资分类标准，即行政类、教学类、教辅类三个类别，采取一职数级，上下交叉的办法；1985年对工资制度进行分离管理，机关、事业单位实行以职务工资为主的结构工资制，企业实行以内部分配为主，工资与经济效益挂钩；结构工资包括基础工资、职务工资、工龄津贴和奖励工资等部分，职务工资依据教职员工职务分列工资等级，一职数级，且相近职务间工资额上下交叉。1985年的工资制度改革，废除了原等级工资制，建立了结构工资制，解决了工资职级不符方面存在的问题，但高校事业单位的特点仍未能很好地体现。

（二）新中国计划经济时期高校与教师法律关系的性质

新中国计划经济时期，政府严格控制高校运行。高校围绕国家战略目标办学，高校的办学方向、招生、培养方案、专业设置、学生分配等由国家包办，高校作为政府的附属机构，没有独立地位。教师和其他事业单位工作人员及政府部门工作人员一起，纳入统一的国家干部管理体制，统称为国家干部，高校教师在任用、晋升、工资福利、退休及奖惩等方面适用国家干部管理办法，由国家人事部门严格按照国家干部身份进行统一管理。高校教师与政府之间构成一种隶属的内部行政关系，高校教师的权益由政府保障，并接受政府的指导监督，高校与教师之间形成行政法律关系。

四、新中国市场经济时期：法律关系转变

新中国市场经济时期，高校人事制度改革不断深入推进，教师聘任制度在高校中全面推行。在聘任制条件下，高校教师任用的主体由政府转变为高校，任用的形式由任命制转变为聘任制，高校与教师之间的法律关系发生转变。

（一）新中国市场经济时期高校人事制度的改革

自1993年至1998年是高校人事制度改革重点突破阶段。《关于普通高校内部管理体制改革的意见》强调，以人事、分配制度改革为重点，实行多种形式的用人制度；统筹固定、流动编制使用，事业、企业编制分类管理；基于定编定岗基础上，逐步实行全员聘任（合同）制；完善和加强考核评估制度，实行岗位责任制；高校分配制度实行以国家工资为主，校内津贴为辅，双轨运行，统筹管理。《教师法》第10、第16条规定，国家实行教师资格制度和教师职务制度。改革机关、事业单位工资制度，实行机关、事业单位工资制度相互分离。《关于深化高等教育体制改革的若干意见》指出，高等教育体制改革涉及到中央政府和地方政府之间的职责分工、政府与高校之间的关系、高校的整体布局与结构等，通过深化体制改革，形成两级管理、分工负责、条块结合，以省级政府统筹为主的高等教育管理体制，从而使高校的举办者、管理者和办学者职责分明，其经费以财政拨款为主，多渠道投入。

自1999年至2005年是高校人事制度改革深化阶段。《面向21世纪教育振兴行动计划》提出，推进高校内部管理体制改革，加快高等教育体制改革步伐。随后，国家教育部出台《关于深化高等学校人事分配制度改革的若干意见》，强调深化高校用人制度改革，推进教师聘任制和全员聘用合同制；建立适合高校特点的工资分配制度和激励机制；改革教师管理模式，加强高校教师队伍建设；推进高校后勤社会化改革。2000年，华中科技大学、武汉大学、厦门大学、华中师范大学、东北师范大学启动高校职员制度改革试点。《关于在事业单位试行聘用制度意见》，强调推进用人制度改革，全面实行公开招聘制度，规范人员招聘流程，完善聘用合同内容，依法规制解聘辞聘程序。这一阶段，在国家出台的政策法规推动下，高校人事制度改革向更大广度和深度上展开，一些著名高校率先实施校内岗位津贴制度，诸如北京大学、清华大学等，加大对教师的激励机制，引起社会广泛关注。

2006年至今是高校人事制度改革全面推进阶段。《事业单位岗位设置管理试行办法》强调，转换用人机制，推行岗位聘用制度，实现由身份管理向岗位管理的转变。《事业单位工作人员收入分配制度改革方案》要求，改革事业单位现行工资制度，建立分级分类管理和岗位绩效的收入分配制度。高校根据各自的实际情况，在实施收入分配制度改革的同时，纷纷出台相关配套改革措施。比如，华中科技大学进行了校内综合业绩津贴分配改革；武汉大学实行了以岗定薪、优劳优酬、向优秀拔尖人才和关键岗位倾斜的校内分配办法。

市场经济时期，高校人事制度改革主要体现在三个方面：一是改革职称评定制度，实行专业技术职务聘任制、岗位责任制、结构工资制。2006年以来，中央出台了多项有关职称改革的政策法规，特别是党的十八大以来，中央部署了一系列有关职称的重大改革任务、重大政策（见表3-8）。二是实行职务岗位工资制度、岗位绩效工资制度改革。三是实行岗位聘任制和全员聘用合同制的用人制度改革。近年来，为适应市场经济的要求，高校引入流动编制管理，推行人事代理制度，实施柔性人才引进政策。

表3-8 关于高校职称制度改革的相关政策（2006—2015）

政策名称	相关内容
《国家中长期科学和技术发展规划纲要（2006—2020）》若干配套政策的通知（国发〔2006〕6号）	分类推进专业技术职务制度改革；深化科研事业单位人事制度改革。
《国家中长期人才发展规划纲要（2010—2020）》的通知（中发〔2010〕6号）	分类推进事业单位人事制度改革。
《关于深化科技体制改革加快国家创新体系建设的意见》（中发〔2012〕6号）	建立健全现代科研院所制度；实行固定岗位与流动岗位结合的用人制度；建立开放、竞争、流动的用人机制；推进实施绩效工资。

续表

政策名称	相关内容
《关于深化体制机制改革加快实施创新驱动发展战略的若干意见》（中发〔2015〕8号）	改进科研人员薪酬和岗位管理制度； 破除人才流动的体制机制障碍； 促进科研人员在事业单位和企业之间合理流动。
《深化科技体制改革实施方案》（中办发〔2015〕46号）	推进公益类科研院所分类改革； 落实科研事业单位在编制管理、人员聘用、职称评定、绩效工资分配等方面的自主权。
《关于大力推进大众创业万众创新若干政策措施的意见》（国发〔2015〕32号）	加快落实高校、科研院所等专业技术人员离岗创业政策； 建立健全科研人员双向流动机制。
《关于清理规范各类职业资格相关活动的通知》（国办发〔2007〕73号）	改革完善职业资格证书制度； 改革职称制度，将专业技术人员职业资格纳入职称制度框架。
《关于分类推进事业单位改革的指导意见》（中发〔2011〕5号）	加快推进职称制度改革； 对不同类型事业单位实行分类人事管理。
《关于印发分类推进事业单位改革配套文件的通知》（国办发〔2011〕37号）	按照社会功能，将现有事业单位划分为：行政职能类、生产经营类、公益服务类。

（二）新中国市场经济时期高校与教师法律关系的转变

新中国市场经济时期，随着《教育法》《高等教育法》等一系列法律法规的颁布施行，高校法人地位得以确立。这一时期，政府通过宏观指导，赋予高校很大的用人自主权，教师聘任制在高校中普遍实行，高校教师任用的主体由政府转变为高校，任用的形式由任命制转变为聘任制。聘任制改革之前，高校教师的任用由政府人事部门任命，形成政府与教师之间纵向的行政法律关系。聘任制改革之后，高校与教师签订聘任合同，双方之间的法律关系开始发生转变，并且在高校对教师实施管理的不同阶段，具有不同的阶段性特征，受到不同的法律规范的调整。

综上所述，中国高校人事制度自清末始，至今已有百余年发展历史。综观这百余年发展历程，可以看出中国高校人事制度发展演变的历史轨迹：从清末时期的"官师合一"，民国时期契约化管理改革、新中国时期教师聘任制的全面施行，高校人事制度经历了不同程度和不同阶段特征的变革，由最初粗糙的人事制度发展到如今精细化的人事管理制度。高校与教师的法律关系也从君臣依附关系、契约关系向合同关系转变，高校与教师的法律地位逐步确立，其权益日益受到重视，实现了对高校教师单纯的自上而下的行政管理向平等协商的合同管理转变，高校教师管理逐步走向法治化。但是，仍然存在着一些理论和实践上的难题，制约着高校人事制度的发展。回顾历史，镜鉴今天，总结历史经验、把握历史规律，对当前全面深化高校人事制度改革具有重要的启示意义，主要体现在以下两个方面：

　　一方面，从制度变迁视角看，推动中国高校人事制度改革最主要的动力是政府主导，改革的根本力量在于高校内在的组织目标，外在因素是受国外高校人事制度的影响。在高校人事制度改革的过程中，高校与教师的法律关系也在上述力量的推动下发生转变。

　　政府是中国高校人事制度改革的行动者。中国高校主要由政府举办，在高校人事制度改革的各个历史时期，政府基本上都是起决定作用的最强有力的行动者。政府通过法律法规或政策等手段影响高校人事制度改革，从而使高校与教师的法律关系也随之发生改变。作为学术组织和科层组织耦合体的高校，追求学术和效率是其基本的组织目标。高校这一耦合体最本质的特性是学术性，它将学术的进步和繁荣作为其终极的组织目标，而在其中从事学术工作的人员主要是教师。高校的另一特性是科层性，这种特性决定了效率也是其追求的组织目标。高校的学术系统要完成组织目标离不开科层系统的协助与保障，高校需要科层制来实现对效率的追求，只有这两个系统的有机结合才能顺利实现其组织目标。历史证明，从起源到每次大的变革，中国高校人事制度都会受到国外高校人事制度的影响，制度嫁接和移植成为中国高校人事制度变迁的显著特色。比如，清末时期的大学堂取法日本模式，民国时期的高校借鉴德、法、美、英等国模式，新中国成立后仿照苏联、欧美等国模式。

　　因此，在当前市场经济条件下，政府要特别注重依法治校、依法行政，重视高校法人地位，赋予高校用人自主权。借鉴国外高校人事制度中法治精神，对高校及其教师的法律地位及二者的法律关系进行明确的规制，从而保障高校及其教师的合法权益不受侵害，或受到侵害时有明确的法律救济渠道。

另一方面，从法治视角来看，教育的各项工作都离不开法治的引领和推动。教育法律关系的主体所从事的各类教育教学行为，必须遵守教育法律法规的规定和精神，依法治理教育。高校人事制度改革必须在法治的轨道上进行，要注重法制、制衡、公平，运用法律手段，推动、促进、保障改革有序进行。高校人事制度改革必然要涉及高校与教师的利益和权利的重大调整，关系到每一位教师的切身利益，要依据法律法规的原则与规定，处理好高校与教师之间关于履行工作职责的权利义务关系。但是，在当前高校全面实施教师聘任制的情况下，仍然存在对高校和教师的法律地位定位不明、教师聘用合同性质不清、教师权利救济不完善等现象，导致高校与教师之间的法律关系在学术界难以达成共识，在实践中也引起高校与教师之间诸多人事争议案件的发生，这在一定程度上制约了中国高校人事制度的改革。

因此，高校人事制度改革的前提是准确定位高校与教师的法律地位，厘清双方的法律关系。高校和教师的法律地位是二者权利义务的综合体现，它决定着二者所享有权利及其承担义务的性质和范围。只有对高校和教师的法律地位定位清晰了，才能清楚高校和教师享有哪些权利履行哪些义务，才能处理好高校与政府、高校与教师、高校与学生、高校与其他利益相关者的关系。只有明确高校与教师的法律关系，教师在人事制度改革中的主体地位才能得以彰显，教师的合法权益才能得到切实维护，才能够激发教师的工作积极性和责任感，人事制度改革才能够深入推进并达到预期目标。

第四章 中国高校人事制度改革中高校
与教师法律关系的解析

　　法律关系是凝结着国家意志的法律规范作用于社会生活的过程和结果，是法的价值得以表现和实现的方式，也是法律秩序的存在形态。探究中国高校人事制度改革中高校与教师的法律关系，是对建设法治国家、改革事业单位人事制度的积极响应。随着高校人事制度改革的深入推进，教师录用方式由任用制向聘用制转变，高校与教师双方的法律地位发生根本变化。在法律关系层面，高校与教师的关系从行政关系转变为聘用关系，并通过双方签订的聘用合同实现。理顺高校与教师的法律关系，明确双方的法律地位，厘清聘用合同法律属性，保障教师合法权益，已成为当前高校人事制度改革关注的焦点问题，有着不容忽视的理论和现实意义。

一、高校与教师法律关系中高校法律地位

　　自20世纪90年代开始，教师聘任制度在高校中全面施行。高校对教师的管理模式从行政化的身份管理向法治化的合同管理转变。与此相对

应，高校与教师的法律关系也从行政法律关系转变为聘用合同关系。高校与教师法律关系的转变使得高校及其教师的地位得以提升、权利和义务逐步得到法律法规的维护。与此同时，在这转变的过程中由于当前相关的法律法规不完善或缺失，导致高校与教师之间的法律关系不清晰、权利义务不明确，这给进一步深化高校人事制度改革带来一些现实的困惑和难题。要厘清当前高校与教师之间的法律关系，须从法律关系主体的法律地位入手，即高校与教师的法律地位现状和问题入手。

（一）中国高校法律地位的现状

高校的法律地位是指由法律规定的权利义务而确立的高校在社会关系系统中的纵向位阶和横向类别，体现高校的资格和身份，决定高校的行为能力和行为方式，并进而决定高校在社会活动中的基本面貌。

中国现行的法律法规将公立高校界定为具有法人资格的事业单位法人，是独立的法律主体（见表4-1）。

表4-1 关于高校法律地位的相关法律法规规定

分类 法规	制定机构 发布时间	法条主要内容	备注
民法通则	全国人大 1986-4-12	法人作为一种社会组织，具有民事权利能力和行为能力，享有民事权利，承担民事义务； 法人分为：企业法人、机关法人、事业单位法人、社会团体法人（第36条）。	根据高校从事的业务活动，将之归为事业单位法人。

续表

分类 法规	制定机构 发布时间	法条主要内容	备注
教育法	全国人大 1995-3-18	学校自批准设立或者登记注册之日起取得法人资格（第31条）。	2015-12-27全国人大常委会将其修改为第32条。
高等教育法	全国人大常委会 1998-8-29	高校批准设立之日，即取得法人资格；校长为高校法定代表人；在民事活动中，高校具有民事权利和民事行为能力（第30条）。	（2015-12-27全国人大常委会修订）
学位条例	全国人大常委会 1980-2-12	学士学位由国务院授权的高校授予；硕士学位、博士学位，由国务院授权的高校和科研机构授予（第8条）。	（2004-8-28全国人大常委会修订）
事业单位登记管理暂行条例	国务院 1998-10-25	事业单位是一种社会服务组织；举办者是国家机关或其他组织；基于社会公益目的，利用国有资产举办；从事教科文卫等活动（第2条）。	（2004-6-27国务院修订）

高校的这种法律定位主要依据《民法通则》的分类，以营利为目的设立的组织为企业法人，事业单位法人、机关法人、社会团体法人的设立则不以营利为目的，是基于公益目的。鉴于高校的教育教学活动不同于专门从事商品生产的经营活动，在性质上不以营利为目的，也有别于政府机构和社会团体，因此，将其归为事业单位法人。事业单位法人是中国特色民法上的概念，将高校定位为事业单位法人，虽然能够揭示高校所具有的公益性、非营利性等特征，但是这种定位未能很好地体现高校在行政法上的地位。

中国高等教育自20世纪90年代以来，在管理体制、投资体制、办学体制等方面不断改革，加之日益增多的高校诉讼案件，高校无诉的局面被打破，引起了教育界、法律界学者对公立高校法律地位的重新审视与反思。围绕高校是什么性质的法律主体？具有哪些权利与义务？在多大程度上行使公共行政职权？对高校的管理行为是否进行司法审查、如何审查？学者们有着激烈的学术争论，主要存在以下几种观点（见表4-2）。

表4-2 高校法律地位的相关争论观点

观点 类型	主要观点	备注
事业单位法人	据《民法通则》分类，按是否营利标准和高校教育教学活动性质，将高校归为事业单位法人。	学校及其他教育机构作为一种社会组织，按其特征可分为两类： ①教育行政关系，以领导与被领导，以权力服务为原则的行政管理； ②教育民事关系，以平等有偿为原则，以财产所有和流转为内容。
公务法人	基于公益目的，由国家或公共团体依法设立，行使一定公共职能的法人。	①在功能上，基于特定的行政目的，国家依法设立提供专门服务的公益组织； ②具有独立法律人格，行使一定公共权力； ③高校是承担公共职能，服务公共事业的公务法人。
特别法人	高校在教师和学生管理、教学科研等方面，具有行政主体资格，是行政法上的特别法人。	①作为公法人中的特别法人，公立高校不再是政府的附属部门； ②高校与政府之间则是两个法人之间的关系； ③高校与政府分别具有自己的意志，享有法人权利并独自承担责任。

续表

观点 类型	主要观点	备注
法律 法规 授权 组织	高校经国家法律授权，行使国家行政权力，具有行政主体资格。 在招生、颁发学业证书、处分学生等方面，高校拥有的权力符合行政权力的主要特征。	①在"田永案"中，法院审理认为，高校具有行政主体地位； ②某些事业单位、社会团体虽然不具有行政机关的资格，但法律赋予它行使一定的行政管理职权。
第三部门组织	教育属于政治与经济之间的第三领域，应定位于社会的第三部门。 第三部门视野中的高等教育机构应是一个非营利性社团法人。	①中国高等教育第三部门组织是在政府推动或主导下建立的； ②多为"官办官营"或"官办民营"，带有浓重的官方或半官半民的色彩； ③政府干预的痕迹明显。

　　上述几种观点，是从不同的视角对高校法律地位进行界定。在现实的社会生活中，高校扮演多重性的角色。"事业单位法人"的观点，是从民法角度的分类，虽然能够揭示高校具有的非营利性特点，但是高校基于公共利益目的为社会提供高等教育服务的公益性特征未能够得到充分体现，这种观点不利于对高校行使公权力的行为进行有效规制和对受损合法权益的法律救济。"法律法规授权组织"的观点，是基于司法实践对确定被告主体资格的现实需要，而非源于行政主体资格角度的考量，从目前现行的法制状况看，高校作为法律法规授权组织，其授权的法律依据不很充分，尽管相关法

律法规赋予高校享有某方面的权利，但是对这些权利的规定大多是概括性的，未对这些权利的属性是公共行政权力还是私权利做出明确界定。"公务法人"和"特别法人"的观点，二者均是公法人，强调高校自身的独立性和公共权力性，使之区别于行政机关主体，但公法人是大陆法系国家公法与私法区分下的制度，在中国现有体制和法律体系下建立公法人制度，需要跨越制度和理念上的障碍。

"第三部门组织"的观点，来源于社会学提出的社会组织分类体系，该归类方法为公立高校法律地位提供一个新的视角，在非营利组织的前提下，将公立高校作为一个独立的法人实体，赋予其公权和私权的双重性，不失为一个创造性的尝试。

（二）中国高校法律地位存在的问题

随着经济的发展社会变革的深化，当前中国正处在经济体制转轨和社会结构转型的重要时期，法治越来越受到关注和重视。在教育领域，近年来以高校为被告的讼案与日俱增，虽有先例垂范，但许多法院仍感无所适从，有的法院以不予受理结案。究其原因，症结在于现行的法律法规对公立高校的法律地位不明确，其主体资格难以判定，使得在司法实践上，对公立高校"事业单位法人"的定位面临以下的困惑与迷茫：

首先，事业单位法人的定位没有解决高校在公法上的地位。这种定位使公立高校拥有的权利性质难以判断，对高校能否具有行政诉讼的被告资格没有明确规定。法人是一个民法上的概念，将高校定位为事业单位法人，现行法律法规的这种定位比较单一，仅仅表明高校具有的民事主体资格，而没有赋予公立高校在其他部门法，特别是行政法上的主体资格。尽管目前中国还没有严格的公法和私法之分，但事实上，自《行政诉讼法》颁布实施，就标志着公法、私法开始分野。仅从民法的角度定位公立高校的法律地位，对政府与高校的关系法律没有做出明确界定，导致高校的自主权及其对学生和教师的管理权的权属性质变得模糊，在司法实践中难以识别。比如，田某诉北京某大学案，法院认为，被告属于"法律法规授权组织"，它可以成为行政诉讼的被告；吴某诉昆明某大学案，法院认为被告既不是国家行政机关，也非真正意义上法律法规授权组织，不具备行政主体资格或法律法规授权主体资格，不属法院受案范围，驳回原告的起诉。同是公立高校，不同的法院对此做出截然不同的裁决，诸如此类的诉讼案件的结局大都如此。这反映出当前法院在对高校法律地位的认识上尚未达成共识，其主要原因在于高校行政法上的地位缺失或不完善。这种状况使教师及受教育者在合法权益受到侵害时寻求法律救济受到严重影响，也在一定程度上导致司法实践的混乱。因此，无论是基于权利诉求还是司法实践，都迫切需要法律对高校行政法律地位予以明确的界定。

实际上，《高等教育法》第18条赋予高校作为高等教育的实施主体。这事实上是一项授权条款，该授权条款表明，作为被授权人，高校具有行使教育教学活动的实施权。高校行使的这种职权，是国家教育职能的一种实现方式，体现国家行使的教育权，而教育教学活动实施权是国家教育权的重要组成部分。高校既是独立的办学主体，又是国家履行教育职能的实体组织。国家通过相关的教育法律法规将高等教育领域的某些行政管理职权授于高校，把国家教育权转移或委托给高校，使高校具有自主办学、学籍管理、颁发证书、职称评聘等方面的职权。比如，《高等教育法》在第4章中对高校的组织和活动做出规定，其中赋予高校行使的行政职权主要有：（1）办学自主权，具体包括高校在招生、教学、专业设置、科研、对外交流与合作、校内人事和财务等方面的自主权；（2）颁发学历、学位证书的权力；（3）学籍管理、奖励和处分等方面权力。从高校拥有的这些权力来看，虽然现行法律法规将高校定位为事业单位法人，但是高校确实拥有并行使着部分公共职权。高校的这些职权具有明显的强制性和单方性，符合行政权力的特征以及公共行政行为的要件。

其次，事业单位法人的定位对受教育者的受教育权保护不力。《民法通则》第2条规定，民法调整平等主体的财产关系和人身关系。这里的平等主体是指公民、法人及相互之间。从民法调整范围来看，公民的受教育权不属于此调整范围。将高校定位为事业单位法人，当受教育者的受教育权受到侵害，其受教育权不能依据民法获得救济。《教育法》第43条规定了受教育者享有的权利，比如，若不服学校的处分决定，可提出申诉。但是，《教育法》等相关的教育法律中没有对申诉、诉讼的程序做出明确规定，民事诉讼缺乏民法的实体权利规定，受教育者依据何种程序提起诉讼？现行法律法规没有明确界定高校行政主体地位，高校与受教育者的法律关系性质模糊不清。因此，受教育者与高校之间因受教育权受侵犯案件要提起诉讼，在现行的法制条件下难以获得圆满解决。

在司法实践中，各地法院对学生起诉高校侵犯其受教育权的案件采取的做法不同。有的法院将此类案件作为民事案件处理，有的法院则将此类案件作为行政案件处理。鉴于现行法律法规将高校的法律地位定位为事业单位法人，多数法院是按照民事诉讼来处理此类纠纷。但是，如果按照民事诉讼案件来处理此类案件，法院就不能够对高校处理学生的程序合法性进行审查，也不能撤销、变更高校对学生的处理决定，只能依据民事诉讼程序，判决高校赔偿学生受到的损失。这样的判决结果对学生而言，当其受教育权受到侵犯时，他们最希望获得的是受教育的机会，而非经济赔偿。民事诉讼难以解决因退学、颁发学历学位证书等方面学生与高校之间发生纠纷。同时，在民事诉讼中，除法律特别规定举证责任倒置的情况，一般按照"谁主张，谁举证"的原则，学生起诉高校侵犯其受教育权，不属于法律特别规定的举证倒置情况，学生必须承担举证责任，而高校往往是依据学校的校纪校规等规章制度来对学生做出处理，这些规章制度是由学校制定并掌握在其手中，学生难以取得，导致学术败诉风险增大。受教育权是一种公法上的权利范畴，当其受到侵犯时，产生的法律责任理应按照公法的程序处理及进行相应的法律救济，对此类纠纷案件的最佳救济渠道是行政诉讼。因此，事业单位法人定位，不利于对高校学生受教育权的保护。

最后，事业单位法人的定位不利于法律规制高校的公共行政行为。行政权力作为一种公权力，具有强制支配效力，如果不对其加以监督，容易被滥用而侵犯行政相对方的合法权益。有权力就有监督，没有监督的权力是危险的权力。为防止公共行政权力滥用，有必要对其予以严格规制。现行法律将我国高校的法律地位定位为事业单位法人，这仅是民事主体地位，未获得行政主体的地位，因而高校在招生录取、学位学历授予、学籍管理及纪律处分等方面与学生发生争议时，学生提起行政诉讼往往因缺乏法律依据而无法寻求法律救济，司法部门也因此无法对高校行使的行政权力行为进行司法审查，导致一些公立高校滥用行政权力，随意侵犯学生合法权益。比如，影响较大的"刘某诉北京某大学案""甘某诉广州某大学开除学籍案"等在某种程度上反映出高校行政权力的不当行使。

在我国的司法实践中，也有一些经典的审判案例，司法部门将高校视为法律法规授权组织，并将高校的上述行为作为"准行政行为"对待，从而维护和保障了学生、高校的合法权益（见表4-3）。

表4-3 公立高校与学生纠纷的经典案例

案例分类	案件列举	诉讼情况	备注
招生录取类案件	陈某诉北京某学院不予录取案	法院驳回起诉，不予受理。原告上诉后，维持原判。	法院认为，是否录取，取决于被告依据国家相关政策决定，原告和被告之间不构成民事赔偿的权利和义务关系。
	林某诉厦门某大学不予录取案	法院对原告诉求不予支持。	法院认为，被告属于法律法规授权组织，其招生权是基于行政管理职权的一种行政权力。被告依据其行政管理职能，在考招生录取过程中对不合格考生做出不予录取的行为符合法律规定。
	闵某诉苏州某大学不予录取案	法院裁定驳回起诉。原告上诉后，维持原裁定。	法院认为，招生行为属于高校自主管理权，不具可诉性。

续表

案例分类	案件列举	诉讼情况	备注
学位学历证书授予类案件	刘某诉北京某大学及其学位评定委员会案	一审法院判定被告败诉,被告不服并上诉,二审法院撤销原判,发回重审,重审驳回起诉。	一审法院认为,被告是法律法规授权组织,原告符合博士毕业资格,撤销被告为原告颁发的结业证书,责令被告向原告颁发毕业证书;二审法院以未能查清诉讼时效问题为由,撤销原判,重审;重审以超出诉讼时效为由,驳回起诉。
	王某诉武汉某大学案	一审法院判决被告败诉,二审法院驳回上诉,维持原判。	法院认为,被告对原告做出留校察看处分并不授予学位的具体行政行为,不符合法律规定。同时,做出不授予学位前,未听取原告陈述与辩解。
	武某诉广州某大学案	一审法院驳回原诉讼请求,二审法院撤销一审判决,被告对原告学位资格重新审核。	一审法院认为,被告依校纪校规处分学生无过错,二审法院认为,被告适用依据不当,《高校学生管理规定》规定作弊可给予纪律处分,但未规定可以取消学位,被告依此制定实施细则,处分重于上述规定,属无效行为。

续表

案例分类	案件列举	诉讼情况	备注
学籍管理及纪律处分案件	董某诉郑州某大学案	法院受理，并判决原告胜诉。	法院认为，被告与原告存在管理与被管理的行政关系，被告对原告的处分决定侵犯了原告的受教育权，该行为是准行政行为，属于行政诉讼受案范围。被告做出处分决定，未将决定送达并告知原告申辩、申诉权，也未报备相关部门，属程序违法。同时，被告制定的校规不符合《高校学生管理规定》，处分明显过重，显失公正。
	王某诉牡丹江某学院案	法院受理，并撤销被告对原告做出的开除学籍的处分决定。	法院认为，被告对原告开除学籍的处分，有违《婚姻法》，并且被告做出的行政处分程序不具合法性。
	甘某诉广州某大学开除学籍案	一审维持被告开除原告学籍决定，二审维持原判。向省高院申请再审被驳回。向最高院申请再审，最高院撤销一审、二审判决，确认被告给予原告处分决定违法。	一审、二审法院认为，《教育法》《高校学生管理规定》相关规定，被告可以给予原告开除学籍处分，开除学籍决定合法。最高院认为，被告开除学籍决定援引该校学生管理暂行规定及其学生违纪处分实施细则，属于适用法律错误，应予撤销；一、二审法院判决显属不当，应予纠正。

（三）本书对中国高校法律地位的界定

从上述高校法律地位的现状和问题来看，关于公立高校的法律地位在实体法上已经明确，但在法理上难以自足，也难以满足司法实践的诉求，导致学界对当前公立高校的法律地位存在种种不同的界定观点，司法实践方面对此也有颇多争议。高校具有民事主体地位，这是一个不争的事实，然而，将高校仅仅视为一个独立的民事主体，作为事业单位法人尽管可以解释它为什么能够以自己的名义采购办公用品、建筑校舍、收取学费等，但却无法说明其在招生、学籍管理、学位授予、职称评聘等方面享有单方的决定权和制裁权。因此，本论文认为，要想从根本上解决中国高校的法律地位问题，必须从国家层面出台《学校法》，设立学校法人，将学校从事业单位法人中分离出来，单独设立学校法人，明确学校法人的权利和义务，赋予学校法人在民事、行政方面的主体资格。只有设立学校法人，才能够解决高校在法律上多元主体的问题。本论文认为，将公立高校作为学校法人，具有以下三个方面的主体地位：

首先，高校具有行政相对人地位。政府依法对高校实施监管，高校依法接受政府的行政领导和管理，政府与高校之间构成行政法律关系。在政府与高校构成的行政法律关系中，政府是作为行政主体，高校则居于行政相对人的地位。根据经济社会发展需要，政府对高校整体布局和调整，配置教育资源，设立和撤销高校。政府发布的与高校直接或间接相关的行政命令，高校都必须执行。

其次，高校具有公务法人地位。在依法实施教育教学活动中，高校作为行政主体，是国家教育权的具体行使者，居于公务法人的法律地位。《高等教育法》第18条将高等教育的实施权授予高校。这一授权表明，高校作为被授权人依法行使高等教育教学活动的实施权，该实施权实质上是国家将部分教育行政管理职权授权给高校行使，国家教育职能的一种实现方式。比如，《高等教育法》第11条赋予高校办学自主权；《学位条例》第8条赋予高校颁发学历学位证书的权力。因此，高校经由国家法律授权，行使一部分公共管理权力，这是典型的行政行为。

最后，高校具有民事主体地位。在与平等主体发生民事关系时，高校具备民事权利能力和民事行为能力。高校作为民事主体，体现在与教育教学无关，以及与企事业单位、社团、个人等平等主体之间的权利义务关系。比如，高校因收取房租费、住宿费等事项而与教师、学生形成的法律关系。

二、高校与教师法律关系中教师法律地位

在市场经济体制下，中国高校人事制度改革不断深入，人事制度改革的目的是实现人事管理由身份管理向岗位管理转变，建立以竞聘上岗和自由流动为主要特征的教师管理制度，从而打破计划经济体制下的教师任职终身制，实行市场经济体制下的教师聘任制。高校人事制度改革的核心是教师聘任制，而教师的法律地位则是教师聘任制构建与实现的重要基础。然而，高校教师的法律地位在现行的教育法律体系下定位模糊不清，使得高校与教师双方的法律关系界定不明确，导致双方发生的人事纠纷难以解决，不利于高校教

师合法权益的保护。

（一）中国高校教师法律地位的现状

高校教师是在高校中专门从事教育教学和研究等教育职能的专业人员，高校教师的教育职能包括但不仅限于教育教学和研究职能。法律地位涉及高校教师的权利义务、待遇分配、权益救济等方面的内容。要了解当前中国高校教师法律地位的现状，首先要对教师法律地位的内涵有所认识。关于对教师法律地位的认识，不同的研究视角有不同的观点。

一是从职业性质的维度来界定教师的法律地位。《关于教师地位的建议》将教师工作视为专门职业，该职业要求教师必须具备一定的专业知识和专业技能，这种知识和技能需要经过严格、持续不断的研习才能够获得。我国《教师法》也从职业角度，将教师职务教书育人的专业人员。大部分学者认同、采纳这种观点。比如，申素平等学者认为，学校教师的法律地位，关键要看教师的职业性质及其职业本身所具有的公务性特征。但也有学者认为，将教师法律地位界定为专业人员，定位比较模糊，对解决教师人事方面纠纷等问题意义不大。比如，湛中乐指出，专业人员的定位只是对教师职业特征的描述，未能揭示教师法律位实质，缺乏法律规范价值。[①]还有学者认为，"专业人员"是对教师职业性质的界定，而非对教师法律身份的定位，对探讨教师聘用纠纷的法律问题没有参考价值。[②]

---

① 湛中乐. 公立学校法律地位问题研究［M］. 北京：法律出版社，2009：214.
② 石正义. 公立学校教师法律地位新探［J］. 湖北社会科学，2012（12）：141.

二是从权利与义务的维度来界定教师的法律地位。劳凯声认为，教师法律地位是指教师享有哪些权利，负有哪些义务，涉及教师与政府、高校、学生之间的关系和教师资格任用、工资待遇等方面。黄葳认为，教师法律地位是通过立法确立的教师职业地位，体现教师的权利与义务，主要包括教师的政治地位、经济地位及职业声望等内容。程雁雷、杨建顺、包秀荣等学者也强调教师的法律地位是以教师的权利和义务为核心。

本书认为，应从多维的角度来看待教师的法律地位，从职业性质的维度看，教师是履行教育教学职责的专业人员，从权利义务的维度看，教师法律地位是法律规定教师在社会关系中的位置，涉及教师的权利与义务。教师的法律地位和高校教师的法律地位，这两者之间是一般与个别的关系，前者将后者包含其中。高校教师作为受过专门教育和训练、具备高校任职资格并在高校从事教育教学工作的专业人员，其法律地位主要强调的是法律规定高校教师在社会关系中的位置，体现高校教师的法律身份及其与政府、学校、学生之间诸方面的法律关系。

中国高校教师法律地位长期以来定位模糊不清。现行涉及高校教师法律地位的法律主要有《教师法》《教育法》《高等教育法》。《教师法》中将教师定位为"专业人员"，主要履行教育教学职责，并对教师平均工资水平做了参照性规定，即不低于或高于国家公务员工资水平。"专业人员"这一定位，体现了教师的职业特点，作为专门性的社会职业，明确了教师的社会地位，但未对教师法律地位做明确规定。《教师法》采取列举方式明确规定了教师享有的6项权利和履行的6项义务。这些权利和义务体现了浓厚的行业化色彩，突出了教师在教学和科研活动中所扮演的角色，彰显了在社会、经济生活中所起的重要作用。《教育法》《高等教育法》对教师权利义务的规定，采取概括的立法模式，均以《教师法》为蓝本，内容基本参照《教师法》的规定（见表4-4）。

表4-4 高校教师权利义务的主要法律法规

法律名称	教师的权利	教师的义务
《教师法》	教育教学、教学改革与实验； 科研、学术交流，参加学术团体； 指导学生学习，评定学生品行、成绩； 工资报酬、福利待遇、寒暑假带薪休假； 参与学校民主管理； 参加进修或其他培训。	遵纪守法、坚守职业道德； 贯彻教育方针，完成教学计划与任务，履行教师聘约； 对学生爱国主义、民族团结、法制及品德、文化、科技等教育； 关爱尊重学生，促进其全面发展； 制止侵害学生的行为或侵犯学生权益的行为； 提高政治觉悟和业务水平。
《教育法》	保护教师合法权益； 提高教师社会地位； 依法办理工资、福利等。	享有法定权利和义务； 忠诚于人民教育事业。
《高等教育法》	保护高校教师合法权益； 培训、科研和学术交流权益。	享有法定权利和义务； 忠诚于人民教育事业； 做好教学育人本职工作。

上述"专业人员"的定位和教师权利义务的规定，虽然在立法上表述了教师职业的社会性质，但这种定位及对教师权利义务的规

定，在教育改革实践中，特别是在高校教师聘任制改革过程中，不能很好地解决高校与教师之间发生的人事纠纷，无法明确高校教师在教育法律关系中的地位、权利、义务和责任。因此，目前学界对高校教师的法律地位主要存在以下几种有争议观点：

第一种观点，主张高校教师是公务员或教育公务员。该观点认为，从职业性质看，高校教师主要职责是从事高等教育教学与科研，为国家培养高级专门人才，高校教师的这一职责突显公法特征；从工资来源、福利待遇看，《教师法》规定，教师的工资、福利待遇比照国家公务员标准；从行政职权看，《教育法》《高等教育法》赋予高校对其教师行政处分权和职称、职务的部分评审权，这些职权具有典型的公法性质，适用于国家公职人员。因此，主张高校教师具有公务员的法律地位。比如，成有信认为，教师职业具有公务性质，其工资由国税开支，属第二次分配，因而应在教育法律中明确教师的公务员身份；[1]申素平认为，在维持现有法律制度框架下，将公办学校教师纳入公务员队伍，增设教育公务员职位类别，或建立"大"公务员概念，将公办学校教师纳入此概念和制度架构。[2]但是，《公务员法》将教师排除在公务员之外，这种观点显然与现行法律规范不一致。

第二种观点，主张高校教师是劳动者或雇员。该观点认为，《高等教育法》规定高校教师实行聘任制，基于双方平等自愿，高校与教师签订聘用合同，在内容和程序上，聘用合同基本与劳动合

---

[1] 成有信. 教师职业的公务员性质与当前我国师范院校的公费干部学校特征 [J]. 教育研究，1997（12）:39.

[2] 申素平. 对我国公立学校教师法律地位的思考 [J]. 2008（9）:54.

同相同，聘用合同在本质上是劳动合同，高校教师作为劳动者，是劳动法律关系的一方当事人，应纳入劳动法调整。比如，陈玺名、肖凤翔认为，从立法和司法实践上看，我国公立高校教师的法律身份逐渐趋向于适用《劳动法》和《劳动合同法》的雇员，教书育人和学术研究的劳动特点决定了高校教师法律身份不能完全等同于工商企业的雇员，高校教师学术自由的权利必须在制定上得以体现和保护。这种观点特别强调保护高校教师的合法权益，但是从职业性质、工作任务、管理体制、工资定级等方面，高校教师与工商企业职工存在较大差异，将教师与高校发生的人事纠纷完全纳入劳动法调整难以体现其职业特点。最高人民法院关于因为辞职、辞聘及履行聘用合同在事业单位与其工作人员之间发生的人事争议，适用《劳动法》进行了司法解释。这为主张高校教师作为劳动者或雇员的观点提供了一定的法理依据。

第三种观点，主张高校教师是专业人员。该观点是依据《教师法》中"教师是履行教育教学的专业人员"的规定而定位的，并认为这一定位与联合国教科文组织"关于教师地位的建议"中的表述一致。根据联合国教科文组织关于教师的定位，国际劳工组织颁布的《国际标准职业分类》将教师列入"专业人员、技术人员和有关工作者"的类别。我国《教师法》基本采纳国际劳工组织的分类，将教师定位为专业人员，因此教师不是公务员，也非雇员，而是从事教育教学的专业人员。

第四种观点，主张高校教师是公务雇员。该观点认为，高校及其教师在法律地位上均具有公益色彩，从其工作目标来看，主要是以人才培养为中心，不同于工商企业追求利润最大化。高校的公益性和教师职业的公共性，高校与教师签订的聘用合同属于公法契约，因此，双方之间是公法上的契约关系。比如，龚钰淋认为，将高校教师法律地位界定为公务雇员，一是高校的公益性决定了其教师法律身份具有公务性质；二是高校教师职业具有较强的学术性和自主性，这种学术自由和专业自主权的职业特点决定了高校教师不同于公务员那样受到严格指令限制；三是高校与教师之间的聘用关系是建立在公法上的契约关系，当双方发生人事纠纷时，可以通过行政诉讼途径予以解决，将其纳入行政争议的范畴来考量。

上述关于高校教师法律地位的几种观点都有一定的道理，但也存在一定程度上的局限性。高校教师法律地位的界定，不仅是法学理论问题，同时也是技术层面的问题，既要符合法理，也要便于实务。因此，界定高校教师法律地位时必须综合考虑各方面因素，既要考虑高校与教师的法律关系和事业单位人事制度改革走向，还要考虑与现行法律规范的衔接及教师职业的性质和劳动特点。

（二）中国高校教师法律地位存在的问题

近年来，不断深化高校人事制度改革，教师聘用制在高校中全面施行。加之教育立法的缺失，教师法律地位不明，导致教师合法权益受到侵犯时，法律救济渠道单一，这些因素造成高校人事纠纷不断或者纠纷得不到很好的解决。比如，现行《教师法》只规定教师有申诉的权利，但对处理教师申诉的程序及其他救济途径没有提及，这在一定程度上影响了教师申诉制度效力的发挥，并在客观上带来高校教师行政复议、行政诉讼的障碍。同时，在高校内部，教代会、工会等组织职能虚化和缺位，难以在教师权益维护方面发挥应有的作用。

在教师聘任制实施过程中，高校与教师之间因双方权利和义务不明确而引发的人事争议纠纷日益增多。特别是在职称评审、绩效考核等方面，现行法律对此没有明确规定，司法实践中也认识不一。比如，林某诉西北某高校案，林某申报教授任职资格，并通过该校教师专业技术职务评审委员会评审，但该校以其弄虚作假为由，取消林某的教授任职资格。林某不服学校决定，向西安市碑林区法院提起诉讼，碑林区法院认为，聘任关系不是行政法律关系调整范围，驳回林某的诉讼请求，但林某又上诉至西安市中院，西安市中院将此案发回重审，碑林区法院重审判决，撤销该校的决定，并要求学校限期确认原告的教授任职资格，驳回原告其他请求，双方不服判决均上诉，西安市中院终审判决，维持原判。王某诉武汉某高校职称评审案，王某因未通过学校的副教授资格评审，在学校申诉失败后，向湖北省教育厅申请仲裁未果，又向国家教育部提起行政复议，国家教育部认为专业技术职务评审是学校内部管理问题，做出不予受理决定，王某不服决定，向北京市第一中院提起行政诉讼，败诉，又上诉至北京市高院，被驳回上诉，终审维持原判。

上述案例一波三折，由此折射出高校教师法律地位方面存在的一些问题，发生人事纠纷时，教师处于相对弱势地位，不同程度地存在教师权利被侵犯的现象。本论文结合高校教师法律地位对近年来涉及高校与教师人事纠纷的案件进行了梳理统计。通过北大法意、北大法宝、万律等中文法律信息数据库，以"人事纠纷"为案由，分别以"高校、大学、学院、科研机构"为关键词，审结时间为2001—2016年，共计检索到366份相关裁判文书。通过逐份仔细研读，最后得到涉及高校教师法律地位方面人事纠纷的56份裁判文书。根据裁判文书内容，将其划分为8种纠纷类型（见图4-1）。

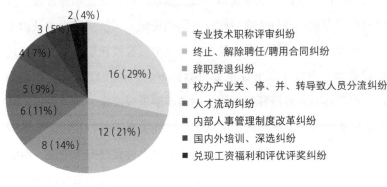

图4-1 高校人事纠纷案例分类

在这56件人事纠纷案例中，专业技术职称评审引发的纠纷最多，共16件（占29%）；其次是终止、解除聘任／聘用合同纠纷，12件（占21%）；辞职辞聘类纠纷8件（占14%）；校办产业关、停、并、转而导致人员分流纠纷6件（占9%）；人才流动、内部人事管理制度改革、国内外培训和深造、工资福利及评优评奖等方面的纠纷分别为5件（占9%）、4件（占7%）、3件（占5%）、2件（占4%）。在这56件高校人事纠纷案例中，最终裁定高校教师胜诉的25件（占44.6%），专业技术职称评审纠纷和终止、解除聘任/聘用合同纠纷共计28件（占50%）。16件专业技术职称评审纠纷，教师胜诉的仅2件（占该类案件的12.5%）。12件终止、解除聘任／聘用合同纠纷，教师胜诉的仅1件（占该类案件的8.3%）。由此可见，在高校与教师发生人事纠纷中，纠纷主要集中在专业技术评审、解聘与续聘、内部绩效考核、教师流动、福利及培训等方面，并且教师处于相对弱势，胜诉的概率不高。

为清楚了解高校人事制度改革中有关教师法律地位方面存在的问题，特别是在聘任制实施过程中高校与教师之间发生的涉及教师权益方面的问题，本论文进行了如下的访谈调查：

（1）访谈对象选择

基于扎根理论采取灵活的非随机抽样方法，选择适合本研究问题的对象进行访谈。首先，采用开放性抽样，将访谈对象确定为在中国高校工作的中国籍教师和长期全职从事法律实务工作的法律职业人员。其次，随着对访谈资料的归纳、分析，采用关系性和差异性抽样，将访谈对象缩小为在公立高校工作的教师和从事法律实务工作的法官。最后，通过区别抽样，将访谈对象的范围进一步缩小，即从事一线教学或科研的教师、高校人事部门主管、审理过高校与教师之间人事纠纷案件的法官。根据"信息饱和原则"，通过预访谈经反复甄选，最终选择10名教师、5名人事部门主管、5名法官，共计20人作为深度访谈对象（见表4-5）。

表4-5 访谈对象人员构成、性别、职称及学历结构情况

访谈对象		法官（5人）	高校人事部门主管（5人）	高校教师（10人）
人员性别	男	3人	4人	6人
	女	2人	1人	4人
职称结构	中级	2人	1人	2人
	副高	2人	2人	4人
	正高	1人	2人	4人

续表

访谈对象		法官 （5人）	高校人事部门主管 （5人）	高校教师 （10人）
学历结构	本科	2人	1人	0
	硕士	2人	1人	4人
	博士	1人	3人	6人

（2）访谈问题设计

本次访谈采用半结构式访谈形式，根据拟定的访谈大纲对受访者提问。访谈大纲根据不同的受访人群提问的问题有所不同。访谈主要围绕以下几个方面的问题：对人事争议现象的看法、人事争议的突出问题及原因、学校对教师职称评聘采取的措施、对聘用合同终止与解除的看法、如何对待教师流动和人员分流、学校内部人事管理制度存在的问题、教师培训与深造存在的问题、学校福利和考核奖惩方面的做法是否公平公正、受理人事争议的原则、如何把握司法介入高校事务的度、怎样处理司法介入与学术自治的关系等（见表4-6）。

表4-6 关于访谈的主要问题

访谈对象	题号	问题
高校教师	1	您怎么看待学校与教师之间发生的人事争议现象？
	2	您认为学校与教师发生人事争议的突出问题及原因是什么？
	3	您如何看待职称评聘发生的人事争议？您认为学校的做法是否妥当？
	4	您对终止、解除聘任／聘用合同方面的争议怎么看？
	5	您认为学校应该怎么对待教师流动或人员分流？
	6	您认为学校内部人事管理制度在哪些方面存在损害教师权益的问题？
	7	您认为学校对教师的培训和深造方面是否存在损害教师权益的问题？
	8	您怎么看待因工资福利发生的人事争议？您认为学校的做法是否妥当？
	9	您认为学校评奖评优方面是否公平、公正？您认为学校的做法是否妥当？
	10	您认为争议双方应该通过何种途径来解决争议比较好？

访谈对象	题号	问题
高校人事部门主管	1	您怎么看待学校与教师之间发生的人事争议现象？
	2	您认为学校与教师发生人事争议的突出问题及原因是什么？
	3	学校对人事争议问题采取哪些措施？效果如何？
	4	您如何看待职称评聘发生的人事争议？学校在哪些方面应该改进？
	5	您认为学校应该怎么处理终止、解除聘用合同争议？
	6	您认为学校在对待教师流动或人员分流问题上的做法是否妥当？
	7	您认为学校在内部人事管理制度方面如何完善才能够避免或减少争议？
	8	您学校是如何处理工资福利、评优评奖方面方式的人事争议？
法官	1	近年来法院受理高校与教师之间的人事争议案件情况如何？
	2	您怎么看待高校与教师之间发生的人事争议现象？
	3	您认为高校与教师的人事争议案件主要集中在哪些方面？
	4	法院依据什么原则受理高校与教师的人事争议案件？
	5	怎样把握司法介入高校事务的度？如何处理司法介入与学术自治关系？
	6	在法院受理的高校与教师人事争议案件中，教师胜诉的情况如何？

（3）访谈方法与步骤

本次访谈采取三级编码的方式将原始的访谈资料根据其所反映的问题类别进行系统整理和分析归纳。首先，一级编码，即开放式编码。本次访谈确定了法律意识、司法介入、正当程序、行政权力、学术权力、民主参与权、工资福利、职称评审、合同续聘与解聘、教师流动、内部管理制度改革、培训与继续教育等12个开放式编码。其次，二级编码，即关联式编码。对开放式编码反复思考，不断梳理和辨析的基础上，将这些编码进行细化和深化，从而形成：正当程序、辞职辞退、职称／职务评审、人才流动、民主参与管理、培训深造、工资福利、考核奖惩等8个关联式编码。最后，三级编码，即选择式编码。反复阅读访谈资料，并对开放式编码和关联式编码反复辨析，最终确定：职称／职务评审、辞职辞聘、人才流动、工资福利、考核奖惩、培训深造等6个核心编码。鉴于一级编码是对访谈的全部内容进行整理归纳，内容繁杂并且与二级编码、三级编码内容有所重合，因此本书将不展开一级编码和二级编码的具体内容，在对一级编码、二级编码进行整理的基础上，形成具有代表性的三级编码（见表4-7）。

表4-7 访谈资料的记录和归纳

访谈对象编号	访谈资料整理	编码
M1、M2、M5、M17	职称／职务评审受行政权力干涉较多，学术权力式微，要充分发挥学术权力、民主监督权力在评审中的作用，保证教师职称／职务评审的程序规范、公平公正。在评审中对教师学历、资历和发表论文看得较重，而忽视教师的业绩、能力和学术水平等要素。评审中主观作用和人为因素影响较多，比如人情关系、行政干预等。评审标准"整齐划一"，标准缺乏差异性，教学、科研不同系列分类评审、区别对待方面不足。	职称／职务评审
M3、M16、M19	聘用合同关于教师辞职辞聘等相关条款内容缺失或对辞职辞聘情形规定不清晰，对辞职辞聘纠纷的救济渠道的程序性规定不明确。有些学校合同规定的教师服务期限较长，教师在服务期限内辞职要赔偿高额违约金，而学校解聘教师随意性大，解聘程序不规范。学校在对待辞职辞聘问题上要依法依规办事的同时，还要更多体现学校的人文关怀，充分保障教师的合法权益。	辞职辞聘

续表

访谈对象编号	访谈资料整理	编码
M14、M8、M10、M13	人员出口不畅，退出方式单一，庸者不能出，新人很难进，学校对辞退教师的分流安置压力大。有些学校对教师自动离职做出种种限制，阻碍了教师的自由流动。学校要引导和规范教师合理有序流动。学校要为教师搭建展示其才能的平台和环境，通过制度规范来吸引和留住人才，对有强烈流动意愿的教师应予以尊重，即便人才外流，但与其合作还可继续保持。	人才流动
M11、M12、M15	高校教师总体收入偏低，个体间收入差距较大，部分群体间福利待遇差距巨大。教师对工资福利的公平感不强，对自身收入层次的认可度较低。学校应出台相关激励措施，不同职称和岗位的待遇差别相区分，并与之对应的考核指标挂钩。	工资福利
M4、M7、M18	考核评价重组织目标实现，轻教师自主发展。将科研和教学分割开来，重科研评价，轻教学效果评价。薪酬制度设计不完善，对个体激励不足，激励手段单一，激励措施刚性凸显，柔性缺失。奖惩方面，特别是评优评奖，往往向领导、管理和科研人员集聚，对一线承担教学任务的青年教师奖励力度不够。	考核奖惩

访谈对象编号	访谈资料整理	编码
M6、M9、M20	大部分的聘用合同关于教师继续教育培训和出国深造等相关条款内容缺失，造成高校与教师之间因为培训或深造发生纠纷。教师继续教育培训机制不健全，缺乏整体规划，忽视教师的不同需求。经费难以落实，监管机制缺失。多数高校是直接引进高端人才来加强师资队伍建设，但对本校原有教师的培训和深造缺乏积极的鼓励性政策，导致一些教师一旦自身实力得到提升后便离开学校。各高校对教师出国深造的政策差别加大，有的学校将出国深造的机会倾向于高端人才层面，而中低端青年教工更需要此类机会，但很难获得学校支持。	培训深造

（4）访谈资料分析

在访谈过程中，访谈对象均认识到，在社会经济发展和社会文明程度不断提高及各项改革创新不断深入推进的时代背景下，高校深化人事制度改革，对传统模式下的利益格局和利益关系进行调整，加之人们的观念、相关政策、法律法规滞后或缺失，导致高校与教师之间人事争议不断出现，有的争议甚至还引起社会广泛关注。访谈对象基本上都能够正视高校与教师之间发生的人事争议现象，认为在聘任制下双方在一定程度上存在权责不对等，发生人事争议是很正常的，问题的关键不在于争议本身，而在于如何解决及依据什么途径解决争议，从而保障高校与教师双方的合法权益不受侵害或受到侵害后如何进行救济。

在对高校教师的访谈中，多数教师认为，高校内部行政权力膨胀，学术权力式微，高校教师民主参与管理的机会被边缘化，教师的知情权难以落实，权益难以保障。有受访教师表示，高校行政权利泛化，学术权利、民主权利得不到充分尊重，在人事任免、职称职务晋升、年度考核或奖励、岗位聘任等方面往往会受到学校行政权利的侵害。比如，有受访教师反映，学校在职称／职务评审过程中，受人情关系、行政干预等人为因素和主观作用影响较多，往往导致具备条件的没评上，不符合条件的反而因为种种原因却评上了的情况时有发生。有受访教师还指出，某些高校对教师正确的意见与建议不予采纳或者对持有不同意见的教师打击报复，滥用考核权而影响教师正常的业绩评定，甚至延缓、暂缓或不予晋升、晋级，不予认定资格或颁发证书，任意解聘或者强行续聘（留）等侵犯教师权益的行为。还有受访教师指出，行政权力至上，外行评价内行，评价不公正、竞争不公平现象时有发生，加之学术评价、人员评聘机制不完善等因素导致高校人事纠纷不断。比如，有受访教师指出，有的学校在教学科研和行政管理等岗位考核指标及其标准不对等，特别是涉及评优评奖方面，常常偏向领导层、管理人员，对一线承担教学任务的青年教师奖励力度不够。在问及教师与高校发生人事争议的主要原因时，有的受访教师认为，教师聘任制度不健全，相关实施细则不规范，考核体系不完善导致争议发生；还有受访教师认为，岗位设置不合理，权责不匹配，管理工作不到位也容易诱导教师与高校之间的人事争议；还有受访教师认为，奖惩依据不充分、分配不公允也是引起争议不可忽视的因素。

在对高校人事部门工作人员的访谈中，他们也表示对于人事争议，特别是职称评审、终止或解除聘任／聘用合同等人事纠纷比较棘手，他们认为，从学校管理者的角度，必须严格按照有关法律法规、校纪校规等规定的程序进行处理；从教师的角度，他们也承认，学校制定的有些规章制度过于严苛，比如有学校规定，申请副教授者必须有主持一项省级科研项目的经历。在问及发生人事争议原因时，受访人员表示，聘用合同内容是引发人事争议的重要因素，如：工资待遇、岗位工作条件、培训和继续教育等重要条款在合同中没有约定或约定不明确导致合同不能很好地履约而发生争议；解除合同或辞退程序不完善、不规范是发生人事争议的另一主要原因，如：教师对保障自己合法权益的程序不知情或对解决人事争议机构不熟悉而导致与学校发生争议；对工作不满意是引发人事争议的潜在因素，如：部分教师对工资收入低、没有发展前途、工作中得不到尊重等原因辞职与学校发生争议。在访谈中一些高校的人事部门主管还强调，由于现行的高校编制管理和使用方式，高校的用人管理自主权还没有充分落实到位，如：人员编制、薪酬、社保等受政府有关职能部门控制，往往使得高校在人事管理链条的某些环节上滞后于人事制度改革步伐，也会导致高校与教师之间发生类似上述的人事纠纷。

在对法官的访谈中得知，法院对受理高校人事争议案件，一般保持比较谨慎的态度，尤其是针对职称评审、学位授予等专业性较强的学术判断，适用司法节制原则，尊重高校的学术决定，如果不是恣意地滥用行政权力，法院一般不介入高校纯学术事务的决定，避免司法判断代替学术判断。受访的法官表示，由于学术判断具有主观性和评价性，学术评价需要的是累积信息的内行评价，有别于传统上司法或行政机关举行听证的事实调查程序，学术评价不适合司法或行政的程序化裁决方式，加之由于法官自身的专业局限性，对于专业性较强的学术判断行为的具体标准难以把握。有受访法官强调，司法介入高校事务，不是侵越高校职能，而是侧重法治角度，保护教师和受教育者的权利，监督高校依法行使权力，保障学术自由，但是鉴于高校学术评价的特殊性，司法只能审查形式和程序的合法性，而不能审查实质内容的合法性。同时，该法官还强调，高校与教师、学生之间涉及学术方面的纠纷，不是单纯的法律问题，不能仅仅依靠法律救济，还要完善校内申诉、仲裁和行政复议等救济渠道。还有法官透露，近年来他所在的法院共受理关于高校的一审人事争议案件11件、二审人事争议案件6件。该法官指出，由于在高校法律地位上认识不统一，高校教师法律地位不明确，司法介入往往仅限于程序方面及校纪校规等是否合法合规，而对关涉学术方面引发的人事争议法院则无能为力，所以，特别是涉及学术方面的人事纠纷教师胜诉率比较低，权利救济难度较大。

（5）访谈总结

通过访谈调查，我们可以看出，由于高校教师法律地位不明确，导致高校与教师之间法律关系不清晰，从而在高校实施教师聘任制的过程中，引发高校与教师之间诸多的争议和纠纷。这些纠纷主要集中在职称／职务评审、工资福利、考核奖惩、培训深造、人才流动、辞职辞聘等方面。这也从一个侧面印证了图4-1所反映的高校人事纠纷案例的现实情况。当这些人事纠纷发生时，教师往往处于弱势地位，教师的权益会受到不同程度的侵害，挫伤了教师的工作积极性，也不利于高校的发展与稳定。因此，高校人事制度改革必须要厘清教师的法律地位，对教师的权利和义务进行澄清，并要进一步完善教师权益救济的渠道，从而切实保障教师的合法权益。

（三）本书对中国高校教师法律地位的界定

通过上述调查访谈并综合学界关于高校教师法律地位的几种观点和各方面因素，本书认为，要想从根本上解决中国高校教师的法律地位定位模糊问题，必须从国家层面出台《学校法》，设立学校法人，在《学校法》对教师的法律地位进行准确定位，明确规定教师的权利和义务。因此，本书认为，教师是在学校法人中履行教育教学职责的专业技术人员，享有宪法和法律赋予公民的基本权利和义务，教育法律法规还赋予其教育教学方面的权利和义务。高校教师是在学校法人中享有宪法和法律赋予的基本权利和义务以及高等教育教学方面权利和义务的专业技术人员。这一定位主要基于以下两个方面的原因：

一方面，学校法人中履行教育教学的专业技术人员，这一定位准确表述了教师的职业特点和法律上享有的权利和义务。《学校法》能够填补现行教育法律在学校、教师法律地位方面定位不清，权责不明的缺陷，同时，出台《学校法》也是中国教育发展的客观需要和必然趋势。将高校教师的法律地位定位为学校法人中履行高等教育教学的专业技术人员，切合高校的组织特性和教师学术职业特点，又能够与工勤技能人员相区别。

另一方面，学校法人中履行高等教育教学的专业技术人员，这一定位符合我国高校人事制度改革走向。高校教师的法律地位具有类似公务员和劳动者双重性质并存其中，既有公益性的公务特点，又有一般劳动者的特点。比如，教师的教育教学权实质上就是法律法规赋予其行使的一种公权力，具有公务特性；教师在与学校签订合同时，双方是平等主体，享有宪法赋予的基本权利和义务，具有一般劳动者的特性。虽然两种身份属性并存，但是不能就此简单地认为高校教师是公务员或者是劳动者。依据《公务员法》的规定，教师不属于公务员，教师也不是《劳动法》所指的"劳动者"。因此，只有在《学校法》中对教师的法律地位重新定位，才能够打破现行法律规定的僵局，也能够为教师权利救济通过发源性支撑。

三、高校与教师法律关系的本质及其特征

近年来，在中国高等教育体制转型和高校人事制度改革过程中，因职称评聘、管理等引发多起高校与教师之间的人事纠纷案件。这些人事纠纷既影响了教师的合法权益又扰乱了高校正常的教学秩序，使得高校与教师双方都感到"无处讨个说法"。在司法实践上对此也莫衷一是，法院对是否受理该类人事纠纷尚未达成共识，有的法院认为应当受理，有的则不予受理。在高等教育法律关系中，高校与教师的法律关系是其中最重要的内容，迫切需要从法理上得到解释和澄清，否则，就会成为困扰高校和教师双方的难题。

（一）高校与教师法律关系的几种观点分析

目前，关于高校与教师的法律关系在相关的法律法规中没有明

确的规定，因而在学术界和司法实践上尚存争议，未能达成共识，主要有：行政法律关系、民事法律关系、混合法律关系、劳动合同关系等几种代表性的争议观点。

"行政法律关系"观点，将高校视为法律法规授权组织，法律法规赋予高校行使一定的行政管理职权，高校作为行政主体行使法律法规赋予的权力，高校与教师之间构成行政法律关系。比如，有学者认为，高校是依据我国法律基于服务公共事业而设立的独立法人，法律赋予其一定的行政权力，高校与教师签订聘用合同的目的是基于双方依约履行教学、科研及管理等工作事务，这些工作事务属于高校公务，高校与教师之间是行政法律关系；还有学者认为，高校在法律授权下作为"授权主体"，行使聘任教职工并实施管理、招收学生并对其进行管理和处分等权力，与教师、学生构成的法律关系具有行政法律关系。

"民事法律关系"观点认为，《教育法》《高等教育法》赋予高校管理教师的权利，但不能据此就认为高校具备行政主体资格，作为一个组织或法人，其存在和运作的前提都必须伴随内部管理行为，高校对教师的管理属于内部管理行为，而不是行政法学上行政职权所指的管理社会公共事务的对外管理行为。高校这一社会组织的功能在于人才培养、科学研究、社会服务，而不是或不主要是为了承担或完成一定行政职能和行使行政职权。双方遵循平等自愿原则签订的聘用合同属于民事合同的范畴，双方的权利和义务对等，从而构成民事契约关系并受契约条款的限制。比如，褚宏启认为，高校内部行政管理与行政机关的行政管理性质不同，前者是管理高校内部事物的私人行政，后者是行政主体管理社会公共事务的公共行政，因此，高校与教师之间是民事法律关系。

"混合法律关系"观点认为，高校与教师签订的聘用合同兼具行政性、专业性、契约性的特征，高校既是民事主体，又是行政主体，高校与教师之间形成兼具民事和行政的混合法律关系。比如，杨挺认为，教师的聘任合同属于民事和行政双重特性的混合合同，在因聘用合同引发的人事纠纷时，涉及国家公共权力的部分，采取行政复议和行政诉讼的渠道解决，涉及双方私利的报复，通过行政仲裁和民事诉讼的渠道解决。

"劳动合同关系"观点认为，聘任制是建立在聘用合同基础上的契约式管理，依据《劳动合同法》第2条、第96条的规定，高校实行教师聘任制，与教师签订的聘用合同在本质上是一种劳动合同，高校与教师之间建立的是劳动合同关系。比如，杨颖秀认为，在现行法律中，仅对教师聘任制做了概括性的规定，并无可依据的法律细则进行具体操作，因此高校与受聘教师建立的劳动关系应当适用《劳动合同法》的相关规定。

上述关于高校与教师法律关系的几种观点都具有一定的合理性，都是从某一个视角表述了高校与教师之间的法律关系，但是这几种观点都具有一定局限性。"行政法律关系"观点能够提升高校教师的社会威望，彰显其专业特点和职业特性，然而聘用合同是确定双方关系并约定各自权利义务，在合同的变更和解除上高校不具有行政优益权，所以它不完全等同于行政合同。"民事法律关系"观点将高校与教师居于平等的主体地位，在一定程度上维护了教师的权利，但是当教师职称评聘等权益受到侵害，不利于其法律救济。"混合法律关系"观点在理论上似乎可以自圆其说，但在实践上缺乏可操作性，因为合同具有整体性，其内容相互联系紧密，难以理清哪些内容属于公共权力部分，哪些内容属于双方私利部分，即使能够进行上述区分，在处理纠纷时，一部分通过行政复议和行政诉讼解决，一部分通过行政仲裁和民事诉讼，这种做法容易导致两部分处理结果相互矛盾。"劳动合同关系"观点争议较大，有学者认为，高校教师在法律身份上不同于工商企业职工，况且目前高校教师尚不具有适用《劳动法》《劳动合同法》明确规定的"劳动者"身份，因此，高校与教师的关系是否适用《劳动合同法》应当存疑。[①]

（二）高校与教师法律关系状况的问卷调查

学术界和司法实践上的争议，使得目前高校与教师之间的法律关系处于模糊状态。加之教师聘任制实施以来，关于教师聘任制的实施办法或细则尚未出台全国统一的标准，各高校在实施教师聘任制的过程中做法不一。为了掌握当前聘任制下高校与教师法律关系的真实状况，本论文进行了问卷调查。

（1）问卷调查的目的、样本抽样方法及样本分布

本次问卷调查的目的主要是了解中国高校人事制度改革过程中，特别是教师聘任制实施以来高校与教师法律关系的状况。问卷调查主要围绕现阶段聘任制下高校与教师法律关系中涉及双方的权利和义务方面的聘用合同、高校内部管理制度、教师权益救济等内容。同时，还包括被调查者的个人资料信息。为保证样本广泛的代

---

① 刁慧娜. 高校教师劳动合同法律适用问题研究［D］. 吉林大学，2011.

表性，本次问卷调查样本采取非随机抽样的办法，从东部、中部、西部、东北等地区选取北京、上海、湖北、甘肃、四川、辽宁等6省（市）的30所公办普通本科高校，通过电子邮件等方式对这些高校在编在岗教师进行调查。每个省（市）分别选取5所高校，其中包括985高校、211高校和一般普通本科院校（见表4-8）。

表4-8 问卷调查对象所属高校分布

省（市）	高校	发放问卷	回收问卷	省（市）	高校	发放问卷	回收问卷
北京	北京大学	15	13	湖北	武汉大学	15	15
	清华大学	15	15		华中科技大学	15	15
	北京师范大学	15	15		中国地质大学	15	15
	对外经济贸易大学	15	14		武汉理工大学	15	15
	首都师范大学	15	15		武汉工程大学	15	15
上海	复旦大学	15	15	四川	四川大学	15	14
	上海交通大学	15	14		电子科技大学	15	13
	华东师范大学	15	15		西南交通大学	15	15
	上海外国语大学	15	14		四川农业大学	15	15
	上海应用技术大学	15	14		四川师范大学	15	15
甘肃	兰州大学	15	15	辽宁	东北大学	15	14
	西北师范大学	15	15		大连理工大学	15	14
	西北民族大学	15	14		中国医科大学	15	14
	兰州理工大学	15	15		东北财经大学	15	15
	兰州交通大学	15	14		沈阳师范大学	15	15

（2）问卷调查的设计、试测与修正

本次调查采取封闭式问卷的方式，根据调查目的和调查对象的特点，围绕所要调查的问题，与导师沟通交换意见，反复讨论并修改调查问卷。问卷的设计遵循如下的步骤：首先，列出需要收集的信息，明确哪些信息是可以通过问卷获得，并充分考虑调查实施过程中的一些限制性条件，将要调查的问题具体化为可以度量的指标，根据这些指标编制问卷。比如，将高校与教师之间的权利和义务问题分解为："是否与任职的学校签订书面聘用合同""合同签订之前学校是否与您就合同条款内容进行协商""签订聘用合同时是否可以对合同条款提出修改意见""聘用合同中权利和义务是否对等"等具体信息进行提问。其次，确定问卷中问题的内容、形式及问题的表述、问题的顺序和问卷版式安排等。再次，问卷初稿形成后，将其发送给5位具有这方面实践经验的教授、副教授评审，根据评审结果，在导师的指导下对问卷进行修改。最后，将修改后的问卷在华中科技大学进行测试，通过SPSS18.0统计软件进行分析，统计时采取列删的方法，删除带有缺失值的试测样本，根据测试结果对问卷进行评估和修订，剔除掉区分度、信度和效度不高的题目，并对问题内容、问题类型、语言表述、题目次序等方面进行修改，最终形成正式的调查问卷。正式的问卷共计18个题目，分为四个部分：题目1—5是调查对象的基本信息；题目6—11是关于聘用合同方面的问题；题目12—15是关于高校内部管理制度方面的问题；题目16—18是关于教师权益救济方面的问题（参见附录2）。

（3）问卷调查的实施、回收与数据录入

本次问卷调查是通过邮寄纸质问卷、电子邮件、QQ、微信等多种渠道发放，在导师、同学、同事的大力支持与帮助下完成的。本次问卷调查共计发送问卷450份，收回有效样本436份，有效率为96.9%。本次问卷调查数据录入运用EpiData3.1软件，并通过SPSS18.0软件统计分析。

（4）问卷调查的信度和效度检验

本次问卷调查采用同质性信度指标，即Cronbach's Alpha系数。同质性信度，即内部一致性信度，是检测内部所有题目之间的信度关系，考察各题目是否检测了相同的内容或特质。Cronbach's Alpha系数是目前使用较多的同质性信度计算方法。Cronbach's Alpha系数（0<α<1），如果α<0.6，一般认为内部一致性信度不足，如果是0.7≤α≤0.8，则表示问卷具有较高的信度，如果是0.8≤α≤0.9，说明问卷信度非常好。从表4-9的Cronbach's Alpha系数α值来看，本次问卷的各项维度的α系数值是0.768≤α≤0.893，总问卷的α=0.935。由此说明，本次问卷具有很好的信度。

表4-9 信度检验Cronbach's Alpha系数

题目维度	题目编号	Cronbach's Alpha系数
书面聘用合同签订	6	0.893
合同条款内容协商	7	0.878
提出修改合同意见	8	0.812
合同权利义务对等	9	0.801
工会签订集体合同	10	0.768
工作条件劳动保护	11	0.792

续表

题目维度	题目编号	Cronbach's Alpha系数
内部民主管理程度	12	0.837
参与民主管理活动	13	0.842
行政干预教学科研	14	0.789
学校信息公开情况	15	0.874
工会教代会维权作用	16	0.821
工会教代会维权期望	17	0.783
选择权益救济途径	18	0.876
总问卷		0.935

数据来源：运用SPSS18.0软件统计整理。

本次问卷调查采用内容效度和结构效度相结合的方式。从内容效度来看，问卷项目的选编和筛选是在大量文献研究和相关调查的基础上，经与导师反复研究讨论做出初步设计，再经过有实践经验的5位教授、副教授进行同行评审，提出修改意见，增删和修改相关性差、表述不清、容易引起歧义或误解的内容，最后确定所有条目都能够准确表达所要求的内容。因此，本次问卷具有较好的内容效度。从结构效度来看，KMO值为0.896，Bartlett检验值为2298.837（见表4-10）。根据Kaiser给出的KMO度量标准：KMO取值在0和1之间，KMO值<0.7不适合因子分析，KMO值在0.7—0.8适合，0.8—0.9很适合，0.9—1非常适合，Bartlett $p \leq 0.01$适合。因此，表4-10的数据表明，本次问卷具有很好的结构效度。

表4-10 KMO值与Bartlett检验

指标		数值
KMO（Kaiser–Meyer–Olkin）	Measure of Sampling Adequacy	0.896
Bartlett's Test of Sphericity	Approx. Chi–Square	2298.837
	df	435
	Sig.	p=0.000

数据来源：运用SPSS18.0软件统计整理。

（5）问卷调查的结果分析

在接受问卷调查的高校教师中，男教师187人，占样本总数的43%；女教师249人，占样本总数的57%。从年龄结构看，主要分布在31—40岁、41—50岁两个年龄段，分别占样本总数的45%、27%，30岁以下和51岁以上分别占样本总数的19%、9%（见图4-2）。从学历结构看，本科、硕士、博士学历层次的教师分别占样本总数的16%、47%、37%（见图4-3）。从职称结构看，中级和副高职称的教师居多，分别占样本总数的43%、38%，初级和正高职称的教师分别占样本总数的11%、8%（见图4-4）。从任职时间看，主要集中于5年以下、6—10年、11—15年这三个时间段，分别占样本总数的20%、26%、21%，任职时间在16—20年和21年以上这两个时间段的受访教师分别占样本总数的19%、14%（见图4-5）。

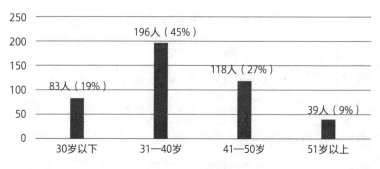

图4-2 受访教师年龄结构

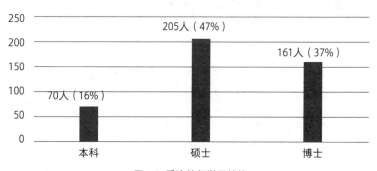

图4-3 受访教师学历结构

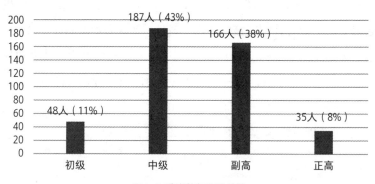

图4-4 受访教师职称结构

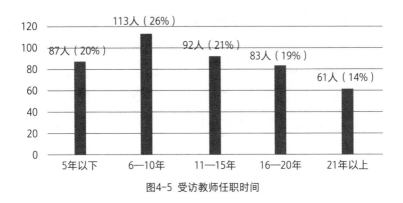

图4-5 受访教师任职时间

首先，关于聘用合同。问卷统计数据显示，绝大部分高校教师都与其学校签订了书面聘用合同。有427位受访教师表示与高校签订了书面聘用合同，占样本总数的98%，只有9位受访教师表示因学校合并或校办产业关、停、并、转等历史遗留问题未能签订书面聘用合同，占样本总数的2%。有214位受访教师表示，在签订聘用合同时，学校完全没有与其协商聘用合同条款，占样本总数的49%；有174位受访教师表示学校基本没有与其协商聘用合同条款，占样本总数的40%；只有48位受访教师表示学校与其协商聘用合同条款，占样本总数的11%（见图4-6）。在受访的436位教师中，有362位教师反映，签订合同时教师不能对合同条款提出修改意见，占样本总数的83%，仅有74位教师表示能够对部分合同条款提出修改意见并被采纳，占样本总数的17%。调查中还发现，有235位受访教师认为聘用合同中教师义务大于权利，占样本总数的54%；有118位受访教师认为合同中权利和义务几乎对等，占样本总数的27%；有83位受访教师表示对教师的权利和义务不是很清楚，占样本总数的19%（见图4-7）。

　　问卷调查表明，高校教师在聘任过程中处于弱势，缺乏话语权，聘用合同从形式上来看是平等的，但实质上不平等。同时，调查发现，集体合同缺失，缺乏工会代表教师集体与学校签订的合同，仅有教师个人与学校签订的聘用合同。集体合同缺失往往导致高校履行责任缺乏监督，教师个人无法与学校抗衡，不利于教师维权。调查还发现，在高校与教师签订的聘用合同中，关于工作条件和劳动保护方面的条款很少或者没有，仅有5%的受访教师表示合同中有此方面条款。

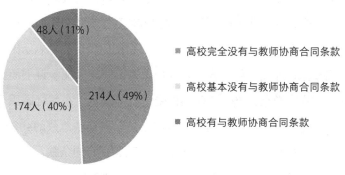

图4-6 聘用合同条款协商的调查统计

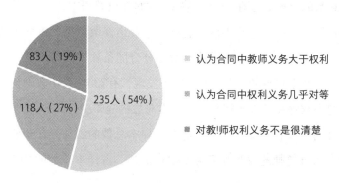

图4-7 对合同中权利义务认识的统计

其次，关于高校内部管理制度。问卷统计数据显示，有266位受访教师认为仅有小部分管理制度实行民主管理，占样本总数的61%；有161位受访教师认为学校内部管理制度基本没有实行民主管理，占样本总数的37%；只有9位受访教师认为全部实行民主管理，占样本总数的2%（见图4-8）。在教师参与学校民主管理问题上，有44位受访教师表示非常关注、积极参与学校民主管理，占样本总数的10%；有170位受访教师表示比较关注、有时参与学校民主管理，占样本总数的39%；有222位受访教师表示不太关注、不多参与学校民主管理，占样本总数的51%（见图4-9）。同时，调查还显示，有79%的受访教师认为教学科研活动受学校行政管理部门的干预过多；有81%的受访教师认为，在聘任制度的政策制定过程中信息不对称，学校没有及时向教师公布相关信息，公正性和公开性有待加强。

问卷调查显示，现行体制下形成的以行政权力为主导的高校，其运行和管理带有浓重的行政色彩，教师对学校内部民主管理的参与度不高。《高等教育法》《教师法》关于高校实行教师聘任制遵循双方平等自愿原则做了规定。但这只是原则性规定，至今尚未制定全国统一的关于教师聘任制的具体实施细则或步骤，各高校自行制定实施的具体办法。调查发现，教师聘任制具体实施细则，诸如聘任条件、续聘、解聘等，主要是通过高校内部管理规章制度来确定，而非通过聘任合同。聘任合同的签订、内容、履行等均是通过高校内部管理制度来实现。

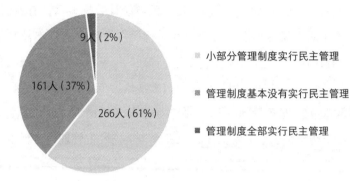

图4-8 高校内部民主管理的调查统计

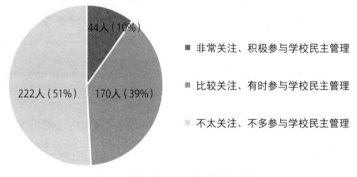

图4-9 教师参与民主管理的调查统计

　　最后，关于教师权益救济。问卷统计数据显示，有274位受访教师认为工会、教代会在维护教师权益方面仅偶尔发挥作用，占样本总数的63%；有118位受访教师认为工会、教代会在维护教师权益方面未曾发挥作用，占样本总数的27%；只有44位受访教师认为工会、教代会在维护教师权益方面经常发挥作用，占样本总数的10%（见图4-10）。在教师对工会、教代会等机构维护教师权益的期望方面，调查统计显示，有283位受访教师表示非常希望工会、教代会成为维护教师合法权益的重要力量，占样本总数的65%；有114位受访教师表示比较希望工会、教代会成为维护教师合法权益的重要力量，占样本总数的26%；也有39位受访教师表示无所谓，占样本总数的9%（见图4-11）。

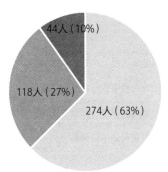

图4-10 工会、教代会维权作用的调查统计

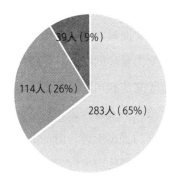

图4-11 对工会、教代会期望的调查统计

在发生聘用合同纠纷，采取何种途径进行救济，调查发现，有104位受访教师表示不清楚能否提起劳动仲裁或者人事仲裁，占样本

总数的24%；有140位受访教师认为劳动争议仲裁和人事争议仲裁都可以提起，占样本总数的32%；有153位受访教师认为只能提起人事争议仲裁，占样本总数的35%；还有39位受访教师认为只能提起劳动争议仲裁，占样本总数的9%（见图4-12）。

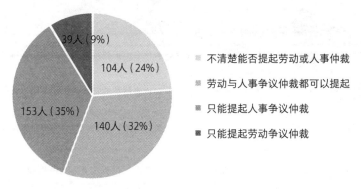

图4-12 聘用合同纠纷救济途径的调查统计

　　问卷调查表明，在维护教师合法权益方面，高校工会、教代会、学术委员会等机构没有发挥应有的作用，而教职工则希望在维护合法权益上工会、教代会等能够成为重要力量。同时，对于聘用合同纠纷，采取何种途径的法律救济，鉴于立法和司法实践上尚未形成共识，导致教师在权益救济方面无所适从。《教师法》规定，教师合法权益受到侵害，可以向教育行政部门提出申诉，但是由哪个机构受理申诉、遵循何种程序、按照何种规则处理申诉，法律没有明确规定。事业单位与其工作人员因解除人事关系、履行聘用合同发生的争议在适用法律问题上，《人事争议处理规定》和最高人民法院的司法解释不一致。《人事争议处理规定》规定上述的人事争议适用该规定，最高人民法院的司法解释强调上述人事争议适用

《劳动法》相关程序规定。在相关法规与司法解释不一致的情况下，往往导致当事人在申诉、人事仲裁、行政复议和行政诉讼等救济途径的选择上难以适从，教师的合法权益难以得到真正的维护。

（6）问卷调查总结

上述问卷调查基本上反映出当前聘任制下高校与教师之间法律关系的一般概况。从总体上来看，随着高校人事制度改革的深入推进，高校教师聘任制逐步走向法治化，各高校在教师聘任的程序上不断规范，聘用合同内容不断完善，教师的合法权益在一定程度上得到保障。但是，由于目前对高校与教师之间法律关系的本质及其特征认识上不统一，定位不清晰，高校与教师双方的权利义务不明确，因而导致双方在签订聘用合同时出现形式上平等而实质上不平等的情况发生，教师的一些权益得不到切实的维护。同时，也使得高校与教师签订的聘用合同的法律属性问题难以定论，导致教师权利受到侵害时，权利救济的法律适用问题成为难题。因此，必须对高校与教师之间法律关系的本质与特征进行明确界定。

（三）高校与教师法律关系的本质与特征

根据中国高校人事制度改革关于教师聘任制的相关法律法规和政策文件，本书对聘任制下高校与教师之间法律关系的本质与特征进行如下的界定和分析。

（1）高校与教师法律关系的本质

1994年颁布的《劳动法》及同年国家劳动部发布的《关于全面实行劳动合同制的通知》奠定了高校人事制度改革的基本框架。1999年人事部提出，在事业单位推行人员聘用制度。1993年颁布的《教师法》、1995年颁布的《教育法》均规定学校逐步实行教师聘任制。1998年颁布的《高等教育法》第48条明确规定，高校实行教师聘任制。2000年人事部颁布《关于深化高等学校人事制度改革的实施意见》，该意见要求在高校工作人员中全面推行聘用（聘任）制度。2002年国务院颁布《关于在事业单位试行人员聘用制度意见的通知》，该通知规定了实施聘用制度的基本原则、实施范围、聘用程序、聘用合同内容、解聘辞聘等。2008年颁布的《劳动合同法》第96条明确规定了事业单位与其聘用制工作人员在订立、履行、解除或变更及终止劳动合同等方面的事宜。同时，最高人民法院对事业单位与其工作人员之间发生的人事争议，适用相关法律问题也做了司法解释。

基于上述法律法规和政策文件的精神，并结合前面关于高校与教师法律关系的几种观点及问卷调查的结果，本论文将聘任制下高校与教师之间的法律关系在本质上定位为聘用合同关系。

一方面，聘用合同关系定位符合聘用制施行的目的。推行聘用制是要建立高校内部竞争与激励机制，在高校人才资源配置中充分发挥市场的基础性作用，在竞争中形成高校与教师之间"自主用人"和"自主择业"的平等双向互动，从而达到提高办学效益和提升教育教学质量的目的。高校与教师关于岗位工作任务和相应的福利待遇磋商一致，双方以合同的方式规约各自的权利义务。聘用合同是高校与教师双方达成的契约或协议，契约的履行符合双方各自的利益要求，若教师不愿或不能如约履行合同约定的岗位工作任务，高校可依约解聘该教师，若高校不愿或不能按照合同约定提供相应的福利待遇，教师则可依约解除与高校的聘用关系。在聘用合同的约束下，双方享有各自权利同时履行相应的义务，教师为了自己的工作岗位和经济收入，会努力完成本职工作，高校为了吸引人才和稳定教师队伍，会尽可能地为教师提供良好的工作环境和福利待遇，激发教师工作积极性，提高教学质量、增强办学效益。

另一方面，聘用合同关系定位符合高校人事制度改革的客观要求。法律是调整社会关系的一种重要的社会规范。在法治社会中，高校与教师的法律关系理应归由相应的法律来调整。长期以来，中国高校对教师的管理实行类似公务员的管理模式，但是《国家公务员暂行条例》《公务员法》均未将教师列入其调整的范围。《劳动法》也将教师排除在适用范围之外。《教师法》《教育法》《高等教育法》等法律中关于教师聘用方面仅做了一些原则性的规定。这种状况导致目前聘任制下高校与教师的法律关系缺乏刚性、法源性法律规范的支持，调整和规范二者的法律关系往往主要依据国务院及其相关部委的政策性指导文件或规章，使得高校内部法权关系缺乏法律上的支撑。当双方之间因管理、聘用等引发争议时，彼此都感到"无处讨说法"。司法机关对此类纠纷是否受理、以何种方式受理意见也不一致。因此，聘用合同关系的定位，借助于刚性、法源性法律规范的力量，有利于推进高校人事制度改革。同时，将聘任制下高校与教师之间的法律关系定位为聘用合同关系，还能够彰显高校的公益性特征和教师的专业特性及学术自由，使之有别于企业与职工的劳动合同关系。

（2）高校与教师法律关系的"主体阶段性"特征

在聘任制条件下，高校与教师的法律关系在本质上属于聘用合同关系。由于高校的组织特性和教师的学术职业特点，使得高校与教师之间的这种法律关系不同于一般组织与其成员之间的法律关系。一方面，高校作为实施高等教育的社会组织，是学者的社团、探索与传播高深学问的场所，承担着人才培养、科学研究、社会服务的公共职能；另一方面，高校教师是一种学术职业，是从事学术活动、以学术作为物质意义上的职业的人，从事着高深知识的加工、传播、创造和应用工作，其工作具有探究性、自由性、自主性的特点。因此，在法律关系上，高校与教师的关系，既不同于企业与其员工之间的关系，也不同于政府与其公务员之间的关系，而是呈现出"主体阶段性"的特征，即以聘用合同的签订为时间节点，合同签订之前（以下简称"聘前"），高校作为民事主体，与教师在平等协商基础上达成合意，高校与教师之间具有民事法律关系的特征；合同签订之后（以下简称"聘后"），在高校对教师实施管理的过程中，高校作为法律法规授权的行政主体履行公共行政职权，高校与教师之间具有行政法律关系的特征；在特定情况下，高校受教育行政部门委托，作为被委托主体，代替教育行政部门行使职权，这时高校与教师之间具有委托行政法律关系的特征。这些特征在具体的教师聘任制度、教师职务制度、教师资格制度中表现的尤为明显。

一方面，在聘前阶段，高校作为学校法人，具有民事主体地位，高校与教师在平等自愿基础上，按照合同约定确认双方各自的权利和义务，高校与教师之间具有民事法律关系的特征。

高校教师聘任制是在国家法律制度下，高校与教师基于平等自愿原则，双方以聘用合同确立各自权利和义务的教师管理制度。教师聘任制是高校人事制度改革的核心。《教师法》《教育法》《高等教育法》均明确规定实行教师聘任制，这为高校教师聘任制实施提供了法源性的法律依据。在高校教师聘任过程中，遵守双方地位平等的原则。在聘任制实施过程中，高校作为自主聘任权的主体，教师职务自主受聘权的主体，双方具有平等的主体地位，双方充分协商，基于意见一致或互相同意建立聘用关系，在权利和义务方面双方是对等的，双方以共同意愿为前提，在这一点上，民事法律关系特征更明显一些。聘用关系的建立是以高校与教师签订的聘用合同为事实依据，聘用合同充分体现了高校的聘任决定权和教师的自主选择权。高校依据实际需要，制定招聘教师的条件和职务、职位要求及待遇情况，接受竞聘者报名并对其资格审查、考核，择优录用。具备资格和符合条件的公民根据自己实际情况决定应聘或拒聘。双方在共同意思表达的基础上签订聘用合同。在合同存续期间，双方遵守合同内容，依约行使权力，履行义务。聘用合同期满，双方聘用关系解除。聘用期间，因教师辞职或学校解聘，也会导致聘用关系终止。

另一方面，聘后阶段，在高校对教师实施管理的过程中，特别是教师职务任职资格评审工作中，高校作为学校法人，具有行政主体地位，享有法律法规授予的行政权力，高校与教师之间具有行政法律关系的特征（见图4-13）。

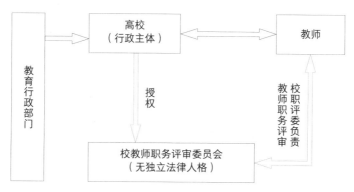

图4-13 高校与教师之间行政法律关系

　　高校教师职务制度是根据高校教育教学、科学研究等任务而设置的工作岗位的规程或行为准则。高校教师职务评审是一项行政权力。《教师法》第16条、《高等教育法》第47条均规定，实行教师职务制度，具体办法、任职条件等由国务院制定。《高等学校教师职务试行条例》第14条规定，国家教育部指导全国的高校教师职务任职资格评审工作，省级成立高校教师职务评审工作委员会，在各地职称改革工作领导小组领导下，负责辖区内高校教师职务任职资格评审工作。根据该条例规定，不同层次、不同类型高校的教师职务评审权限不同。法律法规依据不同高校的师资、科研水平和整体实力授予高校具有的教师职务评审权限不同。因此，高校作为学校法人，法律赋予其行政职权，具有行政主体资格，高校与教师之间具有行政法律关系的特征。若在职务评审过程中，教师认为其合法权益受到侵害，可依法提起申诉或诉讼。虽然目前法律没有对高校教师职务评定行为做出明确规定，但可依据《行政诉讼法》第12条的规定，提起行政诉讼。最高人民法院对《行政诉讼法》的受案范围做了进一步的解释和扩展。将高校教师职务评审纳入司法审查范围，有利于保护高校教师的合法权益，依法监督高校行政权力正确行使。

　　另外，在特定情况下，尤其是在高校教师资格认定工作中，教育行政职能部门委托一些具备条件的高校，这些高校作为被委托主体，以委托的教育行政机关的名义，实施高校教师资格认定，并向合格者颁发高校教师资格证书，高校与教师之间具有委托行政法律关系的特征（见图4-14）。

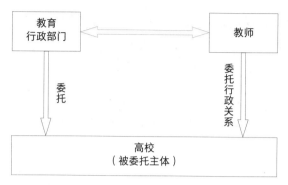

图4-14 高校与教师之间委托行政法律关系

　　教师资格证书制度是国家对教师实行的职业资格认定制度。《教师法》第13条规定，高校教师资格由国家教育部或省级教育厅（教委）或由其委托的学校认定。《教师资格条例》第9条规定，受国家教育部或省级教育厅（教委）委托的高校负责认定本校任职的人员或拟聘人员的高校教师资格。国家教育部或省级教育厅（教委）受理、认定申请者的高校教师资格，并向合格者颁发资格证书。为了提高行政效率，降低行政成本，在教育行政管理过程中，国家教育部或省级教育厅（教委）将一些专业性、技术性较强的行政管理事务委托给学校或其他机构来行使。因此，具备条件的高校在教师资格认定中，作为受托人，在国家教育部或省级教育厅（教委）委托的范围内，实施高校教师资格认定。在行政委托中，高校作为受托人，其权力来源于教育行政职能部门的委托，它是一种行政合同行为，委托的成立需要征得受托高校的同意，受委托的高校只能以委托机关的名义行使行政权力，其行为后果由委托的教育行政机关承担。申请人在高校教师资格认定过程中，如果认为教育行政部门或高校侵犯了自己的合法权益，可以依据《行政复议法》第2条，《行政许可法》第5、第12、第39、第54条，《行政诉讼法》第12条的规定，提起行政复议或行政诉讼。

在应然的状态下，高校与教师在聘任过程中是平等主体，但是在实然的状态下教师很难以平等主体身份与高校平起平坐。在教师职务评审、教师资格认定中，高校与教师之间具有明显的行政法律关系、委托行政法律关系，教师作为行政相对人，高校作为被授权的行政主体、被委托的行政主体，双方之间法律地位不对等，教师必须服从学校的命令和安排。同时，法律法规赋予高校拥有管理教师的职权。作为管理者，高校处于领导、管理的地位，教师处于被领导、被管理的地位，双方的地位不平等；作为聘任者，高校与受聘教师又是平等主体，基于共同的意思表示达成聘用合同。这样就形成了高校拥有管理者和聘任者双重身份的微妙格局。在这种微妙格局下，高校往往借助行政手段干预聘任过程，导致形式上的平等协商和实际上的教师被动局面。

四、高校与教师法律关系中聘用合同属性

在聘任制条件下，聘用合同规约高校与教师的权利和义务，是双方法律关系建立的依据和载体。聘用合同的法律属性直接关系到高校与教师在签订、履行、终止合同过程中所处的法律地位、权利、义务及合同纠纷解决的途径，是教师权利救济的关键。聘用合同性质不同，法律后果迥异，法律救济途径大相径庭。然而，现行

的法律体系尚未明确界定聘用合同的法律性质，使得高校教师受损的权益不能及时地获得救济，这有悖于建设法治中国的基本原则与要求，聘用合同的法律性质亟待明晰。

（一）高校教师聘用合同的现状

"合同"又称为契约、协议。不同法系的法典对其释义不同，大陆法系将其视为一种合意，一方当事人对另一方当事人负担给付某物、作为或不作为的债务，或一种相互对立的两个以上意思表示合意所成立的法律行为；英美法系将其视为一个或一系列允诺，违反该允诺将由法律给予救济，履行该允诺是法律所确认的义务。我国《民法通则》第85条、《合同法》第2条规定，合同是平等主体的当事人之间民事权利义务关系意思表示一致的协议。

"聘用合同"最初见于《关于在事业单位试行人员聘用制度意见》，该意见提出聘用单位与受聘人员应遵循平等、自愿、协商的原则签订聘用合同，并且在其中明确规定双方的权利和义务。在聘用制度施行之初，聘用合同这一概念使用较为混乱。在《事业单位试行人员聘用制度有关问题的解释》中，要求事业单位与其职工都必须签订聘用合同。《人事争议处理规定》《事业单位人事管理条例》《劳动合同法》等法律法规中均有关于聘用合同的相关条款。在这些法律法规中关于聘用合同内涵与外延比较模糊，没有做出明确界定，大致在三个层面上使用：广义层面的聘用合同，是指劳动合同，我国《劳动合同法》第2条将在国家机关、事业单位、社会团体中不占用国家编制、工资不由公共财政拨付的工作人员与其工作单位之间确定劳动权利义务关系的聘用合同按照普通劳动合同对待；狭义层面的聘用合同，是指除参公管理之外的事业单位和使用事业编制的社会团体与其录用的编制内工作人员签订的合同，不包括工勤、编制外人员签订的录用合同；中观层面的聘用合同，是指除包含狭义的聘用合同外，还包括国家机关和聘任制公务员之间签订的录用合同。本论文所指的聘用合同是狭义层面的聘用合同。

关于高校教师聘用合同的法律性质，目前主要存在以下几种争议观点：

一是"行政合同"观点。基于事业单位的公益性，该观点认为，在性质和管理方式上，事业单位不同于工商企业，其工作人员具有较强的专业性和公务性，高校作为法律法规授权的行政主体，拥有对教师的聘任权和行政管理职能，因而，高校与教师签订的聘用合同具有行政合同的特征，或视为公法合同。比如，杨建顺认为，高校特殊的法律地位决定了其与教师缔结的契约具有浓郁的公法色彩，不同于一般的民事合同，应将其视为公法合同。褚宏启认为，高校与教师签订聘用合同是基于完成教学、科研及管理等公共事务，合同双方的地位不对等，故而应将聘用合同定性为行政合同。

二是"劳动合同"观点。该观点认为，从合同的形式、内容及其权利义务上来看，高校与教师之间签订的聘用合同应属于《劳动法》调整的范畴，它实质上是教职工的劳动合同。比如，劳凯声（2002）认为，劳动法是劳动领域的基本法，它统领一切劳动关系，高校与教师的关系在本质上也属于劳动关系，可以适用劳动法。刘祥国（2006）认为，事业单位聘用合同本质上是劳动合同，两者的主体、调整的关系、权利义务等方面具有共同性。

三是"民事合同"观点。该观点认为，聘用合同属于一般的民事合同，因为高校不是《劳动法》意义上的用工主体，聘用合同不属于劳动合同，不适用《劳动法》等有关劳动方面法律法规的调整。[①]

四是"混合合同"观点。该观点认为，高校与教师签订的聘用合同是兼具行政和民事双重合同特征的特殊合同。该观点指出，不能单纯地将聘用合同视为行政合同或民事合同，高校与教师之间是介于行政和民事两者之间的特殊法律关系，因此聘用合同具有双重特性。比如，周光礼（2003）认为，在签订聘用合同之时，双方遵循契约自由原则，较多体现私法特征，合同签订之后，双方遵循公益优先原则，具有浓厚的公法特征。

上述几种关于聘用合同的观点都有一定的合理性，各自从不同的视角揭示了聘用合同的某些具体特征，但是都存在一定的局限性。"行政合同"的观点，过分强调了高校的行政职能，没有注意到高校作为事业单位并非行政机关的现实，高校不是真正意义上的行政主体。高校只是在某些事务上，比如教师职务评聘、行政处分权等方面，可以看作是法律法规授权的组织，具有行政主体的特性，但这属于学校内部管理行为，而不是对外管理的行政职权。行政主体的一个必要条件是具有对外的行政职权，而高校没有此权力。"劳动合同"的观点，当前持该观点的人比较多，不可否认，聘用合同与劳动合同存在很多共性，比如合同的平等主体、订立原则与程序、内容条款等方面基本相同，但是该观点忽略聘用合同特殊性的一方面，没有意识到高校作为事业单位，"事业编制"教师与普通劳动者的实际差异，以及高校教师的专业特点和学术自由都

---

① 林雪卿. 论教师聘任合同的法律性质［J］. 内蒙古师范大学学报（教育科学版），2008（9）:144.

不同于一般普通劳动者。"民事合同"的观点，持该观点的人比较少，仅仅强调了聘用合同具有民事合同特征的一方面，而忽视了聘用合同在某些方面还具有行政合同特征的一方面，因此将聘用合同定性为民事合同似乎不太妥当。"混合合同"的观点，该观点看起来比较完美，也能够自圆其说，但是将聘用合同界定为混合合同，适用哪部法律对其进行调整？当教师合法权益受到侵害时，是适用《行政法》，还是《劳动法》《民法通则》等进行法律救济？这在司法实践上很难操作。

（二）高校教师聘用合同存在的问题

从法理层面看，高校教师聘用合同的内容条款大多数都存在显失公平与合理、人事争议处理不畅、适用法律缺失等方面的问题，具体体现在以下五个方面：

一是教师与高校签约时对合同文本内容及其强制性规定没有选择权。比如，聘用合同中规定，经双方协商一致，在本合同所列内容之外，可增加有关条款。言外之意，格式条文不得修改，只能约定其他方面内容。由此可见，当事人地位不平等，教师的选择权受限，有违合同签订"自愿"的基本原则。

二是聘用合同中关于工作任务和岗位职责的条款带有单方性、强制性。这些条款规定了教师在教育教学方面的必须完成工作任务，但是对不能完成任务的特殊情况没有明确规定，对教师而言，这是一种强制性的义务条款，没有选择的权利。

三是聘用合同中关于权利义务的条款存在不对等性和不平衡性。条款中对高校较多权利性条款，而对教师则是较多义务性条款。比如，甲方依法、依规对乙方实施管理，乙方在聘期内取得的教科研成果属职务成果，须同时署乙方及甲方名。

四是聘用合同的变更、解除与终止的条款规定了经双方协商同意变更或解除合同的情况，而且还规定下列情形之一，比如师德败坏、对学校声誉或利益造成严重损害等，学校可以单方面解除合同。但是，条款没有对诸如师德败坏、有损学校声誉等行为的认定标准或程度进行规定。这些是道德层面的约束，不属于制度层面的规范，不能将二者混淆和相互替代。道德范畴的问题应通过加强道德教育来解决，不能把道德作为评判是非、裁定争议的主要方式和核心标准，在法治社会，应该遵循法律至上的原则。

五是聘用合同中涉及人事争议处理的条款甚少或缺失，即使有也只是规定学校与教师双方协商解决，但没有对救济途径做出明确的规定。比如，经协商不能达成一致的，如何申请调解，调解无效的，如何进行人事争议仲裁，不服仲裁的，怎样寻求司法救济等。

（三）本论文对聘用合同法律属性的界定

现行法律体系对高校与教师之间签订的聘用合同的法律属性没有给予明确界定，使得聘用合同的法律属性模糊不清（见表4-11）。从这些涉及聘用合同法律属性的现行法律法规来看，大多是在《劳动法》框架下进行的细化，提出一些关于聘用合同与争议解决的原则性规定，但缺乏实质性的法律规定。

表4-11 关于聘用合同法律属性的现行法律法规

条款内容 法规名称	机构／时间	条款主要内容
《劳动法》	全国人大 常委会 1995-1-1	第2条规定适用本法的对象，即与用人单位构成劳动关系或劳动合同关系的劳动者。
《关于贯彻执行〈劳动法〉若干问题的意见》	国家劳动部 1995-8-4	第3条对国家机关、事业组织、社会团体中适用劳动法的人员进行了明确规定。
《关于在事业单位试行人员聘用制度的意见》	人事部 2002-7-3	规定聘用制度的基本原则、实施范围、公开招聘、聘用程序、合同内容、考核评价、解聘辞聘、争议处理、未聘安置等实施措施。
《关于人民法院审理事业单位人事争议案件若干问题的规定》	最高人民法院 2003-9-5	第2条规定事业单位与其工作人员发生人事争议适用劳动法的情况；第3条对当事人不服人事争议仲裁，依法提起诉讼进行了规定。
《劳动合同法》	全国人大 常委会 2008-1-1	第2条规定国家机关、事业组织、社会团体中适用劳动合同法的情况。第96条对事业单位与其聘用制人员的相关劳动合同事宜做了规定。
《人事争议处理规定》	人事部 2007-8-9	第2条规定了人事争议的适用范围。

条款内容 法规名称	机构/时间	条款主要内容
《劳动争议调解 仲裁法》	全国人大 常委会 2008-5-1	第52条对事业单位与其实行聘用制人员的劳动争议仲裁做了规定。
《事业单位人事 管理条例》	国务院 2014-7-1	第5—第43条对事业单位人事管理中的岗位设置、公开招聘、竞聘上岗、聘用合同、考核培训、奖励处分、工资福利、社会保险、人事争议、法律责任等事宜做了明确规定。

　　本论文结合现行法律法规和事业单位人事制度改革趋势及高校聘任制改革实践，将高校与教师签订的聘用合同定位为特殊的劳动合同。

　　首先，基于聘用合同与劳动合同的比较分析（见表4-12）。聘用合同与劳动合同在立法理念、合同主体、调整内容、合同要素及其作用等方面具有"同质性"。学术界多数学者认为，劳动合同具有主体特定性、兼备人身性和财产性、劳动力所有权和使用权分离、以劳动给付为主要内容、时间上的继续性、隶属性和平等性交错等特征。聘用合同也完全具有这些特征，特别是"主体特定"和"两个兼备"。同时，从表4-12中可以看出，聘用合同与劳动合同在适用对象、合同期限、合同内容及其考核、合同解除、争议处理等方面存在差异性。因此，从聘用合同与劳动合同的比较来看，聘用合同所调整的聘用关系与劳动合同所调整的劳动关系是"同质"的社会关系，将聘用合同定位为特殊的劳动合同比较符合现行法律法规规定和劳动人事一体化改革的取向。劳动人事一体化的改革取向，可以从表5-11中最高法院的司法解释、《劳动合同法》《劳动争议仲裁法》及《劳动人事争议仲裁办案规则》第2条等相关规定得以佐证。

其次，基于聘用合同特殊性分析。聘用合同除了与普通劳动合同具有"同质性"，还具有自身的"特殊性"。高校作为公益类事业单位与教师之间的聘用合同，其"特殊性"主要体现在三个方面：一是聘用合同的特殊性体现在通过履行聘用合同向社会供给公共物品或准公共物品。依照西方经济学理论，一些诸如国防、交通、立法、基础科研等商品和服务，具有非排他性和非竞争性特征，这些商品和服务属于公共物品，难以通过市场机制予以提供或得到满足，在此领域存在"市场失灵"现象，所以公共物品必须依赖于政府提供，而不通过市场交易。政府通过设立公益类组织，比如事业单位等，提供上述公共产品。从高校提供服务的公益性质来看，其应归属于准公共物品的范畴。二是聘用合同的特殊性体现在高校作为事业单位法人具有类似公务法人特性的方面。公务法人是国家行政主体基于特定行政目的设立的担负特定行政职能的服务性组织。它不同于科层式行政机关，拥有一定的公共职权，具有独立的法律人格，并独立承担法律责任。政府为提升工作效能将部分公共服务职能授权或委托给公务法人，使其为社会提供公共服务。在中国，事业单位法人也是政府公共服务职能授权、委托和公务分权的结果，其法律地位是由民法通则规定的，但是其具体成立则是依据行政法规和规章。三是聘用合同兼具公法和私法两种性质，其公法属性比私法属性更强一些。聘用合同的签订、履行均遵照公益类事业单位的公益性、公共服务性、非营利性的特点。同时，在编制管理、劳动报酬、社会保障、争议解决途径与方式、领导产生及考核、工作内容限定、违反合同的法律责任、解聘辞聘等方面也更强调聘用合同的公法性特征。

表4-12 聘用合同与劳动合同的对比

分类比较	聘用合同	劳动合同
相同点	理念	① 地位平等、利益平衡、保护弱者； ② 合同双方地位平等，协商合同内容，促进利益共赢； ③ 体现利益共赢，遵循保护弱者原则。
	主体	① 合同主体：用人单位、劳动者； ② 体现合同双方的用人关系，双方平等并具有隶属关系； ③ 平等保证公平，隶属关系保障用人单位对劳动者的管理，履行相应的义务； ④ 规定用人关系的具体内容。
	内容	① 必备要素：期限，岗位职责、工作条件和纪律、报酬，违约责任等基本相同； ② 可选要素：试用期限等也基本相同。
	要素	① 必备要素：期限，岗位职责、工作条件和纪律、报酬，违约责任等基本相同； ② 可选要素：试用期限等也基本相同。
	作用	① 确定用人关系的依据； ② 明确合同双方权利义务关系； ③ 规定合同签订、变更、解除、终止等程序。

分类比较		聘用合同	劳动合同
不同点	对象	①适用于公益组织，实行聘用制的事业单位，针对编制内的聘任制人员； ②公益类组织提供公共产品与公共服务，一般不直接创造经济价值。	①适用于营利组织，特别是企业，针对企业职工或机关事业单位的工勤人员、编制外人员等； ②营利组织，主要提供私人产品，获得经济利益，其产出相对容易衡量。
	期限	①期限相对较长，用人关系比较稳定； ②短期合同3年以下，中长期合同根据岗位或职业需要，期限相对较长； ③试用期一般3个月，最长不超过6个月，大中专应届毕业生可延至12个月。	①期限不确定性较大，规定较为宽泛； ②分为固定期限合同、无固定期限合同； ③试用期依据合同期限长短决定，有1个、2个、6个月不等。
	内容	①蕴含较多公法干预因素； ②强调公共利益与组织利益。	①考核目标明确，注重员工绩效考核； ②合同中一般具体规定任务要求和考核方式； ③若未完成规定考核目标，可予以辞退。

续表

分类比较		聘用合同	劳动合同
不同点	考核	①考核相对宽松； ②合同中一般不具体规定考核内容； ③若无严重违规问题，一般不影响其待遇与续聘。	①考核目标明确，注重员工绩效考核； ②合同中一般具体规定任务要求和考核方式； ③若未完成规定考核目标，可予以辞退。
	解除	①合同解除相对较难，若非聘用单位意愿解除，单位往往会用人事档案设置障碍或需要赔偿金； ②受聘人提出解除合同未能与单位协商一致，需要继续履行合同6个月，方可单方面解除合同。	①考核目标明确，注重员工绩效考核； ②合同中一般具体规定任务要求和考核方式； ③若未完成规定考核目标，可予以辞退。
	争议	①双方就争议问题协商不成，可向用人单位主管部门申请调解； ②调解不成，可申请仲裁或提起诉讼； ③诉讼须符合受案范围； ④仲裁机构：人事争议仲裁委员会。	①争议处理途径：协商、调解、仲裁、诉讼等； ②协商不成，可申请调解、仲裁或提起诉讼； ③仲裁机构：劳动争议仲裁委员会。

五、高校与教师法律关系中教师权利救济

"有权利必有救济，无救济则无权利"。为保障教师合法权利，必须对教师受侵害的权利，在法律允许的范围内，采取补救措施，对其进行救济。随着高校人事制度改革不断深化，近年来高校与教师之间因解聘辞聘、职务评审、进修培训、评优评奖、工资福利、知识产权等方面的争议或纠纷增多。这在一定程度上反映出高校教师的权利还未能得到有效保障，特别是教师合法权益受到侵害后，其权利救济方面存在的问题。

（一）高校教师权利救济的现状

在现行法制体系下，高校教师权利救济途径主要有：行政法律救济、宪法救济、民事法律救济、刑事法律救济等。

高校教师权利的行政法律救济是一种重要的教师权利救济的法律制度，是指教师和高校或教育行政机关之间发生行政争议，其合法权益受到违法或不当行政行为侵犯，教师依法向有权的国家机关提出申请，请求对其予以救济，使其受损的合法权利得到补救或恢复。无论是在实体法方面，还是在程序法方面，现行法律关于教师权利救济的规定都有所欠缺或不能完善。从目前的行政法律救济实现途径看，主要有行政申诉、行政仲裁、行政复议、行政诉讼四种渠道（见表4-13）。

行政申诉是中国宪法赋予公民申诉权的重要内容，它是行政法

律救济的重要组成部分，其目的就是解决行政失当问题，具有监督行政的性质。教育行政申诉包括：教育行政管理相对人提出的对外部行政行为的申诉、教育行政机关或学校内部工作人员不服行政处理决定而提出的对内部行政行为的申诉。教育行政申诉的构成要件主要有申诉的主体、对象、缘由、受理机构。高校教师申诉的对象和受理部门都是特定的，其申诉对象是学校或学校上级主管部门，其受理机构是教育行政部门或相关政府部门。教育行政申诉是一项法定申诉制度，具有行政法上的拘束力和执行力，具有法定性、专门性、行政性等特点。

行政仲裁是争议的双方当事人自愿将争议提交仲裁机构，仲裁机构以中立第三方身份，根据法定程序，采取合议制的形式，对争议做出裁决。行政仲裁具有准司法性。在《仲裁法》施行之后，仲裁向第三方机构改革和转轨。目前，仅有劳动和人事争议仲裁还具有典型的行政仲裁特征。现行的人事管理实行劳动、人事分离的体制，因此，高校教师只有在解除人事关系，诸如除名、辞职、辞退、离职等情况下发生的争议才适用人事争议仲裁，其他方面如福利待遇、进修培训等更广泛的教师职业权利维护，人事仲裁就鞭长莫及了。

行政复议是行政行为利害关系人向有法定权限的行政机关提出对行政主体具体行政行为违法或不当侵害其合法权益进行复查的一种法律制度。行政复议主要是为了防止和纠正违法法或不当的具体行政行为，具有行政监督、行政救济、行政司法行为的特性，适用准司法程序。教育行政复议是教育行政行为相对人对教育行政机关及其工作人员在行使行政职权时做出的具体行政行为发生争议，依法向上一级教育行政机关提出复查。教育行政复议与教育行政申诉的区别在于教育行政复议只受理教师与行政机关之间的行政性纠纷。在教育行政复议中，双方当事人处于一种不平等的地位，行政复议案件不进行调解，也不以调解作为结案方式。

行政诉讼是行政相对人对行政主体及其工作人员的行政行为侵犯其合法权益而向人民法院提起的诉讼。在我国的司法实践中，一般将高校视为法律法规授权组织，并将高校行使的部分公共职权纳入行政诉讼的司法审查范围。教育行政诉讼是教育行政管理相对人对教育行政机关做出的具体行政行为不服，依法向法院起诉，请求给予法律补救。教育行政诉讼作为一种司法行为，是对行政行为的司法监督。高校自治接受司法审查是民主和法治的产物，但是司法介入高校事务的范围是有限的，而不是毫无限制地介入高校的各个方面。

表4-13 高校教师权利行政法律救济途径

种类 ＼ 释义 ＼ 法条	释义	法律条款
行政申诉	高校教师对学校或学校上级主管部门做出的处理决定不服，依法向教育行政部门或相应的政府部门提出申诉，要求其做出处理。	《教师法》第39条；《国家教委关于实施〈教育法〉若干问题的意见》第20条、第21条。

续表

法条释义 种类	释义	法律条款
行政仲裁	高校与教师双方因发生解除人事关系及履行聘用合同方面的争议，在双方当事人自愿的前提下，可将争议提交第三方仲裁机构裁决。	《关于开展加强教育执法及监督试点工作的意见》第3部分第6条；《仲裁法》第2条；《劳动人事争议仲裁办案规则》第2条。
行政复议	高校教师对教育行政机关做出的具体行政行为违法或不当侵害，向法定行政机关提出复查，要求其做出复议决定。	《行政复议法》第2、第6条。
行政诉讼	高校教师对教育行政主体及其工作人员的行政行为侵害其合法权益，依法程序向法院提起行政诉讼。	《行政诉讼法》第2、第12条；《最高人民法院关于适用〈行政诉讼法〉若干问题的解释》第2条。

　　作为普通的公民，高校教师享有《宪法》赋予公民在平等、人身、政治、经济、救济、社会生活等方面的基本权利。这些宪法性权利需要相应的宪法诉讼制度才能得以有效保护。英美法系和大陆法系的许多国家都非常重视宪法权利的救济和保障，并建立了完善的宪法诉讼制度。在中国，宪法虽然也有相关规定，但因缺少宪法诉讼机制，这些宪法性权利救济状况不尽如人意，宪法司法化还有待进一步加强。

侵犯高校教师合法权益造成损害的，依据《教育法》第81条的规定，应当承担民事责任。高校教师的人身权和财产权受到侵害的，可以根据《民法通则》第2、第101条的规定，提起民事诉讼。基于职业身份，高校教师提起民事诉讼的情形主要有三种：一是侵犯高校教师名誉权、人身权等造成伤害的，比如"优秀教师""教学名师"等荣誉称号被侵犯；侮辱、殴打教师造成人身伤害等情形；二是侵犯高校教师财产权，给其造成损失的，可依法请求法院，通过恢复原状、返还原物、赔偿损失等加以保护；三是侵犯高校教师知识产权的，比如剽窃教师的智力成果，适用《著作权法》等法律予以保护。

侵犯高校教师合法权益情节严重，构成犯罪的，可依法提起刑事诉讼。《教师法》第35—38条对侵犯教师权益，依法提起刑事诉讼的情形做了明确规定。《刑法》主要是通过对一些犯罪行为依法进行定罪处刑来保护教师的合法权益，比如侵犯知识产权罪、教育设施重大安全事故罪、聚众扰乱社会秩序罪、寻衅滋事罪及侵犯公民人身权利、民主权利罪等。

（二）高校教师权利救济存在的问题

高等教育领域的社会关系，随着以聘任制为核心的人事制度改革在高校中的全面施行，发生了深刻的变化。高校与教师之间因职务／职称评审、知识产权等矛盾和纠纷逐渐显现。比如，刘某与北京某高校因聘任引发的纠纷，刘某先与校方交涉未果后，提起人事争议仲裁，仲裁委认定，不属受案范围，不予受理，随后刘某向法院提起诉讼，法院裁定，没有受案依据，不予受理，刘又提起上诉，被驳回上诉，维持一审裁定。这些纠纷在一定程度上暴露出当前聘任制下高校教师权利救济制度缺乏衔接，救济途径不畅等问题，主要体现在以下几个方面：

首先，教师申诉制度定位模糊，程序规范缺失，操作性不强。《教师法》第39条规定了教师申诉制度，但仅是原则性规定，定位模糊，规定简单，受理部门不明确，缺乏程序性规范。目前，关于教师申诉制度的法律性质尚未达成共识，一种观点认为，教师申诉是非正式的救济形式；另一种观点认为，教师申诉是一种行政系统内部的救济途径。《关于〈教师法〉若干问题的实施意见》第8条，仅对教师申诉的环节做了概括性的规定，但对教师申诉的具体程序没有规定清楚。比如，受理申诉的机构、申诉程序规则及对不执行决定的处理、申诉不受理的救济途径等语焉不详。

其次，人事争议受案范围较窄，与诉讼衔接不顺，规定不明确。《人事争议处理规定》第2条将受案范围限定在解除人事关系、履行聘用合同方面的争议。《劳动人事争议仲裁办案规则》第2条也对受案范围做了类似的规定。由此可见，对聘用合同的签订、变更等发生的争议则不在受案范围之内。若人事争议仲裁做出不予受理决定或者不服仲裁裁决，能否再寻求司法救济？最高人民法院对此做了答复，即因解除人事关系、履行聘用合同发生的争议不能提起行政诉讼。因此，高校与教师在这方面的人事争议仲裁裁决不能提起行政诉讼。人事争议仲裁与诉讼衔接不顺，导致救济不力。

最后，救济机构不健全，仲裁裁决执行渠道不畅。受理教育行政诉讼的机构为人民法院。受理人事争议仲裁的机构，《人事争议处理规定》第6条对此做了明确规定。但是，受理教育行政申诉和行政复议的机构，法律法规没有做出明确规定。《教师法》第39条没有明确规定申诉受理的具体机构，仅做了"向教育行政部门、政府有关部门"申诉的原则性简略规定，缺乏明确指向，导致申诉受理机构设置缺乏应有的权威和权力。《行政复议法》第3条规定表明，行政复议的受理机构是复议机关的内部行政部门，不是一个独立的机构。由此可见，教育行政申诉和教育行政复议缺乏独立健全的机构设置，影响这两项救济制度功能的发挥，给教师行使救济权利带来一定的不利因素。依据现行法律规定，已生效的人事争议仲裁裁决，若一方当事人不执行，另一方当事人可申请法院强制执行。但是，强制执行的范围与受案范围一致，由于人事政策不能有效对接，在现实中往往出现法院无法执行的情况。比如，辞职辞退等解除人事关系的争议，在现行体制下，高校教师工资由国家财政拨付，教师受到编制限制，对已解聘人员扣发的工资及恢复聘用关系等，高校有时无法执行，法院对此难以采取有效执行措施。

（三）本书对高校教师权利救济问题的原因分析

一是立法层面的不足。现行的教育法律对教师权利救济途径规定不明确，缺乏程序性规范，各救济途径相互不衔接等。行政复议、行政诉讼、人事仲裁等救济途径的受案范围较窄，也一定程度上限制了教师权利的救济。二是高校法律地位不明。现行教育法律仅规定了高校的民事主体资格，而对高校在公法上行政主体资格没有明确规定，往往导致高校行政权力僭越学术权力，高校管理官僚化，教师权利常常受到校方行政权力侵害，在高校行政化的氛围下，教师无法对抗校方的行政权力，使得教师权利难以救济。三是教师法律地位的困惑。现行的教育法律对教师法律地位界定不清，仅表述了教师的职业特征。教师法律地位定位不明，在理论上就难以理清教师权利救济的机制。同时，聘用合同法律属性不明等也给教师权利救济带来诸多障碍。

因此，要从根本上解决教师权利救济存在的问题，必须在国家层面出台《学校法》，对高校及其教师的法律地位准确定位，对现行的教师权利救济制度进行重构和协调，调整教师的行政救济制度、司法救济制度和非法律救济制度及其相互之间的衔接，使教师权利救济通过多种渠道得以公平公正地解决，从而切实保障教师的合法权益。

第五章 国外公立高校人事制度中高校
与教师法律关系的比较

　　他山之石可以攻玉。欧美发达国家拥有令世人瞩目的高等教育，在高校人事制度方面积累了丰富的经验。这些国家主要属于英美法系和大陆法系，在历史文化传统、国家体制、法律制度等方面存在共性和差异，各国公立高校人事管理制度也有相似和区别之处。在中国高校人事制度发展的不同历史时期，都在一定程度上借鉴了国外的经验。考察国外公立高校人事制度中高校与教师的法律关系，探寻其中的相同点和不同点，对研究中国高校人事制度改革，特别是涉及高校与教师法律关系方面，提供宝贵经验、开拓研究视野，具有重要的借鉴意义。

一、美国公立高校与教师的法律关系

　　美国是世界上法治化水平最高的国家之一，在高等教育领域崇尚"依法治教"。美国的教育立法制度是由以联邦与州立法机构颁布制定法和以联邦与州司法机构确立判例法两大系统构成的教育法律体系。美国公立高校与教师的法律关系受到制定法和判例法的规范与调整。美国各州的法律将大多数的公立高校视为公共机构，教师为公务雇员，公立高校与教师之间构成平等的契约关系，同时，还有宪法关系、行政法律关系的特征。

（一）美国高等教育管理体制概况

美国高等教育源于1636年马萨诸塞州的私立哈佛学院（哈佛大学前身），至今已有381年的历史。美国是实行联邦制的国家，宪法立国是其引以为傲的成就之一。在美国的宪法中对教育没有提及，但在宪法修正案中将法律未禁止行使的权力保留给各州，从法律上将教育管理权划归于各州。美国宪法的价值基础是"社会契约论"，联邦和各州的宪法均充满契约精神。美国联邦及州政府在高校的立法和管理上也体现出契约精神。根据美国联邦宪法规定，联邦政府没有对高等教育的直接管辖权，除军事院校外，高等教育由各州政府负责。美国联邦政府通过立法和财政拨款手段在发展方向、结构、速度和规模等方面对高等教育实施调控和干预。州政府直接管理本州高校，负责授权或批准高校的创办和所授学位，并为州立高校提供经费。州政府不直接干涉高校的专业、课程设置，但可通过对执照发放的授权对其进行间接影响。

在内部管理体制上，校内最高权力机构是学校董事会，董事会负责任命校长并对其工作进行评价，批准本校的大政方针，制订战略规划，编制预算和决定经费投资方向，筹资并有效使用资金，维持与改善学校与社会各界的关系等，但对学术事务、具体教学工作很少介入。董事会成员主要由政府官员、企业首脑、社会名流等校外人士组成。评议会负责管理学术事务，制定学术政策与规章制度，决定课程计划、录取标准和学位标准等，评议会成员主要由教授、副教授构成。校长是学校的最高行政首脑，由董事会选聘委任，校长负责贯彻执行董事会决议，处理学校日常行政、教学、科研、财务、人事等事务，以及代表学校沟通与社会各界的关系。

（二）美国公立高校的法律地位

美国高校数量众多，各州情况差别较大，高校的法律地位类型复杂多样。依据设立者和资助者的不同，美国高校可划分为公立高校和私立高校。公立高校一般由州政府或地方政府设立或支持；私立高校由私人、私人捐赠财产、私人基金设立或资助。公立高校是行使公共权力的机构，需要遵守联邦宪法、所在州的宪法和州的行政法规中关于控制政府权力、保证公权力不被滥用的"正当程序原则"等条款的拘束和制约。私立高校则不必受这些条款的约束。[①]基于法律性质角度，美国公立高校分为政府机构类、公共信托类、宪法自治类三种类型。这三类高校设立的法律依据及其法律地位各不相同（见表5-1）。

---

① Willam A. Kaplin & Barbara A. Lee: The Law of Higher Education, San Francisco, Jossey–Bass, 1995.

表5-1 美国公立高校类型

内容 分类	法律地位	备注
政府机构类高校	在美国公立高校中，政府机构类高校数量众多，该类高校作为州政府的延伸机构，依据州法律设立，在法律上是州政府的一部分。 该类高校有的有法人地位，有的没有法人地位，在招生、招聘、维护教师和学生权益等方面须受联邦宪法、州宪法与行政法的约束。 同时，该类高校也享有一定的特权。	这些特权包括：①雇用职员和招生遵守州宪法平等对待原则；②处分教师或学生遵循正当程序原则；③保护教师或学生依宪法、行政法享有的权利，及其他法律对其的特别要求；④土地和财产的征用权、主张州的主权豁免权等特权。 该类高校特点：①适用宪法诉讼；②享有联邦宪法赋予的豁免权；③享有州法赋予的豁免权；④适用联邦宪法保护公民权利。①

① Richard T. Ingram: Governing Public Colleges and Universities. Jossey-Bass Publishers, San Francisco, 1993: 68.

续表

内容分类	法律地位	备注
公共信托类高校	该类高校以公共信托形式存在，它不属于政府机构，不受州行政法的约束，不享有州法赋予的豁免权。 该类高校是由政府或其他公共基金作为委托人为高校提供资金支持，高校作为公共信托的受托人具有独立人格和一定的独立性，并基于公益目的为社会提供高等教育服务产品。	该类高校具备公共信托的必要条件：①目的公益性，即该类高校是为发展高等教育事业，提供高等教育服务产品；②目的排他性，即该类高校必须基于公益目的或有助于公益目的的实现；③公共利益，即该类高校有益于社会民众，且受益人不特定。 政府或公共基金设立公共信托的目的是为公民提供高等教育服务，为确保高校履行受托人职责和义务，美国制定《统一公益信托受托人监督法》。高校必须根据州法和信托合同约定完成受信托义务和责任。
宪法自治类高校	该类高校享有州宪法所保障的自治地位，是公法上的团体，即公法人，不直接对州议会或州行政机关负责，拥有在其权限范围内不受州政府、议会、法院干涉的特权。该类高校虽然享有较高的自治权，但自治权是有限度的，州政府和州立大学理事会还会对其进行间接干预。	多数州宪法赋予公立高校自治权，其中科罗拉多、阿里桑那、夏威夷、新墨西哥、阿拉斯加、密西西比等州将高等教育运作与经营的权利赋予州的立法者，还有加利福尼亚、南达科他、爱德华等州赋予高校以宪法上的基本独立权，使其享有较高程度宪法自治。①

---

① 周志宏. 学术自由与大学法 [M]. 台北: 蔚理法律出版社, 1989: 108.

美国上述三类公立高校，虽属不同类型，但在法律上有其共同点，即公共机构。美国各州判断高校是否为公共机构的标准不一，有的州是根据其资金主要来源，比如是否有公共资金支持；有的州则根据高校的设立者、资助者、行使职能等多个标准，比如是否由政府设立、政府管理或介入的程度、政府资助的水平、是否行使政府职能等。基于法律地位的角度，美国公立高校主要分为：具有法人地位的高校和无法人地位的高校，比如有些州的少数公立社区学院无法人地位。属于公共机构的高校是一种公法人，即国家基于公益创立的机构，其经费全部或部分来源于公共资金，法律赋予其管理人员一定职权实施管理。美国宪法赋予高校自治的权力，特别是关于学术自由的规定，使高校享有一定程度的自治权。

（三）美国公立高校教师的法律地位

美国各州政府都设有专门管理公立高校的机构，诸如高等教育委员会、州高等教育部等，名称虽不相同，但职能基本一致：规划高校布局；管理高校财政预算；统计高校数据信息；制订实施高校拨款计划等。州政府原则上不干预公立高校内部事务，内部事务是公立高校的自治权，也是州政府与公立高校在权力分配上的传统。[①]州政府对公立高校教师的管理特别注重相关法律规定，这些法律法规是从宏观方面进行原则性的规定，各公立高校参照州法律法规制定学校章程和制度，比如教师手册是高校与教师之间具有法律效力的契约，手册明确规定双方的权利和义务，是教师工作的指南和学校依法行政的依据。

---

① 施晓光. 美国高等教育法初探［J］. 外国教育研究，1992（4）:36.

美国高校在教师招聘、职务设置、考核评定等方面有比较完善的管理制度（见表5-2）。

表5-2 美国高校教师招聘、职务、考评制度

内容分类	主要内容	备注
教师类型	专职教师、专职科研人员、兼职教师	为保障教授的学术自由，美国高校还有终身教授制度，即授予优秀教授终身教职，除本人辞职或退休，校方无特殊情况不得随意解雇。
职务设置	讲师、助理教授、副教授、教授	不同层次职务晋升标准和要求不同
教师招聘	按照规定程序公开招聘	为避免"近亲繁殖"，一般不留本校毕业生做教师。
教师考评	包括自我评估、同事评估、学生评价。根据三个方面的评估结果，综合考虑确定教师考评等次，如考评不合格，规定一定时间学习、调整，若再此考评不合格，转岗或解聘。	考评标准和对教师岗位要求因校而异，终身教授一般不再进行考核。
职称评定	各州评定程序不统一，但基本程序差别不大，一般需要经过系、院、校三级考评。	职称评定一般一年一次，符合晋升高一级任职资格的教师均可申请参加评定。职称评定内容主要包括教学效果、学历、教龄、科研能力和成果等方面。

在美国，公立高校教师分为学术和教学两个职务系列。学术职务系列又称为教授系列，有助理教授、副教授、教授三个层次，该职务系列教学与科研并重，教学科研"双肩挑"，该职务系列中的教授、副教授为终身制，助理教授为期限制。教学职务系列，即专门进行教学，该职务系列的教师主要从事基础课程教学工作，学校一般不要求他们承担科研任务，其职称为讲师，该职务系列的教师不属于高校正式职员，他们可以同时兼职多个学校，从事教学工作。在美国公立高校中，只有学术职务系列的教师才是学校的正式职员，是高校教学和科研的核心力量，教师职务晋升也只仅限于学术职务系列。

从法律身份的角度看，美国公立高校教师的身份很特别，在《学术自由和终身教职的原则声明》中，将教师的学术职业与其他职业区别开来，认为"大学或学院的教师是知识职业的成员，是教育机构的官员……"。从一些著名的案例和法官的观点也可以看出美国公立高校教师身份的特殊性，他们被定位为公务雇员。比如，威斯康星州的终审法院认为，州立高校教师不是政府官员，而是与学校签订雇佣合同的雇员。在Hartigan v.Regents的案例中，原告教授在事先不知情的情况下，被任职的高校突然宣布取消其职位，依据教授与该校签订的合同所享有的权利，教授向法院提起诉讼，法院判决教授胜诉，并获得校方相应赔偿。威斯康星州Lyon法官认为，公立高校教师与学校之间是一种雇佣合同关系，公立高校的教授在任何意义上都不是公共官员。西弗吉尼亚州的Brannon法官也认为，从法律的角度讲，高校教师是学校董事会的雇员，而不是政府官员。

在19世纪70年代，也有将教授视为公务员的案例，但已非当今主流观点。比如，在Head v.Curators of University Missouri案例中，法院支持将教授身份视为国家公务员。在Vincenheller v. Reagan案例中，法院将高校的教授作为公务员身份对待，但有法官持异议，认为从法院大多数判例和学界大多数学者关于教授或教员的法律地位观点来看，将教授视为公务员有悖常理。也有学者不赞同将公立高校教师法律地位界定为公务员。比如，美国学者Chambers 认为，虽然将教授法律地位定位为公务员，似乎更能够提升教授的尊严和威望，但将教授视为公务员与当前美国现实状况不符，主要体现在：一方面，如果将教授作为公务员，其聘期会因立法法废除而被终止；另一方面，如果将教授作为雇员，其在规定聘期前被任意解雇，可获得相应法律救济；另外，教授在社会公众心目中的地位，取决于其品质和服务于社会的业绩，而非法律地位界定本身。①

美国公立高校教师与政府公务员均被称为"政府受雇人"。高校教师是专门从事教学职业的专业人员，该职业需要经过长期严格的学习、培训，取得教师资格后方可被聘任。被高校聘任后，教师在法律上具有政府受雇人的身份，不能将其视为自由职业者或普通劳动者，而是将其作为公务雇员。一方面，公立高校必须依据联邦宪法第一修正案保护教师学术自由权利，还要遵守州宪法关于教师权利的规定；另一方面，各州法律中有关对高校教师权利义务的规定或关于政府雇用的法律适用于高校教师的部分，比如有的州法律规定了教师长期聘任制度，该项法律规定就成为州政府与教师之间的契约关系的依据。

———————

① M. M. Chambers.The Legal Status of Professors.The Journal of Higher Education, Vol. 2, No. 9：481-486.

（四）美国公立高校与教师法律关系的性质

从上述美国公立高校及其教师的法律地位可以看出，美国公立高校与教师之间的法律关系因各州法律规定不同而有所差异，但一般都包含宪法关系、行政法律关系、契约关系。宪法关系主要体现在：美国联邦宪法或州宪法赋予教师学术自由的权利，公立高校必须保护教师学术自由权利，否则就构成违宪行为，从这个意义讲，公立高校与教师之间存在宪法关系。行政法律关系主要体现在：美国各州法律中有专门适用高校教师权利义务的特殊规定，在这些领域双方之间存在行政法律关系。契约关系主要体现在：公立高校根据法定的自主管理权限，与教师订立契约，双方之间构成契约关系，并受契约法的规范。尽管美国各州法律对公立高校与教师之间法律关系的规定有所不同，但这并不影响公立高校与教师双方在聘任上的契约自由精神。双方在聘任上的自由平等，是美国公立高校人事制度的突出特征，也是美国社会个人权利发展的需求。美国的这些做法对处理中国高校与教师之间的法律关系具有重要的参考价值。

二、英国公立高校与教师的法律关系

英国具有悠久的高等教育历史，作为英美法系的代表，它拥有成熟而又复杂的高等教育法制。英国高校根据设立的法律依据，主要分为特许状高校、法规类高校、公司类高校等。不同类型高校及其教师的法律地位不同，因而高校与教师之间的法律关系也有相对应的特别权力关系、行政法律关系、雇佣合同关系之别。

（一）英国高等教育管理体制概况

英国高等教育肇始于1168年建立的牛津大学和1209年建立的剑桥大学，经历了古典大学时期、近代大学时期、高等教育大众化和普及化等发展阶段。英国高等教育管理体制独具特色，以其800多年悠久厚重的历史见证了世界高等教育的成长历程。

在国家层面，英国高等教育管理体制的特点是政府宏观引导、高校自主运营。教育和技能部是负责教育的政府职能部门，教育和技能部制定宏观政策，具体细则和实施则由其组建的各独立机构来完成。这些机构主要包括：英国教学质量评审署、高等教育拨款委员会、高等教育与研究协会等，这些机构直接向高校提供各项服务，并提供运用资金支持、外部审核等手段，监督和评估各高校职称执行情况，提高高等教育质量。在学校层面，英国各个时期高校内部管理体制有所不同，但一般来说，学校设有董事会、校务委员会、学术委员会、副校长等。董事会在学校管理中起着决策者的作用，拥有监督学校活动、资源利用、人事任命、财务管理等权力。董事会成员由地方政府官员、产业界人士、社会知名人士、校务委员会和学术委员会提名的委员、教职员及学生代表等构成。校务委员会是学校最高权力机构，是校内事务主要决策者之一，决定学校大政方针；商议学校战略规划、财务规划及招聘政策；监控目标实施情况及确保资金使用得当等，其成员包括工商界、教育界、地方行政当局、教职员及学生代表等。学术委员会负责学术事务，其主要职责是制定学术政策、制定学术标准和学位授予、审核课程内容、促进科学研究、制定考试规则与程序等，主席由副校长担任，其成员包括全体教授、非教授系主任、教职员及学生代表等。英国高校校长是荣誉职位，不具有实质性权力，通常由具有较高社会声望的人士担任，副校长是学校实际的负责人。副校长是首席学术与行政官员，拥有人事任免、学术、财务等实质性权力，副校长还兼任多种委员会的主席或成员，有权任免部分学校官员和校内所有学术人员，对学术职位设立及任职条件向校务委员会提出建议，并对财务决策过程发生影响，是校内学术决策的最终裁决者。[①]

（二）英国公立高校的法律地位

英国由英格兰、苏格兰、威尔士和北爱尔兰四部分组成，四地在高等教育事务上拥有的自治权和高校独特的发展历史使得各自的高等教育法律体系有所差别，加之英国高校类型多样，除了中世纪建立的牛津大学、剑桥大学，还有近代以来建立的大学、多科技术学院等，这些高校因其设立的依据不同，在行政法上的法人资格有差别，因而使得英国高校的法律地位显得较为复杂。

英国高校的公、私立性质比较模糊，是公立还是私立这是一个让学者、管理者困扰的问题。有学者认为，可以从设立者、所有者、资助者、治理者四个维度来判断英国高校的公立、私立属性。从设立者的维度看，英国高校既有政府设立的还有私人或私人机构设立的；从所有者的维度看，英国高校均是独立的非营利性法人组织，其治理机构只拥有高校的治理权而没有所有权；从资金来源的

---

① 杨贤金等. 英国高等教育发展史、回顾、现状分析与反思［J］. 天津大学学报（社科版），2006（5）:161.

维度看，几乎所有高校都既有财政收入又有非财政收入；从治理者的维度看，英国高校的理事会成员都是独立人员，是代表外部治理监督学校，这构成了治理权的公共所有。[①]

英国法院判定公立、私立学校的标准主要依据其经费来源，凡是由公共财政资助的学校为公立学校，而不管是如何经营的。按照这个分类标准，在英国，除白金汉大学之外，高校一般都接受高教拨款机构的经费资助，因此英国绝大多数的高校都是公立的，都接受英国政府设立的诸如高等教育拨款委员会、高等教育质量保证局、公平入学署等各类高等教育管理机构的管理和监督。

英国不同的高校之间其法律地位存在差异，这一点可以从法院对高校的相关判例反映出来。一方面，在是否遵循行政法基本原则上，不同性质的高校，法院对其区别对待，要求不同，比如法院要求有的高校遵循自然正义原则，而对有的高校则不要求或要求参照自然正义原则。自然正义原则是对英国政府机构和法定公共机构行为的原则要求，它是英国行政法的核心内容。另一方面，对于同样的高校，法院是以高校事务是否具有公共性作为判断依据，在某些事务上，法院要求高校遵循自然正义原则，而在有些事务上则不做要求。另外，在救济渠道上，除了普通法上的救济外，针对政府机构和法定公共机构使用的行政法上的特别救济，包括调卷令、禁令、强制令等，不同性质的高校适用不同的救济渠道。因此，依据英国法院判例，若高校是依法设立或通过国王特许状设立，其为英国行政法中的公法人，适用调卷令、强制令等特别救济；若高校是

① 喻恺. 模糊的英国大学性质：公立还是私立［J］. 教育发展研究，2008（12）:93.

依据章程或私自设立的，其权利取决于契约，适用禁止令、宣告令、损害赔偿等普通救济。[①]

基于英国法院的经费来源判断标准，绝大多数的英国高校属于公立性质。虽然同属公立高校，但是它们受到的法律规范也不尽相同，因此在法律地位上并不完全一样。英国公立高校法律地位的差别取决于它的设立基础不同，有的依据皇家特许状设立，有的是由议会法案设立，有的是按照公司法设立。与之对应，英国公立高校也主要分为特许状高校、法规类高校、公司类高校三种类型（见表5-3）。

表5-3 英国公立高校类型

内容分类	法律地位	备注
特许状类高校	该类高校由代表英王权力的枢密院授予皇家特许状设立，其法律地位被称为特许法人。皇家特许状赋予该类高校独立法人地位，明确高校的主体特征与权力、规范高校的目标和公共责任、规范高校内部治理结构及其他程序性规定。	1992年前的绝大部分高校都属于特许状高校。皇家特许状在英国高等教育法律体制中至关重要，对公立高校法律地位影响巨大，不仅决定高校的法律类型及其成员的地位，还决定高校法人权力及其与政府、师生的关系。

---

① ［英］威廉·韦德. 行政法［M］. 徐炳，等译. 北京：中国大百科全书出版社，1997：317.

续表

内容分类	法律地位	备注
法规类高校	该类高校是根据议会相关法案设立，无皇家特许状，其法律地位被称为法定法人。	主要包括1992年后由多科技术学院升格的高校。 1988年的英国《教育改革法》和1992年的《继续和高等教育法》授予多科技术学院高等教育法人地位，并将其从地方政府的行政与财务控制中独立出来，使之具有与1992年前高校一样的独立法人地位。
公司类高校	该类高校以非营利性有限公司形式注册成立。 该类高校作为一种高校的存在形式，数量不多，其法律地位为公司法人，适用于公司法和合同法。	创立于1895年的伦敦政治经济学院是公司类高校的典型代表。

英国高校因设立依据不同，其在行政法上的地位有别。这种法律地位上的差异体现在高校是否属于英国行政法上的公共机构，若为公共机构，高校在享有和行使权利方面同政府一样受行政法中越权原则和自然正义原则的规约。越权原则强调公共机构行为不能超越权限范围。自然正义原则强调公共机构行为必须遵循正当程序，必须满足"司法公正""程序中立"和"听取当事人陈述与申辩"的基本要求。非公共机构的高校不受越权原则和自然正义原则的约

束。判断高校是否为公共机构的标准是依据其内部纠纷是否接受行政法上的司法审查，若高校接受行政法的司法审查则其为公共机构，若高校不受司法审查限制，可以自行解决内部纠纷，则其不属于公共机构。鉴于特许状高校的内部纠纷由其视察员裁决，不受司法审查，特许状高校不被视为公共机构。法规类高校无视察员，也不能自行解决内部纠纷，必须接受司法审查，法规类高校则属于公共机构。公司类高校无视察员，但其纠纷接受普通法院管辖，不适用司法审查，所以公司类高校也不属于公共机构。[①]

随着2004年英国《高等教育法案》取消视察员裁决高校内部纠纷的权利，使其与法规类高校的此类纠纷一并归由"独立裁决者办公室"裁决。该法案加速了将特许状高校纳入"公共当局"的进程。当前，在学界和司法判例中，将特许状高校、法规类高校视为"公共当局"或"国家之延伸机构"的趋势越来越明显。比如，在Foster v British Gasplc 案例中，欧洲法院认为，高校因其可以颁发成员国认可的学位，是代表政府执行公共职能的机构，可将其视为"公共当局"，高校虽然不像政府那样属于纯粹的"公共当局"，但当其执行公共职能时是"公共当局"，其他时候可以不是"公共当局"。

（三）英国公立高校教师的法律地位

作为法律上独立的法人机构，英国高校具有财务和管理自治权，能够对教师的招聘、职务设置等方面进行自主管理，也有比较

---

① 申素平. 英国高等学校法律地位研究［J］. 中国高教研究，2010（2）:6.

规范的教师人事管理制度（见表5-4）。

表5-4 英国高校教师类型、职务设置、招聘制度

内容 分类	主要内容	备注
教师 类型	终身教职、聘任制教师	教授、准教授、高级讲师享有终身教职待遇，规定没有正当理由不能解聘。一般讲师实行聘任制，有规定的聘期。
职务 设置	教授、准教授、高级讲师、讲师	不同职务层次的教师，其条件、待遇和晋升有别。
教师 招聘	不同层次的教师按照不同的规定程序，实行公开招聘	采取公开方式招聘教师，要求申请者具有优秀业绩、取得相应学位等条件。不同职务层级的教师，招聘的具体程序和要求不同。

由于英国不同类型的公立高校法律地位有别，与此相对应，不同类型的公立高校教师的法律地位也不一样。

特许状高校因其持有皇家"授权书"，使其法律地位有别于其他类型的高校。特许状高校教师的法律地位也因特许状而不同于其他类型高校教师的法律地位。特许状高校拥有成员，其成员包括校长、教师、学生等。特许状高校对其成员拥有绝对的权威。另外，特许状高校拥有视察员，其职责是确保高校贯彻执行设立者的意志，裁决校内纠纷和解释校内立法。特许状高校因其内部纠纷由视察员裁决而不受司法审查。因此，特许状高校属于特别法人，教师是特别法人组织中的成员，处于行政相对人的地位。

法规类高校依据议会相关法案设立，该类高校不存在视察员，其内部纠纷接受司法审查，被视为公共机构。《布莱克法律辞典》中将"公共机构"解释为"公共实体"，即一个诸如国家政府或其政治性分支机构的政府实体。①联合国国际法委员会拟定的《国家对国际不法行为的责任条款草案》第四、第五、第八条将"公共机构"释义为：被赋予政府职权并履行政府职能的实体。WTO争端解决机构依据《维也纳条约法公约》的规定对《SCM协定》中"公共机构"的通常意义进行了考察，认为公共机构是指被授予或行使政府管控权能的机构和属于国家或社群整体的机构。②因此，法规类高校作为公共机构，具备公法人中行政法人特征，其教师是行政相对人。

公司类高校是以非营利有限公司形式注册成立，其法律地位属于公司法人，学校与其教师之间构成雇佣合同关系。教师作为雇员与学校享有平等的主体地位。

（四）英国公立高校与教师法律关系的性质

从上述英国公立高校及其教师的法律地位来看，特许状高校与其教师之间构成了特别权力关系；法规类高校与其教师之间构成行政法律关系；公司类高校与其教师之间构成雇佣合同关系。

在特许状高校与教师之间的特别权力关系中，学校和教师的地位不对等，学校处于特权主体地位，教师则作为相对人处于服从的

---

① Bryan A. Garner. Black's Law Dictionary［M］. Thomson West Publishing Co. Aspatore Books, 10th Revised edition,1016.

② 潘若微. 论《SCM协定》下"公共机构"的认定——以"中美双反措施案"为视角［D］. 上海社会科学院，2014.

地位，学校有权强制、命令教师及对教师实施处罚，而教师对此则承担服从的义务。如果教师对学校处罚不服，只能通过申诉途径救济，而不能通过诉讼解决。随着民主法治意识日益深入人心，司法审查范围逐步扩大，特许状高校内部纠纷不通过诉讼方式解决的观念开始动摇，且受司法审查的趋势日益明显，并在司法实践中被认同。在法规类高校与教师之间的行政法律关系中，学校处于行政主体地位，教师处于行政相对人地位。如果教师与学校发生纠纷，可以选择通过诉讼途径解决。在公司类高校与教师之间的雇佣合同关系中，董事会代表学校作为雇主，教师作为雇员，双方签订雇用合同。依据公司法、合同法的有关规定，公司类高校与教师具有平等主体地位，双方可在平等自愿、协商一致的基础上依法确定各自享有的权利和承担的义务。如果教师与学校发生纠纷，可以通过普通法院诉讼解决。英国不同类型的公立高校具有不同的法律地位，高校与其教师之间的法律关系也不一样，这一点对处理中国高校与教师之间法律关系也极具参考价值。

三、德国公立高校与教师的法律关系

教育是国家的责任，这是德国教育一贯奉行的基本理念和原则。德国高等教育体制以公立性为主要特征，德国大多数的高校是由各州政府创建。德国法律赋予高校国家机构和公法团体的二元化法律地位。随着国家调控的介入与高校自主变革的博弈，使高校逐渐从二元化的法律地位向以公法社团为主的复合多元化的公法人形态转变。德国高校中的教授是国家公务员，高校与教授之间是行政法律关系，教授以下学术人员则不是公务员，而是雇员，其与高校之间是契约关系。

（一）德国高等教育管理体制概况

德国大学虽然仿照巴黎大学自治团体模式，但其产生方式有别于欧洲早期的大学，它不是自发产生的，而是由封建邦国的诸侯建立的。因此，德国高校具有学术自治和受政府控制的双重特点，历经多次改革，至今仍具有国家机构和社团法人的双重身份。作为国家机构要服从国家的管理，作为社团法人享有在教学、科研等领域的自我管理的权力。这样就形成了以教授为中心的基层教学科研组织和高校隶属于各州政府为特色的高等教育管理体制。

德国是联邦制国家，维护和发展高等教育的责任由各州政府负责。绝大多数高校是由各州政府创建，经费主要来源于州政府，作为国家机构文化体系的组成部分，接受政府的控制与管理。州政府对高校的管理涉及人事、财务、招生等方面，但不干涉教授具体的学术事务。联邦教育与研究部是代表联邦政府行使教育权力的机构，其职责是学生资助、建设和扩建大学、教育政策与立法。除了联邦和州政府之外，一些全国性、独立性的教育咨询机构也对德国高等教育产生重要影响。比如，大学校长协会、科学委员会等。

德国高等教育管理体制呈现"两头重，中间轻"的哑铃式特征。"两头重"是指各州政府掌握高校的财政和教授聘任方面的控制权，教授及其主导的各级学术组织掌握着高校的教学和科研等学术事务的决定权。"中间轻"是指高校的管理者（校长、院长）夹在中间，他们仅作为学校的利益代表发挥协调作用，没有实质性的权力和可供施加影响的资源。这种哑铃式的管理体制，导致高校的决策和执行能力受到很大限制。为解决这一问题，20世纪90年代，德国高校进行了新公共管理改革。通过扩大校长、院长两级领导层决策权限，并引入目标协定与绩效拨款，加强其管理权；削弱传统大学所奉行的学术自主管理权限；成立理事会作为学校的决策和咨询机构，学校理事会须有校外人士参加，加强社会对高校的外部监控和影响。改革后的德国高校内部管理体制，在学校层面主要的管理机构有：校长委员会、评议会、理事会。校长委员会是学校核心的管理机构，拥有学校内部所有事务的决定权，并负有保障学校其他机构及其工作人员履行职责和义务，校长委员会每年须向学校理事会汇报工作，向学校评议会提交年度工作报告。评议会由学校各类工作人员的代表按照一定的比例组成，是高校内部重要的民主决策机构。理事会监督校长委员会的工作，并负责向校长委员会提供咨询服务，理事会成员由专门的选举委员会选出。

（二）德国公立高校的法律地位

德国公立高校的法律地位经历了学者社团、公营造物、国家机构、公法团体、公法团体兼具国家机构、公法财团法人等演变历程。

传统的德国高校都是公立的。以1500年欧洲现代文明的兴起为分界线，德国高等教育的发展大体上可分为两个时期，即1500年之前的中世纪大学时期和1500年之后的近代现代大学时期。在早期的普鲁士及其他各邦国的法律中，有的是将高校法律地位定位为学者社团，有的将其定位为公营造物。中世纪的德国高校仿照法国巴黎大学模式，但又不同于巴黎大学。当时的德国高校多由地方政府举办，并受政府管辖，它作为学者的社团，常常会受到教会的影响。^①"仿法模式"一直沿袭到19世纪初德国高校改革运动时期。作为学者社团，教师对高校事务享有平等参与权，高校拥有较大的社团权利，具有鲜明的社团组织形态。^②将高校视为公营造物，代表性的人物是奥托·迈耶（Otto Mayer）。他认为高校是公营造物，即为达成公共行政之目的，行政主体将人与物在功能上进行结合，并制定相应的规章制度，持续性地为特定目的服务的组织。^③公营造物的职能是为社会提供公共服务，它没有成员要素，但必须有使用者，无使用者的营造物无法律能力，公营造物与其使用者之间产生营造物利用关系。公营造物是由国家或区域性公法团体依据相关法律设立，并规定其行政目标，确定其法律权限，发布或同意其章程，任命其领导者，负责其财务开支。作为公营造物的高校是为达成政府的行政目标和为社会提供高等教育服务，可以具有法人资格，也可以不具有法人资格，其资格须得到国家认可。

自15世纪开始，德国政府加强对高校内部事务、教学、考试等进行干预，并通过立法、资金资助等手段使政府的法规和改革措施对高校产生影响。德国高校在18、19世纪逐渐演变成为国家机构，从而失去独立法人资格，其任务是培养国家高级公务员，为社会提供高等教育服务。^④魏玛共和国时期，在魏玛宪法适用下，将高校视

① 周丽华. 德国大学与国家的关系 [M]. 北京：北京师范大学出版社，2008：23.
② 袁文峰. 我国公办高校办学自主权与国家监督 [M]. 北京：中国政法大学出版社，2015：165.
③ [德]奥托·迈耶. 德国行政法 [M]. 刘飞译. 北京：商务印书馆，2002：12.
④ 周丽华. 德国大学与国家的关系 [M]. 北京：北京师范大学出版社，2008：79.

为公法团体。公法团体是拥有行政职权的行政承担者，公法团体的职能是服务于公共目标，除法律规定或自愿接受的任务外，还要接受国家委托的任务。公法团体与公营造物的主要区别是前者拥有成员。将高校作为公法团体，使高校具有法人地位，确立了高校中教授的成员地位，为教授治校、参与学校管理提供了法律依据。

1976年，德国制定颁布了《高等学校总纲法》，该法规定，高校为公法团体，同时也是国家机构，在该法规定范围内管理本校事务。这一规定表明，高校兼具公法团体和国家机构的双重特性。作为公法团体，高校是有成员的法人团体，其成员包括教授、专职管理人员、学生；作为国家机构，高校经费由州政府财政支持，其章程由州政府审批。同时，高校还接受州政府的监督，州政府在法定范围内，依据相应的法律程序监督高校行为，州政府不得超出法律界限干预高校的管理。[1]德国高校这种二元化的法律地位，一方面，德国高校的事务由其成员——教师、管理人员、学生等组成合议机构负责管理，体现了它作为公法团体的"人合"特征；另一方面，在法律框架下，政府监督高校行为，体现了它作为国家公共机构的行政管理特色。也有学者对高校这种二元化的法律地位持反对意见，认为这种公法团体与国家机构并存一体的法律地位会对高校学术自由构成侵害，违背高校自治的传统。[2]

2006年修订后的德国《基本法》规定，联邦不再拥有制定高

---

① 申素平. 论公立高等学校的法人化趋势［J］. 清华大学教育研究，2002（3）:70.
② ［德］哈特穆特·毛雷尔. 行政法学总论［M］. 高家伟译. 北京：法律出版社，2000：570.

等教育一般原则的权力。《高等教育总纲法》因此失去宪法依据而被废除。至此，德国公立高校法律地位开始向以公法社团为主的复合多元化的公法人形态转变。于是，公法财团法人成为德国一些州的公立高校法人形态变革的制度选择。公法财团法人是基于公共目的，国家或其他行政主体以立法行为设立的具有权利能力的财团法人。公法财团法人与公法社团法人的区别在于，前者是资合组织体，是由国家或其他公法社团捐助资产，通过资金或财产的存续以执行公共任务；后者是人合组织体，是基于公益目标、依据公法设立的从事公法职务并享有权利能力的组织体。

随后，德国各州相继修改《高等学校法》，并规定高校是公法社团，也是国家机构，亦可采用其他法律形式建立高校。这意味着公立高校在双重法律地位之外还可拥有其他法律形式，各州可自行决定本州公立高校的法人形态。当前，德国公立高校法律地位主要呈现以下四种类型的改革趋势（见表5-5）[1]。

---

[1] 胡劲松. 德国公立高校法律身份变化与公法财团法人改革［J］. 比较教育研究，2013（5）:1.

表5-5 德国公立高校法人形态改革类型

内容分类	代表性的州	法律地位	备注
双重身份类	柏林州、不来梅州、梅克伦堡—前波莫恩州	公法社团和国家机构	《柏林州高等学校法》规定：高校是公法社团，同时也是国家构，享有自我管理权，通过其规程、章程依法管理自身事务。《不来梅市高等学校法》规定：高校是公法社团和本市的机构，享有自我管理的权利和义务。《梅克伦堡—前波莫恩州高等学校法》规定：高校是具有权利能力的公法社团，也是国家机构，法享有自我管理权。
社团法人类	萨克森州、萨克森—安哈儿特州、下萨克森州	公法社团	《萨克森州高等学校法》规定：高校是具有权利能力的公法社团。《萨克森—安哈儿特州高等学校法》规定：高校是依法享有自我管理权的公法社团。《下萨克森州高等学校法》规定：高校是享有自我管理权的公法社团，用基本规程和章程规范自身事务。

内容 分类	代表性的州	法律地位	备注
双重身份+其他形式	巴伐利亚州、萨尔州、图林根州	除公法社团和国家机构外，允许采用其他法律形式	《巴伐利亚州高等学校法》规定：高校是公法社团，同时也是国家机构，还可采用其他法律形式建立高校，或将高校转变为一种其他的法律形式。《萨尔州大学法》规定：大学是萨尔州负担的公法社团，亦可依法采用一种其他的法律形式。《图林根州高等学校法》规定：本州高校是公法社团，同时也是国家机构，亦可依法采用其他法律形式建立高校。
财团法人类	北莱茵—威斯特法伦州、石勒苏益格—荷尔斯泰因州、黑森州	财团法人	《北莱茵—威斯特法伦州高等学校法》规定：高校为本州所负担的公法社团，亦可按照其他法律形式建立高校，或将高校转变成为一种财团法人。《石勒苏益格—荷尔斯泰因州高等学校法》规定：公立高校是公法社团，享有自我管理权，但不具有属地管理权。将高校转变为财团法人，需要法律授权。《黑森州高等学校法》规定：州立高校是具有权利能力的公法财团。

综上所述，德国公立高校主要以公法团体和国家机构双重法律地位为主，近年来，逐渐从二元化的法律地位向复合多元化的公法人形态转变。值得一提的是，无论德国公立高校法人形态怎么改革，它始终保持着公法人的地位不动摇，这也是德国公立高校法律地位的重要特征。

（三）德国公立高校教师的法律地位

德国高等教育以19世纪初威廉·冯·洪堡（Wilhelm von Humboldt）改革柏林大学为转折点，德国高校教师法律地位的转变也以此为标志。在"洪堡改革"之前，德国高校是国家学府，政教不分，服务于国家需要，为国家培养统治和宗教接班人，国家对教师个人自由拥有无限的干预权，教师要忠诚于国家，高校教师与政府之间具有较强的人身依附关系。"洪堡改革"提倡教学和科研为高校的首要任务，实行教授治校，奠定了教授在高校的权威地位。德国高校实行教授讲座制，教授是一般负责一个独立的学科或专业，是教学和科研的核心力量，拥有较高的学术和行政管理权力，独自决定讲座内的人、财、物的使用。

德国高校教师分为教授和教授以下学术人员两类。德国法律规定，教授是国家公务员，职务是终身制的，若无重大渎职不得随意解雇[①]（见表5-6）。

---

① H.Peisert, G.Framhein. 联邦德国的高等教育［M］. 陈洪捷，马清化译. 北京：北京大学出版社，1993：214-216.

表5-6 德国高校教师类型、资格、招聘制度

内容分类	主要内容	备注
教师类型	教授：C2、C3、C4三级，C4是最高层级的教授。教授以下学术人员：高级助教、大学讲师、学术助教、学术助理、专聘教师。	教授是德国高校教师队伍的核心，在德国高校中，正式教师只有教授。教授以下学术人员是非正式的教师，在教授的指导下进行教学和科研，一般是3—6年不等的有限期的职位。
教师资格	教授必须具有博士学位和高校任教资格或与此经评议认为等值的学术著作。	教授以下学术人员，因其职务层次类型的不同，其资格和要求也有差别。
教师招聘	学校成立招聘委员会，成员以教授为主，主要来自招聘教授的系。招聘委员会审查、筛选，邀请应聘者试教，从中确定3人为候选人。候选人名单经校评议会通过，由校长呈交州文化部，州文化部长向其中一位发出教授聘用书。	为促进教师流动、避免近亲繁殖、学术僵化，当教授职位空缺时，一般从校外公开招聘教授。教授以下学术人员招聘没有严格的程序规定，通常由教授认可的人员担任，对这些学术人员的聘任权一般由教授独揽。

　　德国传统行政法学理论认为，教育是一种特殊的公共行政，从给付行政和侵害行政的角度看，教育具有这两者的双重性，执行给付行政与侵害行政的人员皆为国家公务员。高等教育属于给付行政

的性质，依据各州的法律，由高校予以执行。德国高校的教授具有国家公务员身份，属于事务类公务员，有别于政务类公务员，政务公务员以民选方式任用，随内阁的更替而进退，教授是高校公开招聘并由州政府任命，享有终身教职。

（四）德国公立高校与教师法律关系的性质

从上述德国公立高校及其教师的法律地位来看，德国高校既是国家机构，又是公法团体，公立高校中的教授是国家公务员，教授以下学术人员是学校雇员。因此，作为国家机构，高校与教授之间是公务员管理关系，具有行政法律关系的属性，作为公法团体，它是由一定成员组成的学术社团，教授是高校法人的成员。教授以下学术人员，其法律身份不是国家公务员，而是高校里的雇员，他们和高校之间是通过签订雇佣合同来规定彼此的权利义务关系，所以，高校与教授以下学术人员之间是基于私法的契约关系。但德国联邦雇员劳资合同法为保障雇员的职业权利，做了特别规定，雇员在聘用单位连续服务15年之后，原则上不得解雇，从而享有终身职业权利。德国公立高校与教授之间的行政法律关系和新中国计划经济时期高校与教师之间的行政法律关系具有很大的相似性。

四、法国公立高校与教师的法律关系

法国以中央集权制著称于世，在高等教育管理方面也体现出高度的中央集权特征。在集权体制下，法国除少数私立高校外，绝大多数都是公立高校。依据法国行政分权原则，法律赋予公立高校公务法人地位。公立高校受行政法的支配和设立它的行政主体的监督，其教师为公务员。公立高校与其教师之间构成行政法律关系。

（一）法国高等教育管理体制概况

法国的高等教育雏形于启蒙运动，崛起于拿破仑第一帝国时期，巅峰于18世纪下半叶至19世纪上半叶，巅峰过后的法国高等教育虽历经曲折，但至今仍处于世界前列。法国的高等教育管理体制是典型的中央集权制，它以中央集权和学区制等特色形成"法国式"高等教育管理模式。在高度集权的体制下，法国高等教育的举办权、管理权和决策权几乎全都集中于中央政府，并通过规划、立法、拨款等手段直接调控高等教育活动。

法国教育部统一管理全国教育。教育部负责制定高等教育发展政策；制定并监督执行高等教育学位和文凭制度；审批新建公立高校；审批公立高校新专业或审批综合大学新设立学院；保证高等教育发展经费并监督执行等。高校教授等人事安排有总统或教育部任命。教育部将经费拨付给公立高校，高校自行决定经费的具体使用权，但必须保证财务平衡。在法国，地方教育事务是由教育部的派出机构——学区负责，学区管理所在区域的各类学校，与当地政府部门没有直接关系。学区长作为教育部长的代表实施对教育的管理权。学区长由教育部长推荐，法国总统任命。对高等教育而言，学区的职责是协调辖区内高校之间的有关事务、监督辖区内高校贯彻执行国家教育政策、负责辖区内高校与教育部学校事务中心的相关工作等。

法国高校内部管理体制在不同历史时期不尽相同，是一个历史的动态发展过程，但有一个共同特点是教授或高级学术人员在大学内部管理中发挥重要作用。中世纪时期，法国大学内部管理重心在基层的民族团和学部，民族团首领和学部评议会、学部主任行使大学内部管理职权。传统大学时期（1789—1967），是中央集权之下的学部自治，校级的管理职能虚化，管理重心仍在基层的学部，教授、学部主任在大学管理中处于核心地位。现代大学时期（1968—1989），管理重心上移，校长和校级管理机构权力增强。现阶段（1990至今），法国在不断推进高校自治，完善校、院（系）二级管理体制。①

（二）法国公立高校的法律地位

按照法国的行政分权原则，无论哪种类型的高校都将其归为公务法人。基于宪法分权思想，法国行政主体分为三类：国家、地方团体和公务法人。公务法人是管理或经营某种特定公共事务的法人。它是法律规定的将某种公共事务从一般行政组织分离出来，赋予其独立的法律人格和管理机构，具备权利能力和行为能力，行使一定的公权力的组织。根据公务不同性质，公务法人分为行政公务法人、工商业公务法人、科学文化和职业公务法人等。据法国法律规定，高校最初属于行政公务法人。为适应高校特点，赋予高校更加独立的地位，法国创设科学文化和职业公务法人，并将高校重新予以定位。《富尔法》规定，大学是公立科学文化性机构，具有法

---

① 周继良. 法国大学内部治理结构：历史嬗变与价值追求 [J]. 教育研究，2015（3）：137.

人资格和财产自主权。《萨瓦里法》规定，公立高校享有科学文化和职业公务法人资格，享有在教学、科研、行政及财务方面的自主权，接受国民教育行政总督学的监督和审计法院的财务监督。[①]

《萨瓦里法》将公立高校定位为科学文化和职业公务法人，拥有一定的自主管理权限，但同时也受行政管理部门的监督。公立高校的自主管理权，是在法定权限内，自主确定自己的教学、科研等政策。进入21世纪后，法国加大高等教育改革力度，逐步转变政府职能，调整政府与高校之间的权限，并将人力资源管理权和财政管理权下放给高校。政府的角色从规则的制定者和执行者转变为评估者和督导者。政府仍然掌握颁发学历和评估高校的权力，并通过制定教育政策和订立合同等方式，保证高等教育公共服务职能。为促进高等教育改革，实现上述诉求，《关于综合大学自由与责任的法律》使高校开始逐步实行自治。

（三）法国公立高校教师的法律地位

从构成来看，法国高校有正式教师和非正式教师：正式教师是长期从事教学科研类教师，包括教授、副教授、讲师等；非正式教师是短期或临时性的合同类教师，包括教学与科研临时人员、兼课教师、客座教授等。从职务来看，法国高校教师设置为教授、副教授、讲师三个职务类别（见表5-7）。

---

① 申素平. 论我国公立高等学校的公法人地位［J］. 中国教育法制评论，2003（2）:14-37.

表5-7 法国高校教师类型、职务设置、招聘制度

内容分类	主要内容	备注
教师类型	正式教师、非正式教师	正式教师包括教授、副教授、讲师等教学科研类教师；非正式教师包括教学与科研临时人员、兼课教师、客座教授等合同类教师。
职务设置	教授、副教授、讲师	正式教师分为教授、副教授、讲师，其中教授设置二级、一级、特级三个等级。少数高校设有助教职位。
教师招聘	全国大学理事会负责教师招聘，不同层次的教师按照不同的规定程序，实行公开招聘	对讲师、副教授的招聘程序： ①应聘者向高校提供诸如简历、研究成果、博士论文等相关材料，高校的大学委员会对应聘者的材料和资格进行审查、评价，审查合格的应聘者进入下一流程的考核； ②高校对应聘者进行考核面试，主要是对应聘者的教学科研等综合素质考察； ③面试考核通过的应聘者可以向该校提出教师岗位申请。 对教授的招聘程序： ①资格审查，应聘者资格由全国大学理会专家小组审查； ②招聘学校的专家委员会根据资格审查的结果，从合格应聘者中选择考察面试人员，每个岗位不超过5人； ③应聘者进入考察面试阶段后，招聘学校的专家委员会组织面试、试讲，根据其表现情况进行筛选，并向学校行政委员会提交考察评审结果； ④学校行政委员会依据考察评审意见向教育部长推荐拟聘人选，部长批准聘任后，最后由总统任命。

在法国，公务员分为"正规"和"非正规"两类，二者均属于公职人员。依照法国行政法律的相关规定，公立高校的正式教师属于正规公务员系列，非正式教师属于非正规公务员系列。公立高校教师无论是属于哪个系列的公务员，都必须遵循公务员规则，恪守教师身份的特别规定。法国公立高校的教授和副教授享有终身制，不得随意解聘，如有不称职者则不予升职。

法国公立高校教师作为国家公务员，由于职务层次的差别在招聘和任命方式上有所不同。教授是向全世界公开招聘，经过国家层面和学校层面的考核评估程序，拟录用的教授由总统任命。副教授和讲师是高校考核招聘，副教授由教育部长任命，讲师一般由招聘高校的专门委员会经过审查评估决定。短期或临时性的非正式教师是由高校通过行政合同任用，而非由政府任命。[①]

（四）法国公立高校与教师法律关系的性质

无论是正规公务员系列的教师，还是非正规公务员系列的教师，他们与公立高校之间均属于公法上的行政法律关系，若双方发生争议，需要通过行政法院解决。其中的不同之处在于：正规公务员系列的教师与公立高校之间法律关系，不受合同法和劳动法的规制，而非正规公务员系列的教师则是通过与高校订立行政合同方式成为公职人员，双方的关系要受到公职人员相关法律的调整和订立的行政合同的约束。法国《公务员一般地位法》规定，公务员与行政组织居于行政法律规定的地位。该法明确了公务员与政府之间是

---

① 陈永明. 法国大学教师聘任制的现状与特征 [J]. 集美大学学报（教科版），2007（2）:3.

公法上的行政法律关系。这一规定表明，公务利益高于公务员个人利益，政府依据公务需要，可单方面制定或变更支配公务员地位的法律法规。由此可见，公立高校与正规公务员系列教师之间的这种行政法律关系，一方面，法律法规事前已规定了教师地位的相关内容，若双方之间签订的协议有违反法律规定则无法律效力；另一方面，若公立高校具体行政行为违反《公务员一般地位法》规定，侵害正规公务员系列教师的利益，则可以提起越权之诉，请求撤销违法行为。法国和中国的高等教育管理体制都有"集权"的特征，并且大部分高校也都是公立的，法国的做法对处理中国高校与教师的法律关系具有一定的借鉴意义。

五、美、英、德、法高校与教师法律关系的比较及启示

在现代高等教育发展史上，美、英、德、法具有重要的地位。各国的教育法治化程度比较高，都非常重视运用法律手段来解决教师管理方面的问题。这些国家关于教育方面的法律对公立高校及其教师的法律地位、权利义务及法律责任等，都有明确的法律定位。但是，各国关于公立高校与教师之间关系的法律约束形式有所不同，各有特色，对之进行比较分析有助于当前中国高校人事制度的改革与发展，能够获得一些启示和借鉴。

（一）美国和英国公立高校与教师的法律关系比较

美国和英国同属英美法系国家，有着相似的历史背景和文化传

统。英美法系重视判例法和制定法，特别注重判例的法律效力。从上述关于美国和英国公立高校人事制度中高校与教师之间的法律关系考察可以看出，美国和英国在公立高校及其教师的法律地位及双方之间的法律关系方面有着许多相同点，也存在一些不同之处。

从美国和英国公立高校的法律地位来看：相同之处在于两国的公立高校一般都具有法人资格，大部分的公立高校均被定位为公共机构，在法律性质上属于公法人；不同之处在于两国公立高校类型复杂，法律地位不一，比如美国公立高校主要分为政府机构类、公共信托类、宪法自治类，这三类公立高校被视为公共机构，属于公法人，但也有一些州的少数公立高校没有法人地位，英国公立高校主要分为特许状类、法规类、公司类，特许状类高校属于特别法人，2004年后将其纳入"公共当局"范围，法规类高校作为公共机构是公法人，公司类高校则是公司法人。

从美国和英国公立高校教师的法律地位来看：相同之处在于高校教师的法律地位定位比较清晰，有相关的法律予以规范，比如美国公立高校教师是公务雇员，其权利由联邦宪法和州宪法予以保障，英国法规类高校作为公共机构属于公法人，其教师则居于行政相对人的地位；不同之处在于美国公立高校教师无论是学术系列还是教学系列的教师，均将其视为公务雇员，而英国的特许状高校和法规类高校的教师法律地位为行政相对人，公司类高校教师的法律地位则为雇员。

从美国和英国公立高校与教师的法律关系来看：不同类型的公立高校与其教师之间的法律关系比较明确，都有相关的法律对此做出相应的规定；不同之处在于美国公立高校作为公法人，教师作为公务雇员，高校与教师之间构成契约关系，同时，双方之间还有宪法关系和行政法律关系，英国特许状高校和法规类高校与其教师之间是行政法律关系，而公司类高校与其教师之间则为雇佣合同关系（见表5-8）。

美国和英国的这种情况对于中国高校人事制度分类改革，特别是在处理中国高校与教师之间法律关系方面极具参考价值。

表5-8 美国和英国公立高校、教师法律地位及其法律关系比较

比较 ＼ 国别		美国	英国
相同点	高校法律地位	公立高校一般都具有法人资格，大部分公立高校定位为公共机构，在法律性质上属于公法人。	
	教师法律地位	不同类型的公立高校，其教师的法律地位定位比较清晰，有相关法律予以规范。	
	高校与教师的法律关系	不同类型的公立高校与其教师之间法律关系比较明确。	
不同点	高校法律地位	政府机构类 公共信托类 宪法自治类 ⎫ 公共机构（公法人）（有些州少数公立高校没有法人地位）	特许状类：特别法人 法规类：公共机构（公法人） 公司类：公司法人

续表

比较＼国别		美国	英国
不同点	教师法律地位	公务雇员（学术系列、教学系列）	特许状类：教师是行政相对人 法规类：教师是行政相对人 公司类：教师是雇员
	高校与教师的法律关系	既有宪法关系，也有行政法律关系，还有契约关系。	特许状类：特别权力关系 法规类：行政法律关系 公司类：雇佣合同关系

（二）德国和法国公立高校与教师的法律关系比较

德国和法国同属大陆法系国家，有别于前文所述英美法系的美国和英国，大陆法系重视对重要的部门法制定法典。德国和法国注重通过制定成文法来规范教师的身份、权利、义务和责任，在公立高校及其教师的法律地位及双方的法律关系方面有相似性，也有差异性。

从德国和法国公立高校的法律地位来看：相同之处在于两国公立高校均具有公法人资格；不同之处在于，德国公立高校兼具公法团体和国家机构双重属性，有些州在公法团体和国家机构的基础上还允许其他形式建立高校，法国公立高校根据法律规定最初属于行政公务法人，后来又将公立高校定位为科学文化和职业公务法人。

从德国和法国公立高校教师的法律地位来看：两国都将教授一

级的教师视为国家公务员，享有终身教职，教授以下学术人员其法律地位不同，在德国教授以下学术人员的身份为雇员，雇员服务期满15年以后，原则上不得解雇，从而享有终身职业权利，法国公立高校的正式教师是正规公务员，其中教授、副教授享有终身教职，非正式教师则属于非正规公务员系列。

从德国和法国公立高校与教师的法律关系来看：公立高校与教授之间是行政法律关系，公立高校与教授以下学术人员之间法律关系不同，在德国公立高校与教授以下学术人员之间是雇佣合同关系，在法国公立高校与正式教师（包括教授、副教授）之间是行政法律关系，与非正式教师之间是行政合同关系（见表5-9）。

德国和法国都将公立高校定位为公法人，体现出公立高校具有行使公共职权的特征，它们的这些做法对准确定位中国高校的法律地位及处理高校与教师之间的法律关系具有一定的借鉴价值。

表5-9 德国和法国公立高校、教师法律地位及其法律关系比较

比较 国别		德国	法国
相同点	高校法律地位	公立高校都具有公法人资格。	
	教师法律地位	公立高校的教授都是国家公务员（教授以下学术人员不尽相同），教授享有终身制。	
	高校与教师的法律关系	公立高校与教授之间是行政法律关系（教授以下学术人员有区别）。	

续表

比较	国别	德国	法国
不同点	高校法律地位	公法团体和国家机构	科学文化和职业公务法人。
	教师法律地位	教授是国家公务员，教授以下学术人员是雇员；教授享有终身制，教授以下学术人员服务15年后，原则上不得解雇。	正式教师拥有正规公务员身份，短期或临时的非正式教师属于非正规公务员系列；教授和副教授享有终身制。
	高校与教师的法律关系	公立高校与教授之间是行政法律关系；公立高校与教授以下学术人员是雇佣合同关系。	公立高校与正式教师之间是行政法律关系；公立高校与非正式教师之间是行政合同关系。

（三）美国和德国公立高校与教师的法律关系比较

美国和德国分属不同的法系，历史文化背景不同，但两国都是联邦制国家，高等教育都由各州负责。两国在公立高校与教师的法律关系上，有差异，也有共同点。从公立高校法律地位来看，美国和德国的相同之处在于两国的公立高校一般都具有公法人资格。不同之处在于，美国公立高校类型较多，只有归属于公共机构的高校才具有公法人资格，少数州立高校无法人地位；德国公立高校一般具有公法团体和国家机构的双重地位。从公立高校教师的法律地位来看，美国和德国的相同点在于两国相关法律对公立高校教师的法律地位地位比较清晰；不同点在于美国公立高校教师是公务雇员，而德国公立高校教师中，只有教授是公务员，教授以下人员则为雇员。从公立高校与教师的法律关系来看，美国和德国的相同之处是两国公立高校与教师之间法律关系比较明确，有相关法律对之明确规定；不同之处在于美国公立高校与教师之间有行政法律关系，还有契约关系、宪法关系，而德国公立高校与教授之间是行政法律关系，与教授以下学术人员则是雇佣合同关系（见表5-10）。

表5-10 美国和德国公立高校、教师法律地位及其法律关系比较

比较 ＼ 国别		美国	德国
相同点	高校法律地位	公立高校在法律性质上一般都具有公法人资格。	
	教师法律地位	公立高校教师的法律地位定位比较清晰，有相关法律予以规范。	
	高校与教师的法律关系	公立高校与其教师之间法律关系比较明确。	
不同点	高校法律地位	政府机构类 公共信托类 宪法自治类 ｝公共机构（公法人）（有些州少数公立高校没有法人地位）	公法团体和国家机构。

续表

国别 比较		美国	德国
不同点	教师法律地位	公务雇员（学术系列、教学系列）。	教授是国家公务员，教授以下学术人员是雇员。
	高校与教师的法律关系	既有宪法关系，也有行政法律关系，还有契约关系。	公立高校与教授之间是行政法律关系；公立高校与教授以下学术人员是雇佣合同关系。

（四）英国和法国公立高校与教师的法律关系比较

英国和法国也属于不同法系，两国在公立高校与教师的法律关系上，差异较大，但也有共同点。从公立高校法律地位来看，英国和法国的相同之处在于一般将其公立高校视为公共机构，具有公法人性质，不同之处在于英国的特许状类、法规类的公立高校是公法人，公司类的公立高校则是公司法人，法国的公立高校都是公法人。从公立高校教师的法律地位来看，英国和法国的相同点在于两国相关法律对其公立高校教师的法律地位定位比较清楚，不同点在于英国特许状类和法规类的公立高校教师居于行政相对人的地位，公司类高校教师则是雇员，而法国公立高校的教师有正式教师和非正式教师之别，正式教师属于正规公务员，非正式教师属于非正规公务员。从公立高校与教师的法律关系来看，英国和法国的相同之处在于作为公共机构的公立高校与教师之间具有行政法律关系，不同之处在于英国的公司类公立高校与教师之间是雇佣合同关系，法国的公立高校与正式教师之间是行政法律关系，与非正式教师之间则是行政合同关系（见表5-11）。

表5-11 英国和法国公立高校、教师法律地位及其法律关系比较

比较 / 国别		英国	法国
相同点	高校法律地位	一般将公立高校视为公共机构，具有公法人的性质。	
	教师法律地位	相关的法律对公立高校及其教师的法律地位定位比较明确。	
	高校与教师的法律关系	作为公共机构的公立高校与教师之间具有行政法律关系。	
不同点	高校法律地位	特许状类：特别法人 法规类：公共机构（公法人） 公司类：公司法人	科学文化和职业公务法人。
	教师法律地位	特许状类：教师是行政相对人 法规类：教师是行政相对人 公司类：教师是雇员	正式教师拥有正规公务员身份，短期或临时的非正式教师属于非正规公务员系列；教授和副教授享有终身制。
	高校与教师的法律关系	特许状类：特别权力关系 法规类：行政法律关系 公司类：雇佣合同关系	公立高校与正式教师之间是行政法律关系；公立高校与非正式教师之间是行政合同关系。

（五）美、英、德、法公立高校与教师的法律关系比较

美国和英国同属英美法系国家，德国和法国同属大陆法系国家，两大法系都起源于欧洲，存在诸多联系，有着相似的历史文化传承，英美法系注重判例法和程序法，大陆法系注重实体法，强调法律的制定和修订。因此，美国、英国、德国、法国这四个国家公立高校及其教师的法律地位及双方法律关系既有共性又具个性。

首先，从这四个国家公立高校法律地位来看：一般都赋予公立高校公法人资格，所不同的是，美国将公立高校视为公共机构，在法律性质上属于公法人，有些州的少数公立高校无法人地位；英国的特许状高校因其拥有皇家特许状而具有特别法人地位，但2004年后将其纳入"公共当局"，视为公法人，法规类高校作为公共机构，具有公法人地位，公司类高校依据公司法和合同法等法律成立，具有公司法人地位；德国公立高校兼具公法社团和国家机构双重属性，有些州还允许以其他形式设立高校；法国则通过立法专门创设科学文化和职业法人，将公立高校定位为科学文化和职业法人。

其次，从公立高校教师的法律地位来看：相同点在于各国法律对公立高校教师的法律地位定位都比较清晰，不同层次或类别的教师法律地位各不相同，不同点在于美国将公立高校教师定位为公务雇员，英国特许状高校和法规类高校教师的法律地位是行政相对人，公司类高校教师是雇员，德国公立高校的教授是公务员，教授以下学术人员是雇员，法国公立高校的正式教师是正规公务员，非正式教师则是非正规公务员。

最后，从公立高校与教师的法律关系来看：相同之处是各国

公立高校与教师之间法律关系比较明确，不同层次的教师与高校之间法律关系有差别，不同之处在于美国的公立高校与教师之间是行政法律关系，同时也含有契约关系、宪法关系，英国特许状类高校与教师之间是特别权力关系，法规类高校与教师之间是行政法律关系，公司类高校与教师之间的雇佣合同关系，法国公立高校与正式教师之间是行政法律关系，与非正式教师之间是行政合同关系（见表5-12）。

表5-12 美、英、德、法公立高校、教师法律地位及其法律关系比较

比较 ＼ 国别		美国	英国	德国	法国
相同点	高校法律地位	公立高校一般都具有公法人资格。			
	教师法律地位	各国法律对教师法律地位定位比较清晰，不同层次或类别的教师法律地位不同。			
	高校与教师的法律关系	公立高校与教师之间法律关系比较明确，不同层次的教师与高校之间法律关系不同。			
不同点	高校法律地位	公法人；有些州少数公立高校无法人地位。	特别法人；公法人；公司法人。	公法团体；国家机构。	科学文化和职业法人。

续表

比较 国别		美国	英国	德国	法国
不同点	教师法律地位	公务雇员。	行政相对人；雇员。	教授是公务员；教授以下是雇员。	正规公务员；非正规公务员。
	高校与教师的法律关系	行政关系；契约关系；宪法关系。	特别权力关系；行政法律关系；雇佣合同关系。	行政法律关系；雇佣合同关系。	行政法律关系；行政合同关系。

（六）美、英、德、法的经验对重构中国高校与教师法律关系的启示

通过对美国、英国、德国、法国公立高校及其教师的法律地位和双方之间的法律关系的考察和比较分析，可以发现，这四个国家都将高校教师管理纳入法治轨道，注重运用法律手段解决高校教师管理问题，强调高校的"公法人"特性，突显高校教师的"公务性"，依法保障高校教师的合法权益，明确教师的权利救济途径和法律责任承担方式。这些做法对深化中国高校人事制度改革，合理定位高校及其教师的法律地位和双方的法律关系具有极大的启发意义。

一是依法明确公立高校的法律地位，强调高校的"公法人"特性。美国、英国、法国、德国的法律都明确规定公立高校的法律地位，将公立高校定位为公法人，尽管各国在具体做法上不尽相同，但都特别强调公立高校"公法人"的特性。这对中国从民法的角度将高校定位为事业单位法人具有重要的借鉴意义。强调高校的"公

法人"特性，能够为司法有限介入高校事务提供法理依据，对高校行政权力制衡和司法监督，从而有效保证高校教师的合法权益。

二是依法确立公立高校教师的权利和义务，突出教师身份的"公务性"。美国将公立高校教师的法律地位定位为公务雇员，英国将大部分公立高校教师定位为行政相对人，德国和法国将公立高校教师纳入国家公务员行政管理系统。各国都强调公立高校教师法律身份的"公务性"，都将高等教育视为国家的公共事务，教师受国家委托，按照国家意志培养人才，执行的是国家公务。这对中国从职业的角度将教师的法律地位定位为专业技术人员极具参考价值。

三是依法明晰公立高校与教师的法律关系，强化教师权益保障机制。美国、英国、德国、法国对不同类型的公立高校及其教师之间的法律关系都有明确的法律规定，双方的权利和义务通过公务员法或雇佣合同进行明确规定。高校与教师之间法律关系明晰，有利于维护教师的合法权益。美国、英国、德国、法国都特别注重教师权利救济，维护教师合法权益。比如，法国处理涉及教师权益的法律纠纷通过两个途径：一方面，教育系统内部申诉，法国教育部和各个学区都设置处理教育法律纠纷的专门委员会，专门受理教职员申诉和纪律惩处案件；另一方面，教育系统外部诉讼，法国教师是公务员，涉及教育、教师的诉讼案件均由行政法院受理。这些做法对于中国高校人事制度改革，特别是厘清高校与教师之间的法律关系及完善教师权利救济方面具有很大的借鉴价值。

第六章 中国高校人事制度改革中高校
与教师法律关系的重构

在厘清中国高校人事制度改革中高校与教师法律关系现状与问题的基础上，借鉴国外公立高校与教师法律关系的经验做法，从完善高等学校法人制度、厘清高校教师权利义务、规范高校教师合同管理、健全教师权益救济制度四个方面对当前聘任制下中国高校与教师之间的法律关系进行重构，从而使得高校与教师之间的权利义务更加有法可依、有章可循，双方的法律关系进入法治状态。

一、完善高等学校法人制度

法人制度是世界各国规范经济秩序及整个社会秩序的一项重要法律制度。高校法人制度是法律赋予高校独立人格，明确高校法人的性质和权利，使其能够自主培养人才、开展科学研究、提供教育服务，实现教育公共利益的法律主体制度。法人制度是高校实现依法治教、依法治校的必要保证，是深化高校人事制度改革的关键环节。现代社会是法治社会，高校的组织结构和教育教学活动必然要被纳入法治的轨道，接受法律的规范和调整，以维护高校秩序并实现其教育目标。法律是通过赋予人们一定权利和设定某种义务来调整人们的行为，从而形成以权利和义务为内容的法律关系，并由此产生相应的法律责任。"无主体便无权利"，具有法律上的主体资格是个人或组织获得合法权利和法定义务的前提，如果主体不适格，其权利就得不到法律的有效保护。高校要实现依法治校必须取得法律主体的资格。建立高校法人制度，赋予其法律主体地位和相应的权利和义务，秉承法治精神实现依法治教和依法治校。

（一）现行高校法人制度的性质

《民法通则》基于法人活动性质对法人类型做了划分，其中就有事业单位法人。《事业单位登记管理暂行条例》对"事业单位"这一概念做了界定。高校不同于政府机关，也有别于社会团体，按照上述法律法规的规定，高校归属于事业单位法人。《教育法》第31条明确提出学校具有"法人"资格。《高等教育法》第30条规定，高校自批准设立之日起取得法人资格。至此，我国高等学校法人制度得以确立。

基于上述法律法规的规定，现行的高校法人制度是一种民事法律制度。它确认的是高校的民事法人资格，仅仅使高校获得民法赋予的民事权利。事业单位法人是中国特色的民法学概念，这种高校法人制度的定位，仅反映了高校所具有的非营利、公益性特征。鉴于我国现行的法律体系没有区分公法和私法，高校的法人权利仅能直接从民法中获得依据，但是高校法人能够从事哪些民事活动、承担哪些民事义务，相关法律没有做出明确规定。

事业单位法人的定位是从民法学角度，将高校界定为民事主体，但忽视了高校的行政法律地位。高校不仅承担教学和科研任务，还行使对教师和学生的管理、职称／职务评聘、学位授予等职权。高校的这些职权是高等教育公共行政的重要组成部分，体现的是国家教育权的一种授权或委托。高等教育公共行政如果离开了高校行使的这些职权，国家教育权将无法得到具体的实施。从这个意义上讲，高校行使这些职权是一种公共权力，高校作为事业单位所实施的行政职权，属于行政法学的公务行政范畴。从其法人设立依据看，它是依据具有行政法性质的教育法所确立；从其行使权力性质来看，它由政府举办和维持，是国家教育权的体现；从其存在目的看，是为公共利益而设立。因此，高校不仅仅具有民事活动主体资格，在更多的非民事活动领域，具有行政主体资格，享有法律法规规定的权力，履行法律法规法规定的义务。

（二）现行高校法人制度的局限性

现行的高校法人制度将高校定位为事业单位法人，其局限性主要体现在以下几个方面：

一方面，未能反映市场经济条件下高等教育领域内复杂的法律关系。基于现行的法律规定，我国目前的高校法人制度，从性质上讲，它属于民事法人制度，主要是调整高校与其他平等主体之间横向的民事法律关系。这种制度设计只是解决了高校在介入市场时，所需具备的民事主体资格，但是忽视了对政府与高校之间纵向法律关系的调整。这种制度安排也没有明确高校与政府之间的权力边界，对政府行政权力的约束不力，不能有效制约政府过度干预高校办学自主权。高校的这种民事法人制度往往会导致政府仍然按照计划经济条件下的管理方式，直接或间接行政干预和控制高校的人事任免、教育经费、专业设置、组织结构、重大建设事项决策等，从而挤压了高校自主办学的空间。

现行的基于民事法律关系的高校法人制度，还忽视了高校作为学术组织的特本质和特殊规律，没有对集中体现高校特质的学术权力做出相关规定，也没有对高校的学术权力及其运行机制做出明确规定，以此来保证高校学术权力的有效行使和规范运作，从而导致行政权力僭越学术权力，造成高校学术自主性的衰落。又加之在传统上我国高校官学一体的内部管理体制对行政权力有着巨大的路径依赖，造成高校中行政权力过度干预学术权力，导致了学术组织和学术管理的行政化、学术人员的官僚化，失去了学术自由的本性。

另一方面，未能反映高校的公共机构身份，缺乏对高校行使的公共权力、民事权利进行必要的规制。现行的高校法人制度没有对高校独立自主的法律人格做出全面的规定，仅对高校作为民事主体进行了确认，但忽略了高校兼具的公共机构的特性，缺乏对高校作为公共机构方面人格的确认及对高校拥有的诸如招生权、学位授予权、学籍管理权、职称／职务评审权等公共权力的制约。公共权力极具强制性，如果缺乏必要的制约和监督，往往容易被滥用或不公正地行使，必须将公权力关进制度的笼子里，才能保证公权力的公平、公正地行使。

现行的高校法人制度对高校特殊的组织属性重视不足，对高校法人的民事行为缺乏制度约束，导致高校在实际运行中往往按照企业法人的逻辑，利用一切市场机制来获取资源和寻求发展，从而忽视了高校作为公共机构所肩负的使命和职责，使得高校公共教育职能的履行和发挥受到严重影响。这种基于企业法人制度的原理和机制设计建立的高校法人制度，虽然可以依照私法自治原则参与市场竞争、行使民事方面的权利，然而高校并非是与企业同质的纯粹市场主体，而是以实现公共教育目的和履行公共教育职能为其最根本目标的公共机构。因此，高校法人在从事市场活动、行使民事权利时，必须遵循一定的规则和受到必要的制约，体现其公益性的特征。

另外，未能充分解决高校办学自主权问题。现行的高校法人制度对高校的民事行为和公法上的行为界限不清。从民法的角度将高校定位为事业单位法人，但是政府与高校在行政管理方面存在行政隶属的法律关系。在这种行政隶属关系下，高校的办学自主权不充分。高校的办学自主权是基于公权力的转移，即依据法律法规授权获得公法意义上的自主权。《教育法》《高等教育法》未对高校行使的权力性质做出明确规定。

（三）完善高校法人制度的策略

从上述我国现行高校法人制度的性质和局限性来看，完善高校法人制度的关键在于为高校在社会结构中寻找一个合适的位置，建立兼顾和协调高校自主性与公共性的法人制度。从民法的角度将高校定位为民事主体或从行政法的角度将高校定位为行政主体都并非最佳定位，这反映出单独从私法（民法）或公法（行政法）的角度来定位，已经无法有效解决现行高校法人制度的困境，因此必须寻求一种全新的理论视角解决此难题。

为了寻找新的理论视角，有必要对传统观点进行剖析。高校法人地位及性质主要存在两种传统的观点：一种观点是依据《民法通则》的规定，认为高校属于事业单位法人，具有民事主体资格，该观点将高校作为民法中的一般法人对待；另一种观点认为，高校法人具有民事主体和教育主体双重性质。这两种观点的分歧在于对"法人"概念的理解，将高校视为民事主体的观点，是按照"法人"的传统定义。但是，法人制度是否只是民法的制度，学界对此观点不一。有学者认为，法人制度不仅仅只适用于民事法律，在行政法、经济法等法律中，也都将法人作为法律关系的主体。随着社会发展，法人制度实际上已经超出了民法的范畴。从这个角度来看，将高校仅视为民事主体未免有点片面。

从法人设立的目的、依据的法律、设立者及是否行使或分担国家权力等标准来看，以公益目的、据公法设立、由国家或公共团体设立、行使国家公共职权的为公法人；反之则为私法人。无论依据哪个分类标准，公立高校都更多地体现出公法人的特性，但由于高校行使的公权力为教育权，又不同于国家机关，因此高校属于公法人中的特别法人，受行政法及教育法支配。从法人活动目的来看，以社会公益目的成立的是公益法人，以取得经济利益为目的成立的是营利法人。我国高校办学不以盈利为目的，属于公益法人。从法人所从事的业务活动来看，据《民法通则》规定，高校属于事业单位法人。

综上所述，我国公办高校法人的性质是多重的，公办高校不仅可以面向社会自主从事民事活动，具有民事方面的权利义务，而且还能够自主地从事高等教育公共服务，具有行政权力并承担相应行政责任。仅从民法上确立高校的法人地位还不能全面体现高校法人的属性。

从新的视角界定高校的法律地位和性质，必须突破传统上非此即彼二分法的局限，必须从国家层面制定《学校法》，设立新型法人——学校法人，在《学校法》中明确界定学校法人，从而使高校具有学校法人资格。这种新的法人类型，能够包含其在行政法上行政主体地位和民法上的民事主体地位。可以借鉴日本、德国等国的立法经验，制定《学校法》，明确规定学校法人的法律地位及其权利义务。通过《学校法》规范高校办学行为，明晰高校在行政、民事方面的权利边界。同时，还将高校纳入司法审查的范围，通过有限司法介入对高校公权力形成制约，以保护高校教师和学生的合法权益。

二、厘清高校教师权利义务

"法学乃权利和义务之学"。教师的权利和义务是教师法律地位的具体体现。高校教师的法律地位，本质上就是要明确高校教师享有哪些权利、承担哪些义务。高校教师是高等教育阵地的维护者、知识创新的主力军，厘清高校教师的权利和义务对稳定高校师资队伍及其工作积极性、推动高等教育持续健康发展、提高高等教育质量、培养合格的建设者和接班人至关重要。

（一）高校教师权利义务的实体法规定

通过现行涉及高校教师的相关实体法，基本可以厘清高校教师权利和义务内容的大致范围与作用机理。

（1）《教师法》关于教师权利义务的规定

《教师法》在第2章第7条、第8条中明确列举了教师的六项权利和六项义务。教师的权利包括：教育教学、科学研究、指导评价、报酬待遇、民主管理、培训进修等方面。教育教学权是教师履行教育教学职责的权利；科学研究权是宪法规定的公民基本权利，根据教师职业特点加以具体化；指导评价权突显教师的专业性和在教育教学中的主导地位；获取报酬待遇权是教师所享有的宪法赋予公民的劳动权利和劳动者休息权利的具体化；民主管理权是教师参与教育管理权利的直接体现；培训进修权是教师享有继续教育的基本权利。教师的义务包括：遵纪守法、教育教学、思想教育、爱护尊重学生、保护学生权益、提高自身水平等方面。遵守宪法、法律和职业道德是教师的基本义务；教师必须贯彻国家教育方针、遵守规章制度、完成教学任务、履行教师聘约；教师有义务对学生进行爱国主义、民族团结、法制教育及人生观、价值观教育；教师有义务关爱学生、尊重学生人格并保护学生权益；教师必须不断加强学习和思想道德修养，保持较高的教学水平。《教师法》第7条规定的教师的权利和义务，特别突出了教师在教育教学和科研活动中所扮演的角色及其在经济社会生活中所起的重要作用，具有特别浓厚的行业化色彩。

（2）《教育法》《高等教育法》关于教师权利义务的规定

《教育法》在第4章第32条、第33条对教师的权利和义务进行了概括性规定：教师享有法定的权利，履行法定的义务，国家保护教师合法权益，改善教师的工作和生活条件。《高等教育法》在第5

章第45条规定，高校教师享有法定权利，履行法定义务，忠诚于人民的教育事业。《教育法》和《高等教育法》均采取概括的立法方式，对教师权利和义务的规定都以《教师法》为蓝本。

关于教师权利和义务的规定，除了上述三部法律外，《义务教育法》及其实施细则、《职业教育法》《社会力量办学条例》《教师和教育工作者奖励规定》《教学成果奖励条例》等法律法规中也涉及教师权利和义务方面的相关规定。

（3）《宪法》关于教师权利和义务的规定

教师作为普通公民的权利和义务是由宪法规定的，体现宪法的价值取向和追求，在教师权利和义务中具有根本性、基础性作用。宪法第4章第33—56条对教师作为公民享有的基本权利和义务做出明确规定，主要包括：政治、自由、人身、财产、劳动、社会经济、文化教育、婚姻家庭等方面的权益。宪法规定的这些权益是最一般意义上的、抽象的、宣言式的，需要依靠实体法和程序法的确认和保障才能够得以实现。

从上述实体法关于教师权利和义务的规定采取列举、概括的方式，其内容相对简单、泛化，操作性不强。虽然有一些条款规定了教师的权利，但对权利救济方面规定还不清晰明确。因此，还需要在立法技术层面重视和加强教师权益保护。

（二）完善高校教师权利义务的策略

（1）修订和出台相关教育法规或补充条款

针对教育法规在实施过程中遇到的各种实际问题，适时地进行修改，着力解决现有法律规定中存在的制约教育领域改革和发展的问题，这对完善教育立法、维护教育法规的权威性十分重要。英国、美国、法国、德国、日本等国经常对教育法律条款进行修改、补充、删除等注释，适时进行修改性教育立法活动。借鉴国外经验，以教育立法推动教育改革，对于《教师法》《教育法》《高等教育法》等涉及教师权利和义务的法律法规进行修订和补充，特别是增加对教师享有权利和履行义务程序方面的规定，增强权利和义务内容的可操作性。程序规范关涉权利实现和义务履行的具体过程，修订或补充条款要明确规定教师权利救济的途径和程序，让教育法律法规跟上教育改革发展的步伐。

（2）提升高校教师权益自我保障能力

一方面，对高校教师自身而言，高校教师作为权益的主体首先要懂得如何维护和保障自身的合法权益，对自己权益保障负责。高校教师要增强法律意识，强化教育法律应用能力。高校教师只有熟悉和掌握教育法律法规知识，才能产生有效的保障行为。要达到自我保护的目的，高校教师必须熟悉法律法规，具有权利和义务意识，并能够自主运用法律法规保护自身合法权益。高校教师还要积极关注教师权益维护方面的典型案例，并运用相关法律和政策对其进行研究，同时，教师在自身权益受到侵犯时，及时向专业法律顾问咨询并寻求其帮助。另一方面，对高校而言，要加强对教师的法制教育，提高教师的法律素质，使其成为学法、遵法、守法、用法，弘扬社会主义法治理念的典范，让教师树立民主法治、自由平等、公平公正的法治精神。要在高校教师中深入、系统地进行宪法、教育法、教师法、高等教育法等法律法规关于基本制度、重要规定和行为规范的宣传教育，有针对性地开展民商法、行政法、知识产权法、刑法、诉讼与非诉讼程序法等方面的法律原则与一般规则的教育。

（3）完善高校内部保护教师权益的体制机制

高校内部组织管理的体制机制直接影响到教师的权利和义务的实现状况。高校要为教师营造和谐的校园文化氛围、创造良好的工作环境、搭建宽松的发展平台。建立以人为本的管理模式，突显教师的主体地位，尊重教师的价值、权利、尊严、情感与体验，保障教师权益在人事制度改革中不受侵犯，谋求高校与教师协调发展。强化校内民主管理机制，在民主管理和维护教师权益方面，充分发挥教代会和工会的重要作用，同时，推进学校内部管理工作透明化，实行校务公开制度。施行合理的考评与激励机制，采取多元主体积极参与的多角度立体评价和分类分层的考核评价相结合的模式，保障考核评价结果的公平、公正。构建科学的用人育人机制，通过立法建立多元化的用人制度和教师培训制度及人才合理流动机制。

三、规范高校教师合同管理

教师聘任制作为高校人事制度改革的基石，是以合同管理为核心的教师管理制度。合同管理强调对聘用合同签订前和签订后的履约全过程的监管，高校依法对聘用合同的订立、履行、变更、解除等环节实施动态管理，有利于维护高校与教师双方的合法权益，保障双方如约履行义务，充分发挥聘用合同的法律效力和人力资本效益，防范和控制聘用合同风险，降低高校人事管理成本。在依法治国的时代背景下，高校人事管理法制化、规范化是依法治教、依法治校的具体体现，是对高校教师聘任制的深化和延伸。只有规范聘任合同管理，高校教师聘任制才能得到真正贯彻落实。

（一）现行法律法规对教师合同管理的规定

随着高校人事制度改革的深入，教师聘任制在高校中普遍施行，高校对教师的管理方式发生了根本转变，由计划经济时期的身份管理向市场经济时期的岗位管理转变。与此相对应，高校与教师的关系也从行政任用关系转变为聘用合同关系。高校与教师签订聘用合同后，高校必须根据聘用合同约定的内容履行自己的义务，并依法实施对教师的管理，教师也必须依照合同的规定，履行教育教学职责。因此，合同管理成为聘任制下高校人事管理法制化、规范化的必然要求，高校对教师履行职责的考核、奖惩依据双方的权利和义务都是以聘用合同为依据。

《关于在事业单位试行人员聘用制度的意见》对事业单位实施聘用制度的原则和范围、公开招聘、聘用程序、合同内容、考核、解聘辞聘、人事争议处理等做了明确规定，是高校推行合同管理的指导性文件。《教师法》第17条规定了制定教师聘任制的步骤、实施办法的机构，但对此步骤和办法至今尚未有全国统一的标准，特别是关于教师聘用合同的专门性的法律规范尚未出台。《事业单位人事管理条例》第12—19条规定了聘用合同的期限、试用期、解除合同等方面的相关内容，为规范高校教师合同管理提供了法规依据。在高校教师聘用制改革实施过程中，聘任合同的法律适用不明确，存在较大的随意性，产生了诸多人事争议方面的问题。比如，聘用合同中权利义务失衡，合同缔结中双方地位不对等，合同争议处理中公平与效率的失衡等。规范教师合同管理是预防人事争议的重要关口，必须严格规范高校教师合同管理，在维护教师合法权益的同时，切实保障高校的合法权益不受损，以实现高校与教师力量与利益的最佳契合点，有效寻求双方利益的平衡。

（二）规范教师合同管理的内容

（1）聘用合同的订立与变更

随着教师聘任制在高校中的全面施行，教师合同管理成为高校一项日常的管理工作。高校与教师签订的聘用合同应包括招聘、培训、晋升、考核、解聘等相关环节内容较为完整的条款。这些条款要具有可操作性，并且行之有效。高校依据合同约定的内容对教师实施评价，以提高教师对考核评价系统的接受程度。聘用合同的订立一般是校长或校长委托学院院长/系主任，与受聘教师以书面形式签订。聘用合同内容主要包含必备条款、约定条款、专项条款。这些条款要明确规定合同的期限、职责、待遇、违约责任、变更与终止，以及试用期、培训深造、解聘辞聘等内容。

高校与教师双方必须慎重对待合同的订立，一旦聘用合同签订后，即产生法律效力，双方当事人必须依照合同的规定，履行各自的义务，单方面不得擅自变更合同内容。依法签订合同后，如果在合同尚未履行或未履行完毕之前，客观条件发生重大变化，导致合同无法继续履行，经高校与教师双方当事人协商，可对合同的某些条款进行修改、补充或删减。

（2）聘用合同的解聘与辞聘

根据《关于在事业单位试行人员聘用制度的意见》第6条关于

解聘辞聘的相关制度，高校和教师双方协商一致，可以解除聘用合同。该条制度对高校随时单方面解聘教师做了明确规定，比如发生下列情形之一，高校即可以随时单方面解除合同：教师旷工超过规定的期限；未经学校同意，教师擅自出国或逾期不归；教师违反工作纪律，发生重大事故，造成严重后果；教师严重扰乱学校工作秩序，导致学校工作无法照常进行；教师被刑罚收监或劳动教养。对高校可以单方面解除聘用合同，但须提前书面通知拟解聘教师的情形也做出了规定。比如，教师患病，医疗期满不能从事原工作；教师年度考核或聘期考核不合格，又不同意调整工作或调整后考核仍不合格等。

上述关于解聘辞聘的制度，还列出高校不能解除与教师聘用合同的一些情形。比如，教师患病或负伤，未满医疗期；女教师在孕期、产期、哺乳期内；教师因公负伤，丧失劳动能力；在现有医疗条件下患有难治愈的严重疾病、教师在接受纪律审查，未有定论。同时，对教师可以随时单方面解除与高校的聘用合同的情形也做出了规定。比如，在试用期内；考入普通高校或选录到国家机关工作；依法服兵役。除此之外，教师提出解除聘用合同，但未能与学校协商一致，必须继续履约6个月后，再次提出解除合同未果，方可单方面解除聘用合同。另外，该制度还规定了解除聘用合同，需要支付经济补偿金的情况。

（三）规范教师合同管理的策略

（1）强化合同管理观念

聘用合同签订后，聘用合同成为双方之间法律关系的载体，双方的权利义务都以聘用合同为依据，高校与教师之间构成聘用合同关系。由于长期以来受传统的人事管理制度的影响，教师普遍对高校实行合同管理观念淡漠，对所签聘用合同条款内容，双方权利义务及合同的履行与违约等不甚了解，基本上都按学校的意志而定。高校在合同管理中要强化契约精神建设，加强对教师法律观念、法律意识教育，树立合同管理意识和风险防范意识，把合同管理融入到日常的实际工作中，管好用好聘用合同以减少人事争议的发生或利用聘用合同妥善解决人事争议。同时，高校还要完善合同管理的规章制度，使合同管理规范化、科学化、法制化，做到合同管理制度程序规范、层次清楚、职责明确，从而使合同的签订、履行、考核、纠纷处理等都处于规范有序的状态。

（2）实施合同动态管理

合同管理是动态的、系统的、贯穿合同履约的全过程。高校与教师签订的聘用合同，由于每位教师在聘任岗位/职位、合同期限等方面都不尽相同，必须对聘用合同建立动态管理机制。在签订聘用合同之前，高校与教师要充分了解合同订立的基本程序，明确各自的权利和义务。基层院系要建立健全本院系教师聘用合同台账，针对每位教师逐一登记在册，清楚标注每位教师的合同期限、起始和终止时间、约定事项、违约责任等相关事项，并且详细记录教师的履约情况、个人表现、部门意见及奖惩等情况，定期报送到人事部门存档。学校人事部门掌握教师在聘期内的具体情况，有利于增强学校对教师合同管理的主动权，从而进行有效的合同管理，降低合同管理运营成本。同时，加强聘用合同管理人员的业务培训，提高合同管理人员的自身能力和知识水平，增强其运用聘用合同解决实际问题的能力。

（3）畅通教师流动渠道

深化高校人事制度改革的目标是建立学校自主用人、人员自主择业、政府依法监管，通过严格的聘期考核，形成"能进能出、能上能下"的教师流转机制，实现高校教师队伍整体有序流动。教师合同管理就是要畅通人才进校的渠道和人才出口的渠道，建立"进得来，出得去"的灵活退出机制。畅通教师流动渠道，必须妥善处理未聘人员的安置问题，一方面，在高校内部消化，采取离岗退养、转岗分流、高职低聘等途径对未聘人员进行人性化的安置；另一方面，对不能胜任工作岗位的教师，采取淘汰机制，从而形成有进有出的人才合理流动机制。

（4）妥善处理人事争议

高校内部要设立由纪检、监察、人事、教代会、工会等多部门人员组成的教师申诉调解机构，当教师在招聘、录用、考核、解聘、辞聘等方面与学校发生人事纠纷时，教师可以首先选择在校内调解，若校内调解不成，还可以提起申诉或申请人事争议仲裁。若不服申诉决定或仲裁裁决，还可以进一步提起行政复议或诉讼。校内调解是最方便快捷、节约成本的争议解决的方式。校内调解机构接到教师投诉或申诉后，要立即启动争议调解相关程序进行调查核实，严格按照人事争议处理规则要求，多方沟通协调，妥善处理，并在一定时间内做出书面的调解决定。一方面，高校要依据现行法律法规的规定，建立健全各项规章制度，从规章制度层面，尽量避免人事争议的发生，同时高校人事制度改革也要依法依规进行；另一方面，高校要聘期律师担任法律顾问，学校的法律顾问需要精通教育法律法规，并熟悉高校管理的专业人士担任，为学校在规章制度建设方面提供专门的法律咨询服务，同时，还能够接受学校委托参与有关调解、仲裁或诉讼等法律事务。

（5）合同管理的人性化

聘用合同管理是刚性的，更要融入柔性的成分，充分注意人性要素，注重挖掘人的潜能。高校教师的劳动成果具有非物质性和创造性，这种工作性质决定了合同管理必须重视人性化。教师从事学术研究必须具备学术自由的权利，高校要给教师更多的学术自由的空间，让教师能够按照自己的学术兴趣来设计自己的学术道路。高校人事管理要充分体现以人为本的宗旨，在对教师进行合同管理的过程中，要以教师为中心，树立以教师为本的思想，突出教师的主体地位，促进教师的全面发展，实施规范化管理和人性化管理相结合，充分关爱教师、尊重教师、信任教师，为教师创造机会，实现"以发展创造机会，以机会牵引人才，以人才创造更大发展，形成更多机会"的良性循环机制。

四、健全教师权益救济制度

教师权益救济制度是教育法律法规在公民基本权利的基础上，针对教师这一特定人群进行权利救济，由法定机关依照规定的程序对教师提出的救济请求做出处理的法律制度。健全教师权益救济制度是高校人事制度改革的重要内容，也是教育法制建设的重要任务。

（一）完善行政救济制度

行政救济制度主要包括申诉制度、人事争议仲裁制度和行政复议制度。

（1）健全高校教师申诉制度

首先，要在各级教育行政主管机关设立教育申诉评议委员会作为专门的申诉处理机构，其组成人员应包括教师、教育学者、主管机关代表、社会公正人士等。当教师认为学校侵犯了其合法权益时，可以向主管其学校的教育行政机关申诉委员会提出申诉。其次，完善教师申诉的程序性规定，规范教师申诉处理各个环节的操作要求，比如出台《高校教师申诉条例》等法规，明确高校教师申诉的规范性程序，规定教师申诉案件各环节的流程，明确教师申诉时限，在技术层面上建立高校教师申诉制度的规范化体系。同时，健全教师申诉的相关配套制度，比如申诉告知制度、说明理由制度等。

（2）健全人事仲裁制度

《教师法》等教育法律法规没有对教师人事争议仲裁做出相关规定，也没有与申诉等其他救济制度相衔接，仲裁程序缺乏上位法的支撑，使得高校教师人事争议仲裁在法律适用上呈现混乱局面。关于事业单位建立人事争议仲裁制度，原国家人事部出台了《人事争议处理办案规则》《人事争议处理规定》等部门规章。人力资源与社会保障部等多部门出台《关于进一步加强劳动人事争议调解仲裁完善多元处理机制的意见》（以下简称《意见》），该《意见》指出，要创新劳动人事争议仲裁机制、健全专业性劳动人事争议协调机制和完善调解、仲裁、诉讼衔接机制。因此，建立健全高校人事仲裁制度，首先要有法可依，完善实体法和程序法关于人事争议仲裁的相关规定，解决实体法与程序法对接的问题，依法规定人事争议仲裁机构的性质和法律地位，降低政府行政行为对仲裁的影响。同时，还要建立人事仲裁办案基本制度目录清单，实施案件分类处理，简化优化立案、庭审、调解、送达等具体程序，提高人事仲裁案件处理质量和效率。

（3）健全行政复议制度

扩大高校教师提出行政复议的范围。现有的行政复议范围仅限于外部行政行为，而对于高校内部教师的任免、处分、职务评定、待遇等问题还不能申请复议，只能走申诉途径。高校教师的职业权属于劳动权，应当将涉及学校或教育行政机关侵犯高校教师职业权利的行政行为纳入行政复议的受案范围。若鉴于专业性、技术性等问题不便进行实质审查的，可以引入正当程序原则，进行程序性审查。对复议结果不服的，当事人有权向法院起诉，法院应当受理。在教育行政复议原有受理范围的基础上，拓宽教师申请行政复议的范围，将一部分内部行政行为纳入行政复议的受案范围，比如允许教师对学校做出的纪律处分、工作考核、业绩评定等行为不服而申请行政复议。同时，行政复议引入合议制度、回避制度、听证制度、言词审查制度等，除涉密案件外，公开审理，接受各方监督。

（二）完善司法救济制度

（1）协调司法救济与行政救济的适用范围

为使高校教师权益司法救济与行政救济接轨，必须调整司法救济与行政救济的适用范围，使之相互衔接。一方面，在原有的行政诉讼受案范围基础上，适当拓宽行政诉讼受案范围。法院受理后依据不同程序审理。凡高校、教育行政机关依据职权做出的行政行为，应由作出该行政行为的高校、教育机关负责举证的案件，适用行政诉讼程序；反之，则适用民事诉讼程序。另一方面，在原有的行政复议受案范围基础上，强化对做出具体行政行为依据的审查。高校、教育行政机关依职权对教师做出的行政行为，如果教师不服，可依法提起行政复议，并对做出该行政行为所依据的规章制度、规范性文件等提起审查。另外，区分人事争议仲裁和劳动争议仲裁的受案范围，以利于解决案件进入诉讼后适用程序法与实体法的矛盾与冲突。在校内行政行为纠纷中，将人事争议仲裁受案范围限定为高校依职权做出的行政行为，民事关系方面的权益则属于劳动争议仲裁的受案范围。

（2）实现司法救济与行政救济的衔接

修订现行教育法律体系，对教师在申诉、人事（劳动）仲裁、行政复议、行政诉讼等方面的救济做出明确的程序性规定。同时，在相关教育的法律法规中，明确多种救济途径的相互衔接问题，理顺这些救济途径之间的关系，使高校教师能够采取多种途径获得权利救济。将教师申诉作为其进行行政复议、行政诉讼的前置程序。但是，如果教师对申诉结果不服，可以申请行政复议或提起行政诉讼。教师可以选择申诉，然后申请行政复议或提起行政诉讼，也可不经申诉直接申请人事（劳动）仲裁，对仲裁裁决不服，可向法院提起诉讼。同时，加强人事仲裁和行政诉讼的衔接，若当事人不服仲裁裁决，依法向法院起诉。还要严格限定人事争议仲裁委员会以超过期限或主体不适格为由做出不予受理的情形。

（3）严格司法介入的标准

从法治的角度来看，司法介入对大学自治实行外部监督是不可或缺的。怎样处理大学自治和司法救济之间的关系，其关键在于学术领域如何在立法上规范、司法上如何评价。学术规则对法院也具有约束力，法院仅对学术问题程序性审查，而非实质性审查。司法介入的范围是审查高校的行为在程序上是否正当、适用依据是否符合法律法规的规定。对于涉及学术评价的案件，法院不能涉及对学术本身的判断，只能审查该学术评价的合法性问题。法院审查的依据是法律、学校章程和内部规则，对学术评价程序不合法的，则可以撤销该学术决定，责令学校重新评定。法院若在审查过程中发现学校依据的评定规则与上位法相抵触，则可宣布该规则不予适用，但不能直接宣布该规则无效，最终应由大学对该评定规则进行修改。

（三）完善非法律救济制度

（1）发挥高校教代会、工会的维权作用

法律法规明确规定了教代会是教师维护合法权益、行使民主监督权力、参与高校民主管理的主要途径和方式。《高等教育法》第43条规定，高校通过教代会维护教职工合法权益，并通过教代会保障教职工行使参与民主管理和监督的权利。《学校教职工代表大会规定》第3条规定，教代会要充分发挥教代会在维护教职工合法权益的作用，教代会充分参与协调教师因聘任合同、职称评聘等与高校产生的人事（劳动）争议，切实维护教职工的合法权益。《工会法》第2条规定，工会的基本职责是维护职工合法权益。在高校人事制度改革中，要充分发挥工会对教师合法权益的维护和保障作用。

增强工会维权力度，建立起与教师聘任制相匹配的维权机制。工会要根据高校人事制度改革的实际情况，制定适合教师聘任制下的工作内容和工作方式。

（2）规范高校内部管理，健全社会保障体系

《教师法》第17条规定，国务院教育行政部门负责制定教师聘任制的步骤、办法。但至今，尚无法源性的教师聘任制的程序规定，教师聘任制的具体实施办法或细则还没有统一的标准。这就不可避免地导致高校在聘任制实施过程中出现"一校一规"现象。在法规还不完备的情况下，高校推行教师聘任制，必须采取有效措施规范校内管理制度。高校要完善决策流程，明确学校党委会、校长办公会、学术委员会等机构的议事规则和职责权限，各机构之间相互配合，权责统一。还有充分利用教代会、工会，发挥其民主监督的作用，从而减少侵犯教师合法权益行为的概率。同时，作为高等教育变革的主力军，维护高校教师的合法权益，还必须依赖于整个社会保障体系的完善。高校在实施教师聘任制的过程中，可能出现方方面面的问题，这些问题的解决离不开相应的社会保障工作，比如完善的社会失业保险、医疗保险、养老保险等制度。

第七章 中国高校人事制度改革的法治化设计与未来发展展望

　　高校人事制度改革法治化建设是一项系统工程，不仅需要从学理层面研究高校与政府、教师等教育主体间的法律关系，以及高校与教师双方的法律地位、聘用合同、教师权利救济等方面的问题，更需要从立法层面建立完备的教育法律体系为之做支撑。学理层面的研究只有依托立法层面的支撑，才能够付诸实践。现有的教育法律体系对上述问题仅做了原则性规定，甚至规定比较模糊或欠缺，导致在教育改革涉及的诸多法律关系中，出现"真空"地带，缺乏相应明确的法律界定，亟待从国家层面制定《学校法》解决学校在办学与发展中权利义务方面的问题，从而贯彻落实依法治校，推进高校人事制度改革法治化，解决高校人事纠纷。

一、中国高校人事制度改革的法治化设计

　　高等教育法律关系的基本主体，即国家、高校、教师、学生，需要相应的法律对其进行调整，确保各方主体的权利和义务。现行的教育法律对高校在教育法律关系中的地位、作用、性质、行为、

责任等没有做出明确规定。制定《学校法》是高校人事制度改革法治化的客观需要。依《学校法》规制政府与高校、高校与教师等教育主体之间的权利义务，明确高校、教师在教育法律关系中的地位，从而使高校人事制度呈现权责关系清晰，权利和义务明确，权利救济顺畅的法治化状态。

（一）依《学校法》规制政府与高校的权利边界，明晰政校权责关系

制定《学校法》是基于规范学校办学行为、保障教师与学生合法权益、规约学校规章制度的目的。它主要是调整各级各类学校在管理和教育教学活动中的教育法律关系，其中涉及政府、学校、教师、学生在教育法律关系中的地位、权利、义务和权利救济。通过《学校法》明确划定政府与高校之间的权责关系，依法规制政府与高校的权利边界，明晰各自的权利和义务，这是中国高校人事制度改革法治化的重要前提保障。政府要转变职能，依据《学校法》的规定，推行清单式管理，建立教育行政权力清单和责任清单制度。政府的管理和服务职能主要在于高等教育发展方向和质量标准方面，而不是对高校内部运作环节和过程的直接控制和干预或在学术领域滥用行政命令。政府的职能主要通过规划和立法、协调和指导高等教育发展，确保教育公平和效益的统一；制定高等教育大政方针、各类高校设置标准和审批程序；通过教育经费划拨和控制发挥政府导向作用并体现国家意志。《学校法》赋予高校独立法人地位，扩大和落实高校在人事管理、专业设置、社会服务、招生、财产经费、国际交流合作等方面的办学自主权。

在权利边界清晰、权责明确的前提下，实行政校分开，管办

分离。厘清政府行政管理权、教育统筹权和高校办学自主权、学术自由权等权利关系。政府从宏观层面以法律规约和评估管控的形式行使行政管理权和教育统筹权，不得越位、错位或过度干预高校办学自主权和学术自由权。明晰政府的规划部署、监督评估、审核审批、公共服务等行政管理权和高校布局、经费分配、师资队伍、机制保障等教育统筹权的内容和范畴。中央及地方政府与高校应建立分权合作的合理、合法、合规的权利关系配置格局，保障政府与高校的权责均衡，明确政府的监管权责和高校的问责主体权责，构筑政府与高校权责清晰、权责统一的和谐状态。

（二）依《学校法》定位高校与教师的法律地位，明确双方的权利和义务

现行的《教育法》作为教育法律体系中的基本法，从民法角度将学校的法律地位定位为事业单位法人，解决了学校作为民事主体方面的行为能力和权利能力，但是事业单位法人的定位无助于学校在公法上的地位。《高等教育法》沿袭《教育法》的规定，也将高校视为事业单位法人。《学校法》作为《教育法》的下位法，必须对学校的法律地位做出准确定位，设立学校法人，明确规定学校法人的权利义务，具体包括：学校的设立与终止、人员调配、经费筹措、内设机构、办学自主权、资产与财务管理、法律责任等内容。依据《学校法》的规定，结合高校的组织特性和社会功能，赋予高校法人在招生、专业设置、人事管理等方面行使的公共职权，同时还赋予高校在民事方面的权利。

现行的《教师法》从教师职业角度将教师定位为"专业人

员"，但这种定位还不足以表明教师的法律地位。《学校法》要明确界定教师的法律地位，清楚规定教师享有的宪法和法律赋予的基本权利与义务，以及教师在教育教学方面享有的权利义务。借鉴英、美、法、德等国经验，在《学校法》中将教师的法律地位定位为：在学校法人中履行教育教学职责的专业技术人员，享有宪法和法律赋予公民的基本权利和义务，教育法律法规还赋予其教育教学方面的权利和义务。因此，根据《学校法》的这一规定，就可以将高校教师的法律地位定位为：在学校法人中享有宪法和法律赋予的基本权利和义务及高等教育教学方面权利和义务的专业技术人员。

（三）依《学校法》明晰高校公权力的性质和完善聘用合同立法及权利救济机制

作为学校法人，《学校法》赋予高校履行部分公共行政职权，体现了高校"公务法人"的特征，表明了高校具备行政主体资格。在当前，中国行政法学界和教育界大多数学者将公立高校视为法律法规授权组织，是依据法律法规授权行使特定行政职能的非国家机关组织。比如，《教育法》第28条规定的招生权、学籍管理与奖励处分权、颁发学业证书权、聘任教师及其奖励处分权等，这些职权具有明显行政权力特征，并且在实践中，司法机关也是以此理论为依据受理相关案件的，比如田某诉北京某大学拒绝颁发毕业证、学位证书的行政诉讼案。《高等教育法》第37条授予高校具有评聘教师及对教师进行管理的行政职权。在《学校法》中，要对现行法律规定明确而又合理的部分应予以肯定，但不做重复规定。

在《学校法》中，明确界定在聘任制下高校与教师的法律关系是聘用合同关系，并在聘用合同立法上做出明确规定。一方面，规定聘用合同应遵循合理合法、平等自愿、公开透明、诚实守信的原则。签订合同不得同法律法规相冲突，合同内容与程序必须合法。双方要在平等自愿基础上订立合同。签订合同过程中，学校要公布相关信息，供拟聘人员了解情况。合同签订须谨慎，不能随意更改、撤销或者终止，否则要予以补偿或赔偿。另一方面，规定聘用合同内容要明确。合同中明确规定双方的权利和义务，岗位职责、薪酬待遇、聘用期限、考核评价、晋升培训、医疗保险及合同终止与争议处置等内容。同时，《学校法》还要对教师权利救济机制做出明确规定，对行政救济、司法救济、非法律救济途径及其相互衔接做出具体规定。

二、中国高校人事制度未来发展趋势展望

伴随着《学校法》的出台，高校与教师双方的法律地位及其之间的法律关系将会得到理顺和准确定位。从中国高校人事制度未来发展趋势来看，特别是在高校与教师法律关系方面，将会呈现"关系清晰、权责明确、救济顺畅"的新格局。在这种格局下，政府依法治校，高校依法办学，教师依法执教，教育法律关系的主体都在法治的轨道上严格依法办事。

（一）关系清晰

《学校法》调整的教育法律关系是学校在管理和教育教学过

程中产生的，主要包括：政府规范学校办学、学校管理者管理学校事务、教师从事教育教学、学生在校学习和生活、学校与社会等方面产生的法律关系。就高等教育而言，主要体现在高校与政府、高校教师、高校与学生、高校与社会之间的权利和义务规定明确、清楚。在《学校法》的规制下，从高校与政府、教师、学生、社会的法律关系的角度看，它们各自的地位明确，关系清晰。政府宏观管理，依法行政，政府与高校之间构成行政法律关系。高校依法办学，在聘任制下，高校与教师之间构成聘用合同关系。教师依法执教，在指导学生学习、生活方面，教师与学生之间形成行政、民事等法律关系。在高校与社会的关系上，一方面，高校服务社会，依法自觉接受社会的监督；另一方面，社会为高校发展提供咨询和支持，实现外部的监督。

（二）权责明确

《学校法》对政府、高校、教师在教育法律关系中角色定位清晰，权责明确。政府从高校的举办者、管理者、监督者转变为组织协调者、质量控制者、服务者，扮演着管理与保障、监督与服务共生的角色。政府的职能主要在于立法、规划、拨款、监督。学校法人的确立，使高校获得了学校法人资格，从而拥有处理学校内部事务的自治权，主要包括学术自治权和行政管理权。学术权力不得违背法治原则，否则就会超越高校自治的范畴。行政管理职权范围内的活动也会涵盖学术性事务。《学校法》对高校在机构设置、教师管理、经费使用、招生、教育教学、学生管理等方面的行政职权做出明确规定。《学校法》明确规定教师享有的权利义务。教师作为公民享有《宪法》赋予的诸如政治、自由、人身、财产等基本权利和义务，同时，还享有《教师法》规定法教育教学方面的权利和义务。

（三）救济顺畅

有权利必有救济，这是现代法治的基本要求。现行教育法律规定的教师权利救济渠道主要有：行政申诉、行政复议、行政诉讼、人事仲裁等。但是，申诉制度操作性不强、程序性规定缺失、实效性弱；行政复议和行政诉讼受案范围狭窄；人事仲裁适用于教育争议存疑且受案范围窄；仲裁裁决执行不畅，仲裁与诉讼之间缺乏协调衔接等。《学校法》针对上述救济制度进行重构与协调，对其中合理部分予以肯定，对不合理或欠缺部分予以重新调整。基于聘任制下高校与教师的聘用合同关系，通过《学校法》建立行政救济和司法救济相互衔接顺畅的教师权利救济机制。鉴于高校较强的自治性和学术性，其管理产生的纠纷不宜全部纳入司法审查，由申诉、复议、仲裁形成行政救济渠道，彼此之间相互协调衔接，发挥各自作用。将人事仲裁与行政诉讼的受案范围扩大、法律适用统一、执行衔接，畅通司法救济渠道。

第八章 结　语

人事制度是高校的一项重要制度，高校人事制度改革作为深化高等教育领域综合改革的切入点，既是高等学校内部管理体制改革的重要组成部分，也是保证高校各项改革取得成功的基础性工程。本研究梳理了从清末、民国到新中国成立以来中国高校人事制度改革中高校与教师法律关系的变迁，并对国外公立高校人事制度中高校与教师的法律关系进行比较分析，在此基础上，对中国高校人事制度改革中高校与教师的法律关系进行重构，并对中国高校人事制度改革法治化及未来发展趋势进行设计与展望。

一、研究结论

本书研究结论主要有以下五个方面：

第一，近现代意义上的中国高校人事制度发端于清朝末年，奠基于民国时期，新中国对高校人事制度进行了一系列改革。清末时期的高校人事制度具有集权性、官僚化、半殖民性等特征，高校与教师之间的法律关系具有明显的君臣依附关系。民国时期，对高校人事制度进行了集权化、民主化、去官僚化、学术化改革，高校与教师之间的法律关系是平等契约关系。新中国建立后，对高校进行了接管改造和恢复重建、改革探索，在计划经济时期，高校与教师之间构成行政法律关系；在市场经济时期，高校开始进行教师聘任制改革，经过重点突破、改革深化、全面推进等阶段，高校全面施行教师聘任制，高校与教师之间形成聘用合同关系。

第二，清末学堂沿袭封建官学传统，实行教职员职官制度，其法律地位类似国家公职人员，依法享有职权并履行义务。民国时期，高校教员实行聘任制，其法律地位则为雇员，依据合约规定，享有一定的权利和义务。新中国成立后，在计划经济时期，将教师纳入统一的国家干部管理体制，高校作为政府的附属机构，与教师之间构成内部行政关系，教师在法律上则居于行政相对人的地位，其权益有政府保障，并接受政府的指导与监督。在市场经济时期，高校成为法人主体，在聘任制下，高校教师的法律地位则是在学校法人中享有宪法和法律赋予的基本权利和义务及高等教育教学方面权利和义务的专业技术人员。

第三，在聘任制条件下，高校与教师的法律关系在本质上是聘用合同关系，具有"主体阶段性"特征。聘用合同签订之前，高校作为民事主体，与教师在平等协商基础上达成合意，高校与教师之间具有民事法律关系的特征；聘用合同签订之后，在高校教师实施管理的过程中，高校作为行政主体履行公共行政职权，高校与教师之间具有行政法律关系的特征；在特定情况下，高校受教育行政部门委托，作为被委托主体代替教育行政部门履行职权，这时高校与教师之间具有委托行政法律关系的特征。

第四，高校作为学校法人，在政府与高校构成的教育行政法律关系中，高校处于行政相对人的地位；高校在依法进行教育教学活动的过程中，作为行政主体是国家教育权的代理人和具体行使者则处于公务法人的地位；在与平等权利主体发生民事关系时，高校处于民事主体地位，具有民事行为能力和民事权利能力。教师是在学校法人中履行教育教学职责的专业技术人员，享有宪法和法律赋予公民的基本权利和义务，教育法律法规还赋予其教育教学方面的权利和义务。高校教师是在学校法人中享有宪法和法律赋予的基本权利和义务及高等教育教学方面权利和义务的专业技术人员。

第五，高校与教师签订的聘用合同是特殊的劳动合同。聘用合同与劳动合同在立法理念、合同主体、调整内容、合同要素及其作用等方面具有"同质性"。聘用合同还具有自身的"特殊性"，其"特殊性"主要体现在：一方面，通过履行聘用合同向社会供给公共物品或准公共物品，国防、基础科研、交通等属于公共产品或准公共产品，具有非排他性和非竞争性，难以通过市场机制予以提供或得到满足，必须依赖于政府，通过设立公益类组织提供上述公共产品；另一方面，高校作为学校法人具有类似公务法人特性，享有一定的公权力，担负特定的行政职能，服务于特定行政目的，但又有别于科层式行政机关；另外，聘用合同兼具公法和私法两种性质，其公法属性比私法属性更强一些，聘用合同的签订、履行均遵照公益类事业单位的公益性、公共服务性、非营利性的特点，在编制管理、社保制度、工作时间、休息休假、劳动报酬、争议解决途径与方式、领导产生及考核、工作内容限定、违反合同的法律责任、解聘辞聘、经费保障等方面也更强调聘用合同的公法性特征。

二、研究局限

　　从法治的视角研究中国高校人事制度改革，尤其是以高校与教师的法律关系为核心，这是一个全新的课题，也是一个浩瀚的研究领域，可资研究面向丰富，尚有诸多亟待延伸或深入探讨之空间。

　　在研究内容方面，中国高校人事制度改革是一项系统工程，由于立法、体制等方面的诸多原因，相关的法律法规缺失或表述比较模糊，加之本研究碍于时间、资源等限制，对高校与教师法律关系诸多相关议题还存在不足之处，比如对高校教师合法权益的法律救济在操作层面及救济渠道的相互衔接等问题论述还不够深入；对高校、教师的法律地位的界定等还有待于未来进一步研究和完善。

　　同时，以高校与教师的法律关系为核心来研究中国高校人事制度改革，正如伯顿·克拉克所说的剧院里的聚光灯一样，把注意力聚焦在高校及其教师的法律地位、高校与教师法律关系的本质及其特征、聘用合同的法律属性、教师权利救济等方面，而其他方面则放在背景和边缘的位置，这使本研究对其他方面的很多问题没有涉及，需要在未来进一步探索。

　　未来的研究可根据本研究所得，选取实施人事制度改革比较成功的几所高校，对其进行系统地观察、访谈，或是个案研究，借以直接、深入地了解高校人事制度改革各个环节，探究高校与教师法律关系的相关面向。

　　总之，本研究从法治视角来审视中国高校人事制度改革，给大家提供一些值得思考的问题，旨在从法理上为改革实践提供一些参考依据，希望能够引起高校管理者和研究者的兴趣，使大家对高校人事制度改革，特别是对高校与教师的法律关系有一些新的思考，从而在法治精神指导下建立和完善规章制度体系，规制高校人事管理的行政行为，使高校人事管理进入有法可依、有章可循的法治状态。

致　谢

　　时光荏苒，岁月匆匆。素什锦年，稍纵即逝，时间如沙漏一般，在不知不觉中消逝而去。转眼间4年的博士研究生学习生活就要结束了，加上攻读博士学位之前在华中科技大学远程与继续教育学院工作的两年，悄然间我已经在华中科技大学度过了6年的时光。与工作相比，读博的4年过得比较艰辛，让我深刻感受到"学在华科"的真正意味，领略到这个素有"南方小清华"之称的"森林式大学"之大气与严谨。读博期间，我埋首案牍，以勤补拙，穷经求理，研修专业，终于完成《法治视角下的中国高校人事制度改革研究——以高校与教师的法律关系为核心》这一课题研究，得益于导师的指导和许多人的帮助，在此谨致以衷心的感谢！

　　感谢导师许晓东教授给予我的关爱与指导。承蒙导师不弃，忝列门墙。许老师果断干练的领导风范、才高行洁的道德文章、博闻强识的学术视野让我折服；许老师平易谦逊的为人、豁达乐观的处世、一丝不苟的治学、淡泊宁静的儒雅令我钦佩。跟随许老师学习的4年，是知识积累、精神滋长的4年，也是经受磨砺、不断成熟的4年，困难与挑战、酸甜与苦辣充盈其间，使我无论在做人、做事、做学问上，都收获颇丰、受益匪浅。我的博士学位论文从选题、构思、开题、写作、修改，直至最终定稿的每个环节都凝结了许老师大量心血。无论是研究视角的选取，还是核心概念的界定；无论是研究思路的梳理，还是分析框架的确定；无论是研究难点的攻克，还是创新点的拔萃；许老师总能够提纲挈领地抓住要害，引领我从一个很高的平台上思考问题，同时给予我不断进取的勇气与信心。除了学业上的指导与帮助，许老师还在生活上给予我大力的资助，减轻了我的经济压力，让我能够静心做学问。许老师常教导我们"学习靠自觉、做事要主动"，特别是当我们遇到困难和挫折时，他总是开导说，"无论荣辱进退、顺境逆境，都要保持一颗平常心"。许老师既是"经师"，更是"人师"，无论为人、为学，还是处世、接物，许老师的率先垂范、为人师表，使我感悟尤深。"一日为师，终身为父。"师恩难忘，我将永铭于心！

感谢华中科技大学教育科学研究院的刘献君、张应强、陈廷柱、沈红、李太平、陈敏、贾永堂、柯佑祥、余东升、冯向东、赵炬明、张晓明、陈建文、骆四铭、朱新卓、周艳等教授，以及雷洪德、郭卉、张俊超、黄芳、刘长海、李伟、任学柱、余保华、于海琴、张妍、魏曙光等副教授和李函颖、蔺亚琼、澎湃、孙娟、余荔等老师。感谢董晓林书记、张江涛主任、刘雅老师和徐海涛老师。

感谢华中科技大学教育科学研究院2014级学术型博士的同学们：李玉栋、马萍、肖聪、徐赟、王靖、赵延金、张改勤、王雄、唐萌、殷文杰、巫国云、张静、孔维申、周维莉、胡仲勋、韦苏娟等同学，是你们同我一起在繁重的学习任务中相互支持、彼此鼓励，共同度过一段难忘的时光。还要感谢2014级专业型博士的同学们：韩西清、郑继兵、洪玉管、付华军、候新兵、罗新祜、陈琳、傅琼、陈玲、赵菊梅等同学，有一种缘分叫不期而遇，为了共同的理想和目标，我们在华中科技大学教育科学研究院相遇、相识，有缘结识你们是我的荣幸。

感谢华中科技大学公共管理学院张毅教授、王冰教授、石婧副教授在决策分析实验室学术沙龙活动中给予的指导性意见和建议，使我受益匪浅、深受启发。由许晓东教授组织发起的决策分析实验室学术沙龙活动，为不同学科背景的同学创造了交流和沟通的平台，每次学术沙龙都能够聆听到许老师、张老师、王老师、石老师的精彩点评，他们对学术研究的执着和治学严谨的态度，值得我学习。

感谢师门的王锦华、刘旭、刘帆、李宝斌、袁飞、卞良、刘淑芬、李倩、魏志轩、詹必胜、赵幸、芮跃峰、魏红霞、肖华、顾杨、夏凡、杨罗君偲、李雪、李宝新、蔡海洋、曾颖、黎黎媛、陈代坤等师兄师姐师弟师妹们。感谢公共管理学院决策分析实验室的程婷、李梅、韩金成、李诗隽、夏龙梅、杨奕、贺璇、谭东岸等同学。还要感谢我的宿舍室友宋冬冬同学。感谢华中科技大学远程与教学教育学院的张国安院长、余定国书记、吴明宇副院长、李辉主任、刘伯平主任，以及刘小超、李红梅、王欢、刘兰君等同事。我真诚地祝福所有的老师、同学、同事都能拥有好前程，都能拥有幸福美满的人生！

特别感谢父母的养育之恩和这么多年对我默默无闻的全力支持，没有父母无私的付出，我可能就无法完成博士的学业。母爱的伟大、父爱的深沉，值得我此生铭记，用心回馈！

感谢接受我调查访谈的各位老师和法官！特别感谢华中科技大

学人事处汪海建副处长对我访谈提供的帮助与支持！感谢论文评审专家、答辩委员会的委员和秘书，他们提出的宝贵意见，让我受益匪浅！

阎　峻

2017年12月

参考文献

一、中文文献

［1］ ［苏］阿列克谢耶夫. 法的一般理论［M］. 黄良平，等译. 北京：法律出版社，1991：216.

［2］ ［美］菲利普·G. 阿特巴赫. 变革中的学术职业：比较的视角［M］. 别敦荣译. 青岛：中国海洋大学出版社，2006：263.

［3］ ［美］菲利普·G. 阿特巴赫. 失落的精神家园：发展中与中等收入国家大学教授职业透视［M］. 施晓光译. 青岛：中国海洋大学出版社，2006：236.

［4］ ［美］菲利普·G. 阿特巴赫. 比较高等教育：知识、大学与发展［M］. 人民教育出版社教育室译. 北京：人民教育出版社，2001：135.

［5］ ［美］阿里斯. 技术在经济学理论中的地位［J］. 美国经济评论，1953（5）:70-82.

［6］ ［美］布鲁贝克. 高等教育哲学［M］. 王承绪，等译. 杭

州：浙江教育出版社，1987：12.

[7]　　［英］边沁. 论一般法律［M］. 毛国权译. 上海：上海三联书店，2008：1-3.

[8]　　［英］布莱克斯通. 英国法释义（第一卷）［M］. 游云庭，缪苗译. 上海：上海人民出版社，2006：51.

[9]　　邴浩. 政策工具视角下的高校人事制度改革［J］. 复旦教育论坛，2014（6）:63.

[10]　包秀荣. 试论教师的法律地位［J］. 内蒙古民族师院学报，1998（1）:49.

[11]　毕雁英. 教师法律身份及其与学校纠纷的解决［J］. 中国高等教育，2005（19）:23.

[12]　北京大学校史研究室编. 北京大学史料（第1卷）［M］. 北京：北京大学出版社，1993.

[13]　北京大学校史研究室编. 北京大学史料（第1卷）［M］. 北京：北京大学出版社，1993：81.

[14]　大总统关于官吏不得兼充学校校长及限制兼任教员办法批令（1915-12）委字一二十五号. 北洋政府财政部档案. 中国第二历史档案馆编. 中华民国史档案资料汇编（第三辑教育）. 南京：江苏古籍出版社，1991：73.

[15]　陈大兴. 高等教育中的责任与问责的界定：基于学理与法理的研究［D］. 华东师范大学，2014.

[16]　蔡海龙. 学校法律地位变迁中的教师身份与教师社会经济地位［C］. 中国教育法制评论（第6辑）. 北京：教育科学出版社，2009：125.

［17］ 褚宏启. 论学校在行政法律关系中的地位关系［J］. 教育理论与实践，2000（3）:29.

［18］ 褚宏启. 中小学法律问题分析（理论篇）［M］. 北京：红旗出版社，2003：37.

［19］ 陈金玲，王吉林，张春荣. 完善高校教师权益司法救济制度研究［J］. 国家教育行政学院学报，2010（5）:14.

［20］ 陈梦迁. 人事制度分类管理背景下公立高校和教师的法律关系转变［J］. 中国高教研究，2010（1）:47.

［21］ 陈鹏. 高校教师聘任制的法律透视［J］. 中国高教研究，2005（1）:61.

［22］ 陈鹏，祁占勇. 高校教师职务评聘中的法律问题探析［J］. 高等教育研究，2004（3）:46.

［23］ 陈鹏. 我国公立高等学校与教师、学生法律关系之研究［D］. 华中科技大学，2004.

［24］ 曹国永. 高校人事制度改革要处理好六个关系［N］. 光明日报，2014-04-01:（013）.

［25］ 程刚，俞建伟. 高校内部教师申诉制度的研究与设计［J］. 教育研究，2009（5）:80.

［26］ 陈伟. 西方大学专业化［M］. 北京：北京大学出版社，2008.

［27］ 陈午晴. 中国人关系的游戏意涵［J］. 社会学研究，1997（2）:103.

［28］ 程雁雷. 教师权利义务体系的重构：以教师法律地位为视角［J］. 国家教育行政学院学报，2006（6）:18.

[29] 陈玺名，肖凤翔. 公立高校教师法律身份的变迁与思考 [J]. 现代教育管理，2010（4）：60.

[30] 陈永明. 法国大学教师聘任制的现状与特征 [J]. 集美大学学报（教科版），2007（2）：3.

[31] 陈永明. 大学教师任期制的国际比较 [J]. 比较基于研究，1999（1）：48.

[32] 陈钰萍. 人力资本理论与高校人事制度的改革创新 [J]. 四川师范大学学报（社科版），2005（5）：71.

[33] 蔡元培. 我在教育界的经验 [A]. 蔡元培自述 [M]. 北京：人民日报出版社，2011：423.

[34] 蔡元培北京大学月刊发刊词 [A]. 蔡子民先生言行录 [C]. 桂林：广西师范大学出版社，2005：116.

[35] 蔡元培. 就任北京大学校长之演说. [J]. 东方杂志（第14卷）1917（4）.

[36] 蔡元培. 我在北京大学的经历 [A]. 钟叔河，朱纯. 过去的大学 [M]. 武汉：长江文艺出版社，2005：9.

[37] 成有信. 教师职业的公务员性质与当前我国师范院校的公费干部学校特征 [J]. 教育研究，1997（12）:39.

[38] 曹志. 中华人民共和国人事制度概要 [M]. 北京：北京大学出版社，1985：1-3.

[39] 崔自勤. 高校人事制度改革研究 [D]. 华中师范大学，2002.

[40] 董凤良. 论高校人事制度改革中的激励机制 [D]. 吉林大学，2004.

［41］ 杜钢清. 当前我国高校人事制度改革研究［D］. 武汉大学, 2003.

［42］ 杜海林. 我国高校教师职称评聘制度的历史沿革与对策研究［D］. 厦门大学, 2007.

［43］ 刁慧娜. 高校教师劳动合同法律适用问题研究［D］. 吉林大学, 2011.

［44］ 达航行. 高等职业技术学院教师绩效考核研究［D］. 西北大学, 2009.

［45］ 戴建兵, 钟仁耀. 英国高等教育改革新动向：市场中心主义［J］. 现代大学教育, 2012（4）:50.

［46］ 丁烈云. 高校人事制度改革须建立竞争机制［N］. 中国教育报, 2011-12-12：（005）.

［47］ 邓胜国. 高校人事制度改革的方向与路径［J］. 清华大学教育研究, 2009（5）：71.

［48］ ［美］杜威. 民主主义与教育［M］. 王承绪, 等译. 北京：人民教育出版社, 2001：347.

［49］ 丁文珍. 我国公立高校教师聘任制研究［A］. 中国教育法制评论（第2辑）［C］. 北京：教育科学出版社, 2003：90.

［50］ ［英］戴雪. 英宪精义［M］. 雷宾南译. 北京：中国法制出版社, 2001：67.

［51］ 丁笑炯. 英国高等教育改革与成效［J］. 国家教育行政学院学报, 2012（9）：86.

［52］ 段旭龙, 李娟. 高校人事制度改革新视野［M］. 北京：人民日报出版社, 2014.

［53］ 邓小林. 论大学教师的聘任问题［J］. 清华大学教育研究，2004（3）：10.

［54］ 邓小平. 解放思想，实事求是，团结一致向前看. 邓小平文选（第二卷）［M］. 北京：人民出版社，1994：256.

［55］ 邓小平. 邓小平文选（第三卷）［M］. 北京：人民出版社，1993：110.

［56］ 邓小平. 邓小平文选（第二卷）［M］. 北京：人民出版社，1994.

［57］ 教育部高等教育司. 全国高等教育概况. 杜元载，革命文献第56辑：抗战前之高等教育. 中国国民党中央委员会党史史料编纂委员会. 1971.

［58］ 董志强. 关系、法律与经济效率［J］. 经济评论，2001（5）：25.

［59］ ［美］托斯丹·邦德·凡勃伦. 有闲阶级论：关于制度的经济研究［M］. 蔡受百译. 北京：商务印书馆，1964：139-149.

［60］ ［加］约翰·范德格拉夫. 学术权力：七国高等教育管理体制比较［M］. 王承绪译. 杭州：浙江教育出版社，2001：18.

［61］ 樊洪业，段异兵. 竺可桢文录［C］. 杭州：浙江文艺出版社，1999：108.

［62］ ［德］威廉·冯·洪堡. 论柏林高等学术机构的内部和外部组织［J］. 高等教育论坛，1987（1）：93.

［63］ ［美］弗莱克斯纳. 现代大学论—英美德大学研究［M］. 徐辉，等译. 杭州：浙江教育出版社，2001.

［64］ 费伟. 谈高校人事制度改革存在的问题与对策［J］. 教育

与职业，2005（18）：21.

［65］ 龚海泉. 高等学校思想政治教育史［M］. 北京：人民教育出版社，1992：22.

［66］ 顾颉刚. 悼蔡元培先生［N］. 责善半月刊，1940-03-16.

［67］ 郭丽君. 学术职业视野中的大学教师聘任制研究［D］. 华中科技大学，2006.

［68］ 顾建民. 自由与责任：西方大学终身教职制度研究［M］. 杭州：浙江教育出版社，2007.

［69］ 顾敏. 上海高校劳务派遣员工管理研究［D］. 华东师范大学，2010.

［70］ 高平叔. 蔡元培全集（三）［M］. 北京：中华书局，1984：130.

［71］ 顾明远. 大学的理想和市场经济［J］. 比较教育研究，1994（2）：2.

［72］ 顾明远. 大学的理想和高等教育改革［J］. 吉林教育科学·高教研究，1997（5）：16.

［73］ 管培俊. 关于新时期高校人事制度改革的思考［J］. 教育研究，2014（12）：72.

［74］ 管培俊. 高校人事制度改革与教师队伍建设［M］. 北京：北京师范大学出版社，2015.

［75］ 管培俊. 新一轮高校人事制度改革的走向与推进策略［J］. 中国高等教育，2014（10）：18.

［76］ 郭为禄. 高等教育法制的结构与变迁［M］. 南京：南京大学出版社，2008.

[77] 郭为禄. 新时期高等教育法制建设进程研究 [D]. 华东政法大学，2008.

[78] 甘阳. 大学改革的合法性与合理性 [N]. 21世纪经济报道，2003-06-05.

[79] 甘阳. 北京大学与中山大学改革的初步比较 [N]. 21世纪经济报道，2003-07-31.

[80] 甘阳. 三评北大改革：北京大学与中山大学改革的初步比较 [J]. 书城，2003（8）：35-38.

[81] 龚钰淋. 行政法视野下的公立高校教师法律地位研究：以法律身份及法律关系为核心 [M]. 北京：中国政法大学出版社，2013.

[82] ［美］霍菲尔德. 基本法律概念 [M]. 张书友译. 北京：中国法制出版社，2009：121.

[83] 胡华锋. 高校教师绩效考核现状实证调查 [D]. 西南大学，2011.

[84] 黄慧利. 论高校人事制度改革改革 [D]. 湖南师范大学，2006.

[85] 胡建华. 大学的法律地位分析：研究大学与政府关系的一种视角 [J]. 南京师大学报（社会科学版），2002（5）：61.

[86] 黑建敏. 高校教师流动过程及法律问题的思考 [J]. 河南师范大学学报（哲学社会科学版），2010（2）：261.

[87] 胡劲松. 德国公立高校法律身份变化与公法财团法人改革 [J]. 比较教育研究，2013（5）：1.

[88] 胡锦涛. 在庆祝清华大学建校 100 周年大会上的讲话 [N].

人民日报，2011-04-25：（02）.

［89］ 韩克敬，苏美. 高校人事制度改革研究［M］. 长沙：湖南大学出版社，1997.

［90］ 黄明东. 中、美、法高校教师法律地位比较研究［M］. 武汉：武汉大学出版社，2011.

［91］ 黄琴. 高校教师申诉制度研究：基于中美高校校内教师申诉机制的视角［D］. 华中农业大学，2009.

［92］ ［瑞典］托尔斯顿·胡森. 平等——学校和社会政策的目标［A］. 国外教育社会学基本文选［C］. 上海：华东师范大学出版社，1989：204.

［93］ ［英］哈特. 法律的概念［M］. 张文显，等译. 北京：中国大百科全书出版社，1996：95.

［94］ 黄崴. 教育法学［M］. 广州：广东高等教育出版社，2002.

［95］ 黄薇，胡劲松. 教育法学概论［M］. 广州：广东教育出版社，1999：1-4.

［96］ 郝维谦，李连宁. 各国教育制度比较研究［M］. 北京：人民教育出版社，1999：83.

［97］ 胡旭亮. 高校岗位设置与分级聘任问题研究：以H省A大学为例［D］. 湖南师范大学，2012.

［98］ ［英］哈耶克. 法律、立法与自由［M］. 邓正来译. 北京：中国大百科全书出版社，2000：56.

［99］ 黄一琨. 北大震动：人事制度变革尝试成休克疗法［N］. 经济观察报，2003-05-31.

［100］韩延明. 哲学的观点：大学理念［A］. 多学科观点的高等

教育研究［M］. 上海：上海教育出版社，2001：77.

［101］黄正杰. 高校人事代理制度问题研究［D］. 安徽大学，
　　　　2007.

［102］［美］加尔布雷斯. 经济学和公共目标［M］. 蔡受百译.
　　　　北京：商务印书馆，1980：18.

［103］季洪涛. 论高校教师的法律地位及其权利保障［D］. 吉林
　　　　大学，2004.

［104］江平，米健. 罗马法基础［M］. 北京：中国政法大学出版
　　　　社，1991.

［105］蒋梦麟. 什么是教育的出产品［J］. 新教育，1919（11）.

［106］蒋蕾. 高等学校教师职务评聘制度若干问题研究［D］. 复
　　　　旦大学，2008.

［107］江泽民. 接见四所交通大学负责人时的谈话［N］. 人民日
　　　　报，1996 -03 -28.

［108］江泽民. 在庆祝北京大学建校一百周年大会上的讲话［N］.
　　　　人民日报，1998-05-05.

［109］［美］克拉克·科尔. 大学的功用［M］. 陈学飞，等译.
　　　　南昌：江西教育出版社，1993：96.

［110］阙阅，王蓉. 奥巴马政府高等教育改革方案解析［J］. 中
　　　　国高教研究，2014（8）:50.

［111］［美］詹姆斯·科尔曼. 教育机会均等的观念［A］. 国外
　　　　教育社会学基本文选［C］. 上海：华东师范大学出版社，
　　　　1989：176.

［112］［美］伯顿·克拉克. 高等教育系统：学术组织的跨国研

究［M］. 王承绪，徐辉，等译. 杭州：杭州大学出版社，1994.

［113］［美］康芒斯. 制度经济学［M］. 于树生译. 北京：商务印书馆，2009：120.

［114］李碧红. 大学教师收入分配研究：基于人力资本的分析［D］. 华中科技大学，2006.

［115］李岱峰. 深化高校人事制度改革：问题与对策［J］. 湖南师范大学教育科学学报，2009（3）：40.

［116］［美］约翰·罗尔斯. 正义论［M］. 何怀宏，等译. 北京：中国社会科学出版社，2001.

［117］李工真. 德意志大学与德意志现代化［A］. 中国大学人文启示录（第1卷）［C］. 武昌：华中理工大学出版社，1996：51.

［118］李国立. 高校人事制度改革的走向［N］. 光明日报，2014-06-03：（013）.

［119］廖红梅. 聘用制下高校教师权益保障研究［D］. 武汉理工大学，2006.

［120］李骏. 关于高校人事行政公开制度的探索［J］. 江苏高教，2011（6）：68.

［121］李金春. 我国大学教师评价制度：理念行动［D］. 华东师范大学，2008.

［122］刘久成. 法治应贯穿高校人事制度改革［N］. 法制日报，2000-09-28：（007）.

［123］［英］洛克. 政府论［M］. 杨思派译. 北京：中国社会科

学出版社，2009:92.

[124] 劳凯声. 中国教育法制评论 [M]. 北京：教育科学出版社，2002：57.

[125] 劳凯声. 教育法论 [M]. 南京：江苏教育出版社，1993：1-2.

[126] 劳凯声. 社会转型与教育的重新定位 [J]. 教育研究，2002（2）：10.

[127] 劳凯声，郑新蓉. 规矩方圆——教育管理与法律 [M]. 北京：中国铁道出版社，1997：240.

[128] 劳凯声. 变革社会中的教育权与受教育权：教育法学基本问题研究 [M]. 北京：教育科学出版社，2003.

[129] 林琳. 古代教师溯源 [J]. 中华活页文选：教师版，2015（1）:52.

[130] 李零. 读网有感：学校不是养鸡场 [J]. 书城，2003（7）:38.

[131] 李猛. 如何改革大学：对北京大学人事改革方案逻辑的几点研究 [J]. 学术界，2003（5）：45.

[132] 刘敏. 2000—2010年法国的高等教育改革 [J]. 大学（学术版），2011（3）：80.

[133] 李萍. 高校人事制度改革的哲学思考 [J]. 中国高等教育，2005（9）：19.

[134] 梁启超. 先秦政治思想史 [M]. 北京：东方出版社，1996：190.

[135] 李青. 论《劳动合同法》在我国高校人事制度改革中的运用

　　　　　［D］．湖南师范大学，2010.

［136］李仁燕．高校内部行政法律关系论［D］．中国政法大学，
　　　　　2007.

［137］［法］卢梭．社会契约论［M］．何兆武译．北京：商务印
　　　　　书馆，2003：72.

［138］李世光．人事代理破解高校人事改革难题［N］．中国人事
　　　　　报，2003-08-06：（003）.

［139］刘述礼，黄延复．梅贻琦教育论著选［M］．北京：人民教
　　　　　育出版社，1993：10.

［140］刘薇．高校教师人事代理研究［D］．南京理工大学，2010.

［141］刘蕾．高校人事代理制度的实践与思考：以上海市为例
　　　　　［D］．复旦大学，2009.

［142］李卫红．抓住当前有利时机将高校人事制度改革向纵深推进
　　　　　［J］．中国高等教育，2000（18）：9.

［143］刘祥国．论事业单位聘用合同的法律属性［J］．湖南社会
　　　　　科学，2006（1）：68.

［144］刘献君．我国高校教师聘任制的特点及实施策略选择［J］．
　　　　　高等教育研究，2003（9）：7.

［145］刘香菊．聘任制度下公立高校与教师的法律关系［D］．华
　　　　　中科技大学，2005.

［146］刘露茜．唐文治教育文选［M］．西安：西安交通大学出版
　　　　　社，1995：231.

［147］林雪卿．论教师聘任合同的法律性质［J］．内蒙古师范大
　　　　　学学报（教育科学版），2008（9）：144.

［148］梁莹. 我国公立高等学校教师聘任制问题研究［D］. 陕西师范大学，2009.

［149］吕玉刚. 深化高校人事制度改革的几点思考［J］. 中国高等教育，2005（7）：21.

［150］刘宇空等. 深化以岗位津贴制度为主的高校人事分配制度改革［J］. 中国高教研究，2004（3）：55.

［151］梁漱溟. 我到北大任教的经过［A］. 钟叔河，朱纯. 过去的大学［M］. 武汉：长江文艺出版社，2005：45.

［152］刘自忍，白俊杰. 二战后美国高等教育改革历程述评［J］. 宿州教育学院学报，2006（6）：86.

［153］林泽严. 两种企业 两种命运［J］. 中国人力资源开发，2002,（2）：65.

［154］李忠云. 新一轮高校人事制度改革的目标倾向、理念与人才团队建设［J］. 中国高校科技，2010（6）：5.

［155］［法］孟德斯鸠. 论法的精神［M］. 许明龙译. 北京：商务印书馆，2012.

［156］马怀德. 学校、公务法人与行政诉讼［J］. 罗豪才编《行政法论丛》（第3卷）北京：法律出版社，2002：342.

［157］马怀德. 行政制度建构与判例研究［M］. 北京：中国政法大学出版社，2000：315.

［158］马林. 论当前我国的高校教师聘任制［D］. 华中科技大学，2007.

［159］［德］哈特穆特·毛雷尔. 行政法学总论［M］. 高家伟译. 北京：法律出版社，2000：570.

［160］马陆亭，李晓红，刘伯权. 德国高等教育的制度特点［J］. 教育研究，2002（10）：77.

［161］［德］奥托·迈耶. 德国行政法［M］. 刘飞译. 北京：商务印书馆，2002：12.

［162］毛泽东. 毛泽东选集（第五卷）［M］. 北京：人民出版社，1978：358.

［163］毛泽东. 毛泽东同志论教育工作［M］. 北京：人民教育出版社，1992：12.

［164］毛泽东. 毛泽东选集（第三卷）［M］. 北京：人民出版社，1991.

［165］毛泽东. 毛泽东选集（第二卷）［M］. 北京：人民出版社，1991.

［166］［美］道格拉斯·C. 诺思. 制度、制度变迁与经济绩效［M］. 杭行译. 上海：格致出版社，2008.

［167］［英］约翰·亨利·纽曼. 大学的理想［M］. 徐辉译. 杭州：浙江教育出版社，2001.

［168］潘懋元. 教育的基本规律及其相互关系［J］. 高等教育研究，1988（3）：6.

［169］潘懋元. 大方向与可行性［N］. 中国青年报，2003-06-23.

［170］潘乃穆，潘乃和. 潘光旦教育文存［M］. 北京：人民教育出版社，2002：210.

［171］潘云，刘婉华. 高校教育职员制度的设计探讨［J］. 中国高教研究，2004（7）：58.

［172］潘若微. 论《SCM协定》下"公共机构"的认定——以"中

美双反措施案"为视角 [D]．上海社会科学院，2014.

[173] 庞青山．法国高等教育特色制度的演进 [J]．比较教育研究，2011（3）：37.

[174] 彭语良，李思雨．程序正义视角下高校教师权益保护的法律思考 [J]．中国劳动关系学院学报，2013（4）：86.

[175] 秦惠民．当前我国法治进程中高校面临的挑战 [J]．清华大学教育研究，2001（2）：56.

[176] 屈满学．高等学校与教师间的法律关系及我国教师聘任制度的完善 [J]．国际商务：对外经济贸易大学学报，2005（6）：91.

[177] [日] 青木昌彦．比较制度分析 [M]．周黎安译．上海：上海远东出版社，2001：1-11.

[178] 戚业国，兰澄世．高校人事制度改革必须解决几个问题 [J]．上海高教研究，1997（4）：44.

[179] 祁占勇，陈鹏．我国高校教师聘任制的困境及理性选择 [J]．陕西师范大学学报（哲社版），2009（4）：119.

[180] [日] 兼子仁．教育法 [M]．东京：有斐阁，1978：402.

[181] 宋恩荣，章威．中华民国教育法规选编（1912—1949）[M]．南京：江苏教育出版社，2010.

[182] 孙国华．中华法学大辞典（法理学卷）[M]．北京：中国检察出版社，1997：11-26.

[183] 孙进．政府放权与高校自治 [J]．现代大学教育，2014（2）：36.

[184] 孙杰．校、院两级人事分权研究：以华中科技大学教师聘任

制的实施为例［D］. 华中科技大学，2006.

［185］孙杰中. 运用科学发展观指导我国高校人事制度改革［J］. 中国特色社会主义研究，2005（2）：73.

［186］苏力. 制度是如何形成的［M］. 北京：北京大学出版社，2007：55.

［187］孙丽珍. 岗位设置管理制度下的高校教师权益保护［J］. 高等工程教育研究，2010（6）：154.

［188］申素平. 英国高等学校法律地位研究［J］. 中国高教研究，2010（2）：6.

［189］申素平. 论公立高等学校的法人化趋势［J］. 清华大学教育研究，2002（3）：70.

［190］申素平. 对我国公立学校教师法律地位的思考［J］. 高等教育研究，2008（9）：54.

［191］申素平. 论我国公立高等学校的公法人地位［J］. 中国教育法制评论，2003（2）：14-37.

［192］申素平. 论我国公立高等学校与教师的法律关系［J］. 高等教育研究，2003（1）：67.

［193］申素平. 重新审视高等学校自主权［N］. 中国教育报，2003-1-14：（004）.

［194］申素平. 试析英美高等学校的法律地位［J］. 比较教育研究，2002（5）：1.

［195］［德］萨维尼. 萨维尼论法律关系. 田士永译，郑永流主编：法哲学与法社会学论丛［M］. 北京：中国政法大学出版社，2005：127.

［196］沈宗灵. 法理学［M］. 北京：高等教育出版社，1994：463.

［197］孙中山. 孙中山全集（第五卷）［M］. 北京：中华书局，1985：319.

［198］石正义. 公立学校教师法律地位新探［J］. 湖北社会科学，2012（12）:141.

［199］田播. 高等学校教师职称改革研究［D］. 华中师范大学，2012.

［200］唐景莉. 新一轮高校人事制度改革迫在眉睫［N］. 中国教育报，2014-05-12：（009）.

［201］田联进. 中国现代高等教育制度反思与重构：基于权力关系的视角［D］. 南京大学，2011.

［202］唐良炎. 中国近代教育史资料汇编（学制演变）［M］. 上海：上海教育出版社，1991：631.

［203］［英］阿诺德·约瑟夫·汤因比. 历史研究［M］. 郭小凌，王皖强译. 上海：上海人民出版社，2010：59.

［204］吴博，赵昆生. 人事管理理论与实务［M］. 重庆：重庆大学出版社，2002：1-2.

［205］［德］马克斯·韦伯. 经济与社会（上卷）［M］. 林荣远译. 北京：商务印书馆，1997：345.

［206］韦保宁. 公立高等学校和教师法律关系的重构［J］. 中国教育法制评论（第7辑）：180.

［207］吴春燕，刘继红. "组建团队"促高校人事制度改革［N］. 光明日报，2004-01-04：（002）.

［208］［英］威廉·韦德. 行政法［M］. 徐炳，等译. 北京：中

国大百科全书出版社，1997.

[209] 吴殿朝，崔英楠，王子幕. 国外高等教育法制［M］. 北京：中国人民公安大学出版社，2005.

[210] 邬大光，王建华. 第三部门视野中的高等教育［J］. 高等教育研究，2002（2）：30.

[211] 王凤玉，欧桃英. 我们的未来，我们的教师——奥巴马政府教师教育改革和完善计划解读［J］. 清华大学教育研究，2012（4）：64.

[212] 吴浩. 高校人事制度改革的思考［J］. 江苏高教，2000（5）：125.

[213] 王慧. 高校教师职务聘任制改革研究［D］. 河海大学，2007.

[214] 王宏波. 论理想范畴的本质与构建［A］. 理想·信念与价值观——全国理想信念与价值观学术研讨会论文集［C］，2000：119.

[215] 王慧英. 我国高校教师流动政策研究：基于制度分析的视角［D］. 东北师范大学，2012.

[216] ［英］戴维·M. 沃克. 牛津法律大辞典［M］. 李双元，等译. 北京：法律出版社，2003：790.

[217] 王利明等. 中国民法典学者建议稿及立法理由（债法总则编）［M］. 北京：法律出版社，2005：466.

[218] 王礼鑫，周捷. 北大人事制度改革始末与争论［A］，2005中国制度经济学年会精选论文［C］. 2005.

[219] 王鹏炜，司晓宏. 劳动者：高等学校教师法律地位的合理定

位［J］. 陕西师范大学学报（哲社版）2007（11）：105.

［220］王胜今. 教师聘任制的机制创新及其辩证关系［J］. 中国高等教育，2005（17）：24.

［221］王天木. 法理学［M］. 北京：中国政法大学出版社，1992：212.

［222］吴务南，朱俊兰. 深化高校人事制度改革的思考［J］. 教育与职业，2004（27）：4.

［223］王晓辉. 20世纪法国高等教育发展回眸［J］. 高等教育研究，2000（2）：89.

［224］李子江. 我国高校教师职务管理制度的历史沿革与展望［J］. 大学教育科学，2010（4）：85.

［225］王学珍，王效挺，黄文一，郭建荣. 北京大学纪事（1898—1997）［M］. 北京：北京大学出版社，1998：22.

［226］薛波. 元照英美法辞典［M］. 北京：法律出版社，2003：1288.

［227］熊丙奇. 四大问题困扰我国高校人事制度改革［J］. 中国改革，2006（11）：30.

［228］翰林院代奏编修许邓起枢条陈定学务折［A］. 萧超然，沙健孙，周承恩，梁柱. 北京大学校史（1889—1949）［M］. 上海：上海教育出版社，1981：138.

［229］萧超然，沙健孙，周承恩，梁柱. 北京大学校史（1889—1949）［M］. 上海：上海教育出版社，1981：48.

［230］习近平. 在联合国"教育第一"全球倡议行动一周年纪念活动上发表视频短词［N］. 人民日报，2013-09-27：（01）.

［231］习近平. 在十二届全国人大一次会议闭幕会上的讲话［N］. 人民日报，2013-03-17：（01）.

［232］［古罗马］西塞罗. 论国家 论法律［M］. 沈叔平，苏力译. 北京：商务印书馆，1999：152-182.

［233］［英］迈克尔·夏托克. 成功大学的管理之道［M］. 范怡红译. 北京：北京大学出版社，2006：1-2.

［234］肖兴安. 中国高校人事制度变迁研究：历史制度主义的视角［D］. 华中科技大学，2012.

［235］许晓东，阎峻，卞良. 共治视角下的学术治理体系构建［J］. 高等教育研究，2016（9）：22.

［236］夏征农. 辞海（第6版-缩印本）［Z］. 上海：上海辞书出版社，2010.

［237］夏之莲. 外国教育发展史资料选萃（下）［M］. 北京：北京师范大学出版社，1999：102.

［238］杨成铭. 受教育权的促进与保护［M］. 北京：中国法制出版社，2004.

［239］杨海英. 高校后勤人事制度改革研究：以大连理工大学为例［D］. 大连理工大学，2008.

［240］阎峻，许晓东. 高等教育治理与第三部门组织［J］. 高教探索，2015（12）：12.

［241］杨建顺. 教师聘任制与教师地位：以高等学校教师为中心［J］. 中国教育法制评论（第1辑），2002：240.

［242］杨建顺. 教师聘任制与教师地位［A］. 中国教育法制评论（第1辑）［C］. 北京：教育科学出版社，2002：258.

[243] 喻恺. 模糊的英国大学性质：公立还是私立［J］. 教育发展研究, 2008（12）: 93.

[244] 尹力. 试论学校与学生的法律关系［J］. 北京师范大学学报（人文社会科学版）2002（2）: 126.

[245]［古希腊］亚里士多德. 政治学［M］. 吴寿彭译. 北京: 商务印书馆, 1981: 163-199.

[246] 佚名. 胡锦涛致贺信 温家宝作出指示 祝贺中国矿业大学建校 100 周年［N］.人民日报, 2009-10-19:（01）.

[247] 佚名. 北大人事制度改革引发争论［N］. 21世纪经济报道, 2003-06-05.

[248] 姚荣. 德国公立高等学校法律地位演进的机制、风险与启示［J］. 国家教育行政学院学报, 2015（12）: 88.

[249] 乐嗣炳编辑, 程伯群校订. 近代中教育实况［M］. 上海: 世界书局, 1935: 37.

[250] 由胜利. 高校人事制度改革的社会学分析［D］. 吉林大学, 2006.

[251] 杨挺. 论公立学校教师聘任合同的法律性质［J］. 中国教育学刊, 2007（4）: 4.

[252] 杨天平, 邓静芬. 20世纪90年代以来德国高等教育管理体制改革与启示［J］. 教育研究, 2011（5）: 102.

[253] 袁文峰. 我国公办高校办学自主权与国家监督［M］. 北京: 中国政法大学出版社, 2015: 165.

[254] 杨贤金等. 英国高等教育发展史、回顾、现状分析与反思［J］. 天津大学学报（社科版）, 2006（5）: 161.

[255] 杨颖秀. 《劳动合同法》视域下教师聘任制的劳动关系审视[J]. 高等教育研究, 2008 (4): 46.

[256] 中国社会科学院语言研究所词典编辑室. 现代汉语词典(第7版)[Z]. 北京: 商务印书馆, 2016: 199.

[257] 中国大百科全书总编辑委员会. 中国大百科全书·法学[Z]. 北京: 中国大百科全书出版社, 2006: 320.

[258] 关于任用校长注重相当资格家呈(1920-10-20—1920-11-21). 中国第二历史档案馆编. 中华民国史档案资料汇编(第3辑教育). 南京: 江苏古籍出版社, 1991: 715.

[259] 周光礼. 高校教师聘任制度与教师权益法律保护[J]. 高等教育研究, 2003 (5): 25.

[260] 张弘, 赵署明. 人力资源管理理论辨析[J]. 中国人力资源开发, 2003 (1): 9.

[261] 赵恒平. 聘任制下高校教师的权益保障[J]. 武汉理工大学学报(社科版), 2005 (2): 101.

[262] 赵恒平, 廖红梅. 论聘用制下高校教师的权益保障[J]. 武汉理工大学学报(社会科学版), 2005 (2): 100.

[263] 张静. 研究教学型大学教师绩效考核研究[D]. 西安电子科技大学, 2012.

[264] 赵琳. 我国高校教师职务聘任制实施研究[D]. 东北大学, 2006.

[265] 张灵, 禹奇才. 关于高校人事制度改革价值取向的理性思考[J]. 高教探索, 2006 (6): 32.

[266] 周丽华. 德国大学与国家的关系[M]. 北京: 北京师范大

学出版社，2008.

［267］赵庆典. 我国高校教师职务制度50年回顾与展望［J］. 江
苏高教，2000（2）：20.

［268］朱庆海. 我国高校教师聘任制实施中的问题与对策［D］.
华中师范大学，2007.

［269］赵曙明，龚放. 建立现代大学制度的重要之举：深化高校人
事制度改革的政策建议［J］. 高等教育究，2005（4）：18.

［270］邹松涛. 契约式管理：我国高校人事制度改革的新趋势
［J］. 郑州大学学报（哲社版），2007（1）：174.

［271］周婷婷. 我国公办高等学校教师聘任制度改革探析［D］.
武汉大学，2004.

［272］张文显. 法理学.［M］. 北京：北京大学出版社，1999：110.

［273］周卫勇. 也谈教育法的地位［J］. 教育研究，1997（7）：27.

［274］张维迎. 关于《北京大学教师聘任和职务晋升度改革方
案》（征求意见稿）的十四点说明［J］. 学术界，2003
（5）:28.

［275］张欣. 公立高校教师职称评定中的法律问题研究：以两岸比
较为视角［D］. 华东师范大学，2015.

［276］郑晓沧. 大学教育的两种理想［N］. 浙大日刊，1936-09-
30.转自：杨东平. 大学精神［M］. 沈阳：辽海出版社，
2000：60.

［277］张晓东. 当代英国高等教育改革评析［J］. 许昌学院学
报，2006（4）：138.

［278］邹瑜，顾明. 法学大辞典［M］. 北京：中国政法大学出版

社，1991：1040.

［279］郑亚. 法国的几次高等教育改革［J］. 南京理工大学学报（社科版），1999（8）：70.

［280］赵英男. 我国大学教师人力资源管理若干问题研究：以中央民族大学为例［D］. 中央民族大学，2010.

［281］张怡真. 我国研究型大学教师聘任制改革问题［D］. 西南大学，2007.

［282］周志宏. 学术自由与大学法［M］. 台北：蔚理法律出版社，1989：108-109.

［283］赵志鲲. 高校教师职称评聘工作的管理特点与变革策略：基于A大学的个案研究［D］. 南京师范大学，2004.

［284］湛中乐. 公立学校法律地位问题研究［M］. 北京：法律出版社，2009：214.

［285］湛中乐. 高等教育与行政诉讼［M］. 北京：北京大学出版社，2003：2-5.

［286］湛中乐. 论我国高等学校教师申诉制度的完善［J］. 中国教育法制评论（第6辑），2009：105.

［287］2016年《依法治教实施纲要（2016—2020）》（教政法〔2016〕1号）

［288］2015年《最高人民法院关于适用〈中华人民共和国行政诉讼法〉若干问题的解释》（法释〔2015〕9号）

［289］2014年《中共中央关于全面推进依法治国若干重大问题决定》

［290］2014年《事业单位登记管理暂行条例实施细则》（中央编办

发〔2014〕4号）

［291］2014年《事业单位人事管理条例》（国务院令第652号）

［292］2011年《学校教职工代表大会规定》（教育部令第32号）

［293］2011年《关于分类推进事业单位改革的指导意见》（中发〔2011〕5号）

［294］2011年《关于印发分类推进事业单位改革配套文件的通知》（国办发〔2011〕37号）

［295］2010年《国家中长期人才发展规划纲要（2010—2020）》（中发〔2010〕6号）

［296］2010年《国家中长期教育改革发展规划纲要（2010—2020）》

［297］2009年《劳动人事争议仲裁办案规则》（人力资源和社会保障部令第2号）

［298］2007年《中华人民共和国劳动合同法》

［299］2007年《中华人民共和国劳动争议调解仲裁法》

［300］2007年《人事争议处理规定》（国人部发〔2007〕109号）

［301］2006年《事业单位岗位设置管理试行办法》（国人部发〔2006〕70号）

［302］2006年《国家中长期科学和技术发展规划纲要（2006—2020）》若干配套政策的通知（国发〔2006〕6号）

［303］2006年《事业单位工作人员收入分配制度改革实施办法》（国人部发〔2006〕59号）

［304］2004年《事业单位登记管理暂行条例》（国务院令第411号）

［305］2003年《最高人民法院关于人民法院审理事业单位人事争议案件若干问题的规定》（法释〔2003〕13号）

［306］2003年《最高人民法院对人事争议仲裁委员会的仲裁行为是
　　　否可诉问题的答复》（〔2003〕行他字第5号）

［307］2003年《最高人民法院关于人民法院审理事业单位人事争议
　　　案件若干问题的规定》（法释〔2003〕13号）

［308］2003年《中华人民共和国行政许可法》

［309］2003年《人事部关于印发〈事业单位试行人员聘用制度有关
　　　问题的解释〉的通知》（国人部发〔2003〕61号）

［310］2002年《关于在事业单位试行人员聘用制度的意见》（国办
　　　发〔2002〕35号）

［311］2002年《国务院办公厅转发人事部〈关于在事业单位试行人
　　　员聘用制度意见〉的通知》（国办发〔2002〕35号）

［312］2002年《关于在事业单位试行聘用制度意见的通知》（国办
　　　发〔2002〕35号）

［313］2000年《最高人民法院关于执行〈中华人民共和国行政诉讼
　　　法〉》若干问题的解释》（法释〔2000〕8号）

［314］2000年《关于深化高等学校人事制度改革的实施意见》（人
　　　发5〔2000〕9号）

［315］1999年《关于当前深化高等学校人事分配制度改革的若干意
　　　见》（教人〔1999〕16号）

［316］1999年《中华人民共和国合同法》

［317］1999年《中华人民共和国行政复议法》（2009年修订版）

［318］1998年《面向21世纪教育振兴行动计划》

［319］1998年《中华人民共和国高等教育法》（2015年修订版）

［320］1995年《国家教委关于〈中华人民共和国教师法〉若干问题

的实施意见》

［321］1995年《国家教委关于实施〈中华人民共和国教育法〉若干问题的意见》

［322］1995年《国家教委关于开展加强教育执法及监督试点工作的意见》

［323］1995年《教师资格条例》（国务院令第188号）

［324］1995年《中华人民共和国教育法》（2015年修订版）

［325］1995年《关于深化高等教育体制改革的若干意见》（国办发〔1995〕43号）

［326］1993年《中国教育改革和发展纲要》（中发〔1995〕3号）

［327］1993年《中华人民共和国教师法》（2015年修订版）

［328］1989年《中华人民共和国行政诉讼法》（2014年修订版）

［329］1986年《中华人民共和国民法通则》（2017年修订版）

［330］1986年《高等学校教师职务试行条例》（职改字国科发〔1986〕第11号）

［331］1986年《关于实行专业技术职务聘任制度的规定》（国发〔1986〕27号）

［332］1985年《中共中央关于教育体制改革的决定》

二、外文文献

[1] A.H. Halsey & Martin Trow. The British Academic Profession in the 20th Century [M].Oxford: Clarendon Press, 2000.

[2] Willam A. Kaplin & Barbara A. Lee. The Law of Higher Education, San Francisco, Jossey-Bass, 1983.

[3] Richard T. Ingram: Governing Public Colleges and Universities. Jossey-Bass Publishers, San Francisco, 1993.

[4] Lesage v. Texas, 158F. 3d. 213(5th cir.1998); Humenansky v. Regents of the University of Minn. 152F. 3d. 822(8th cir.1998); Parker v. Floreda of Regents, 724So 2d 163(Fla Ct. App.1998).

[5] Davis v. Goode, 995F. Supp. 82(E.D.N.Y.1998); Hopwood v, State, 999F. Supp. 872(W.D. T x, 1998); United States v. Virginia, 116S. Ct.2264, (1996). Barazai v. West Virginia State College, 498S.E.(W.Va.1997) Williams v. State University of Newyork,674.N.Y.S.702(NY.App.Div.1998);Nickerson v. University of Alaska Anchorage, 975p.2d. 46(Alaska, 1999).Hines v. Ohio State University, 3F.supp, 2d. 859(S. D.OHIO.1998); Graits Dictum? The Limits of Academic Free Speech on the Internet, by Ray August, 10U. FLA. J. L & Pub. Po L`Y. pp. 27-55(1998). Smith v. University of California, 844P. 2d, 500(Cal.1993) Cert. Denied, 114S.Ct. 181(1993).V. Baker

and St. J. Langan: Snell1's Principles of Equity: 146-147.

[6]   Regents of the University of California v. Doe, 65F. 3d 771(9th cir1995) cert granted, 64U.S.L. W. 3831(U.S. June 18, 1996).

[7]   Connecticut Humane Soc Y v. Fo LA, 591A. D. 395,397(Conn. 1991).

[8]   Head v. Curators of University of Missouri，47 Mo. 220(1871).

[9]   Vincenheller v. Reagan，69 Ark. 460, 64 S.W. 278(1901).

[10] M. Chambers, The Legal Status of Professors, The Journal of Higher Education, Vol. 2, No. 9: 481-486.

[11] 1940 Statement of Principles on Academic Freedom and Tenure with 1970InterpretiveComments.http://www.aaup.org/ statements/Redbook/1940stat.

[12] National Union of Teachers v. Governing Body of St. Mary s Church of England Aided school, 1995 ICR 317, EAT1997 IRLR 242 (CA); R. v. Haberdashers Aske Hatcham Trust, ex parte T 1995 ELR 350; EA 1996,SS482(1)(b),(3): 483.

[13] Hermans J, Nelissen M. Charters of foundation and early documents of the universities of the Coimbra Group M. Leuven University Press, 2005.

[14] D. Farrington. The Law of Higher Education. London, Butter worths, 1994: 31-33.

[15] Hochschulrahmengesetz，Vom 26.Januar 1976(BG-Bl. I S.185),in der Fassung der Bekanntmachung Vom 9. April 1987 (BGBl. I S.1170), zugeletzt geaendert durch Artikel1 Gesetzes

Vom 20.August 1998 (BGBl. I S.2190),Bonn, 1999.10.

[16] Hochschulrahmengesetz Neubekannt machung Vom 19.Januar 1999 (BGBl. I S.18), zuletzt geändert durch Art.2des Gesetzes Vom 12.April 2007(BGBl. I S.506).

[17] Gesetz über die Hochschulen im Land Berlin, Vom 13.Februar 2003 (GVBl.S.82), BRV 221-11.

[18] GeändertdurchArt.IHochschulzugangsmodernisierungsundStudi umsqualitätssicherungsG Vom 20.5.201(GVBl.S.194).

[19] Bremisches Hochschulgesetz, Vom 9. Mai 2007(Brem.GBl. S.339)Sa BremR21-A-1, Zuletzt geändert durch Art. 8Zweites Hochschulreformgesetz Vom 22. 6.2010(Brem.GBl.S.375).

[20] Gesetz berüdie Hochschulen im Freistaat Sachsen, Vom 10.Dezember 2008(SächsGVBl.Jg.2008, Bl.-Nr.19, S.900, Fsn-Nr.711-8/3)

[21] Hochschulgesetz des Landes Sachsen-Anhalt, Vom14. Dezember, 2010 (GVBl.LSA S.600, 2011 S. 561) Zuletztgeändert durch Artikel 3 Absatz 21 des Gesetzes Vom 8.Februar 2011 (GVBl. LSA S.68).

[22] Bayerisches Hochschulgesetz, Vom 23. Mai 2006 (GVBl2006, S.245), letzte berücksichtigte Änderung: mehrfachgeändert.(1 Gv. 23.2.2011, 102).Gesetz über die Universitaet des Saarlandes, Vom 23. Juni 2004 (Dienstblatt der Hochschulen des Saarlandes, 2004.Nr.28.S.476)

[23] Gesetz über die Hochschulen des Landes Nor-drhein-Westfalen,

Vom31. October 2006(GV.NRW.2006.S.474).

[24]　Hessisches Hochschulgesetz und Gesetz zur Änderung desTUD-Gesetzes sowie weiterer Rechtsvorschriften, Vom 14.Dezember 2009(GVBl 2009, [Nr.22] S.666).

[25]　Thomas Aquinas. Treatise on Law, translated by Richard. J. Regan, Indinapolis, 2000: 6.

[26]　Austin. The Province of Jurisprudence Determined. Wilfirid Rumble, New York: Cambridge University Press, 1995: 18.

[27]　Shouguo Zhang .The Many Faces of Trust and Guanxi Behavior: Evidence from Marketing Channels in China [J] . Industrial Marketing Management, 2011(4): 503-509.

[28]　Bryan A. Garner. Black's Law Dictionary [M] .Thomson West Aspatore Books; 10thRevised edition.1359.

[29]　Joseph Raz. The Authority of Law, Oxford University Press, 1983: 211.

[30]　Peter F, Drucker. The Practice of Management, New York: Harper & Brothers, 1954: 264-265.

[31]　E.W. Bakke. The Human Resources Function, New Haven: Yale Labor Management Center, 1958: 198-200.

[32]　R.S. Schuler. Managing Human Resources [J] .5th education Stpaul: West Publishing Co. 1995.

[33]　S.P. Robinson. Personnel: The Management on Human Resources [M] . Englewood Cliffs, N.J.: Prentice-Hall, 1978: 10.

[34]　J. Storey. Developments in the Management of Hum an Resource

［M］. London: Blackwell, 1992: 5.

［35］ Beer, M. & B. Lawrence, Managing Human Assets. New York: Free Press, 1984: 125.

［36］ Lengnick Hall, C.A "Strategic Hum an Resource Management: A Review of the Literature and a Proposed Typology"［J］. Academic of Management Review, 1988,(13): 454.

［37］ Delery J, Doty H. Modes of Theorizing in Strategic Human Resource Management: Tests of Universalistic, Contingency, and Configurational Performance Pre-dictions ［J］. Academy of Management Journal: 802.

［38］ R.S. Schuler and V.L. Huber: Personnel and Human Resource Management ［M］:325.the West Publishing Co. 1993.

［39］ Jeffrey B Arthur. Effects of Human Resource Systems in American Steel Performance and Turnover ［J］. Academy of Management Journal, 37(3): 670.

［40］ Garud, Raghu, Kumaraswany, Arun & Karnoe Peter. Path dependence or path creation? Journal of Management Studies, 2010(47): 760-114.

［41］ The Carnegie Commission on Higher Education. The Purposes and the Performance of Higher Education in the United States: Approaching the Year 2000 ［R］.Ma Graw-Hill Book Company, 1973: 9-10.

［42］ Clark kerr. The Great Transformation in Higher Education, 1960-1980 ［M］. State University of New York Press, 1991.

[43] Clark kerr, Marian L. Gade & Maureen Kawaoka: Higher Education Cannot Escape History Issues for the Twenty-Century, State University of New York Press, 1994: 26.

[44] E. Grady Bogue & Jeffery Aper. Exploring the Heritage of American Higher Education: The Evolution of Philosophy and Policy [M]. The American Council on Education and the Oryx Press, 2000.

[45] Stith-Willis, Annie M. Analysis of the status of women faculty in the United States since the enactment of equality legislation in the 1970s, Virginia Commonwealth University, 1999.

附录1 访谈提纲
关于高校与教师人事争议的访谈提纲

一、对高校教师的访谈提纲

非常感谢您在百忙之中抽出宝贵的时间接受我的访谈！我在做一项关于中国高校人事制度改革的研究。通过对您的访谈，主要想了解在人事制度改革过程中高校与教师人事争议或纠纷的一些情况。谢谢您的配合。

1. 您怎么看待学校与教师之间发生的人事争议现象？

2. 您认为学校与教师发生人事争议的突出问题及原因是什么？

3. 您如何看待职称评聘发生的人事争议？您认为学校的做法是否妥当？

4. 您对终止、解除聘任／聘用合同方面的争议怎么看？

5. 您认为学校应该怎么对待教师流动或人员分流？

6. 您认为学校内部人事管理制度在哪些方面存在损害教师权益的问题？

7. 您认为学校对教师的培训和深造方面是否存在损害教师的权

益的问题？

8. 您怎么看待因工资福利发生的人事争议？您认为学校的做法是否妥当？

9. 您认为学校评奖评优方面是否公平公正？您认为学校的做法是否妥当？

10. 您认为争议双方应该通过何种途径来解决争议比较好？

二、对高校人事部门主管的访谈提纲

非常感谢您在百忙之中抽出宝贵的时间接受我的访谈！我在做一项关于中国高校人事制度改革的研究。通过对您的访谈，主要想了解在人事制度改革过程中高校与教师人事争议或纠纷的一些情况。谢谢您的配合。

1. 您怎么看待学校与教师之间发生的人事争议现象？

2. 您认为学校与教师发生人事争议的突出问题及原因是什么？

3. 学校对人事争议问题采取哪些措施？效果如何？

4. 您如何看待职称评聘发生的人事争议？您认为学校在哪些方面应该改进？

5. 您怎么看待终止、解除聘任／聘用合同争议？学校是怎么处理这类争议的？

6. 您认为学校在对待教师流动或人员分流问题上的做法是否妥当？

7. 您认为学校在内部人事管理制度方面如何完善才能够避免或

减少争议？

　　8. 学校是如何处理工资福利、评优评奖等方面的人事争议的？

三、对法院法官的访谈提纲

　　非常感谢您在百忙之中抽出宝贵的时间接受我的访谈！我在做一项关于中国高校人事制度改革的研究。通过对您的访谈，主要想了解在人事制度改革过程中高校与教师人事争议或纠纷的一些情况。谢谢您的配合。

　　1. 近年来法院受理高校与教师之间的人事争议案件情况如何？

　　2. 您怎么看待高校与教师之间发生的人事争议现象？

　　3. 您认为高校与教师的人事争议案件主要集中在哪些方面？

　　4. 法院是依据什么原则受理高校与教师的人事争议案件的？

　　5. 怎样把握司法介入高校事务的度？如何处理司法介入与学术自治的关系？

　　6. 在法院受理的高校与教师人事争议案件中，教师胜诉的情况如何？

附录2 调查问卷

关于聘任制下高校与教师法律关系现状的调查问卷

尊敬的老师：您好！

这是一项旨在了解聘任制下高校与教师法律关系现状的问卷调查。诚挚地邀请您参加这份问卷调查，请您在百忙之中给予支持。您所提供的资料对了解高校与教师法律关系现状、促进高校人事制度改革法治化建设具有重要的参考价值。该项问卷调查仅供学术研究之用，对被调查者的信息严格保密。请您拨冗阅读并客观、认真地填写问卷。谢谢您的配合！

1. 您的性别是 _____。
   A. 男　　　　　　B. 女

2. 您的年龄是 _____。
   A. 30岁以下　　B. 31—40岁
   C. 41—50岁　　D. 51岁以上

3. 您的学历／学位是 _____。
   A. 本科／学士　　B. 硕士研究生　　C. 博士研究生

4. 您的职称是 _____。

    A. 初级   B. 中级

    C. 副高   D. 正高

5. 您的任职时间是 _____。

    A. 5年以下   B. 6—10年   C. 11—15年

    D. 16—20年   E. 21年以上

6. 您是否与任职的学校签订了书面聘用合同?

    A. 是   B. 否

7. 签订聘用合同之前,学校是否与您就合同条款内容进行协商?

    A. 完全没有   B. 基本没有   C. 协商过

8. 签订聘用合同时,教师是否可以对合同条款提出修改意见?

    A. 不能修改   B. 可对部分条款提出修改并被采纳

9. 您认为聘用合同中关于教师的权利与义务是否对等?

    A. 义务大于权利   B. 基本对等

    C. 权利大于义务   D. 不清楚

10. 工会是否代表教师与学校签订过集体合同?

    A. 是   B. 否   C. 不清楚

11. 聘用合同条款中是否有关于工作条件和劳动保护方面的内容?

    A. 有,但内容较少

    B. 没有   C. 不清楚

12. 您认为学校的内部管理制度是否实行民主管理?

    A. 小部分实行民主管理

  B. 基本没有民主管理

  C. 全部民主管理

13. 您是否关注、参与学校的民主管理活动?

  A. 非常关注、积极参与

  B. 比较关注、有时参与

  C. 不太关注、不多参与

14. 您认为教学科研活动是否受到学校行政管理部门的干预?

  A. 干预过多 B. 基本不干预 C. 不清楚

15. 学校在制定政策过程中是否及时向教师公布相关信息?

  A. 信息不公开 B. 事前公布 C. 事后公布

16. 您认为学校工会、教代会在维护教师权益方面发挥怎样的作用?

  A. 偶尔发挥作用

  B. 未曾发挥作用

  C. 经常发挥作用

17. 您是否期望工会、教代会成为维护教师权益的重要力量?

  A. 非常希望 B. 比较希望 C. 无所谓

18. 发生聘用合同纠纷时,您会选择提起劳动仲裁或是人事仲裁?

  A. 不清楚   B. 都可以

  C. 劳动仲裁   D. 人事仲裁